走 出 思 想 的 边 界

knowledge-power
读行者

战争

人性、社会
与被塑造的历史

［加］玛格丽特·麦克米伦（Margaret MacMillan）著　　巴扬 译

War: How Conflict Shaped Us

CTS 岳麓书社·长沙　　博集天卷 CS·BOOKY

著作权合同登记号：18-2022-083

图书在版编目（CIP）数据

战争：人性、社会与被塑造的历史 /（加）玛格丽特·麦克米伦著；巴扬译 . — 长沙：岳麓书社，

2023.1

　　ISBN 978-7-5538-1701-9

　　Ⅰ. ①战… Ⅱ. ①玛… ②巴… Ⅲ. ①战争—研究

Ⅳ. ① E8

中国版本图书馆 CIP 数据核字（2022）第 125588 号

ZHANZHENG:RENXING、SHEHUI YU BEI SUZAO DE LISHI
战争：人性、社会与被塑造的历史

著　　者：[加] 玛格丽特·麦克米伦（Margaret Macmillan）
译　　者：巴　扬
责任编辑：李伏媛
监　　制：秦　青
策划编辑：曹　煜
文字编辑：盛　柔
营销编辑：王思懿　　杨若冰
版权编辑：王媛媛　　姚珊珊
封面设计：利　锐
岳麓书社出版
地址：湖南省长沙市爱民路 47 号
邮编：410006
版次：2023 年 1 月第 1 版
印次：2023 年 1 月第 1 次印刷
开本：680mm × 955mm　1/16
印张：20.5
字数：260 千字
书号：ISBN 978-7-5538-1701-9
定价：88.00 元
承印：三河市天润建兴印务有限公司

　　若有质量问题，请致电质量监督电话：010-59096394
　　团购电话：010-59320018

献给安和彼得

WAR

HOW CONFLICT SHAPED US

1. 1917 年 4 月，弗拉基米尔·伊里奇·列宁抵达圣彼得堡的赫尔辛基火车站。战争带来了很多预想不到的后果，随着政权动摇、公众失去耐心，政治也发生了巨大的变化。

2. 列宁格勒被围困期间，拉多加湖的冬季补给线，当时人们就是通过这类场景知道了圣彼得堡。长期以来，围攻都是战争的一部分，目的是击垮敌人继续战斗的意志。第二次世界大战期间，德国军队围困列宁格勒近 900 天。这座城市忍受了下来，但不知有多少平民（或许超过 100 万）在其间死去。

3. 1862 年美国内战期间，在血腥的安蒂特姆战役中阵亡的南部邦联战士，由著名摄影师亚历山大·加德纳拍摄。为了拍摄效果，他将尸体重新摆放位置并因此闻名，或许他就是在这里做了此事。内战往往延续时间长、代价昂贵，因为它点燃了人们的激情。在那场战争中死去的美国人比美国其他冲突中的死亡人数加起来还要多。

4. 西班牙内战期间共和党的第一次大规模进攻。在这里，先锋摄影师格尔达·塔罗拍摄了 1936 年发生在马德里附近的巷战，那时捍卫合法政府的共和党人试图击退弗朗西斯科·佛朗哥将军的右翼叛乱分子。

5. 第一次世界大战期间，英国的一名女工在填装炮弹。当男性赶赴战场时，女性承担起从前被视为"男人们的工作"。军火厂使用的很多化学物质使许多女性的皮肤变黄（她们因此被称为"金丝雀女孩"），这些"金丝雀女孩"生下的孩子往往也是同样的肤色。女性对战争的贡献，有效减少了女性在外务工的社会和法律层面的阻碍。

6. 第 588 夜间轰炸机团的苏联女飞行员,被德国人称作"暗夜女巫"。纵观历史,虽然绝大多数战争中的战斗人员都是男性,但从阿玛宗女战士的时代到今日,历史中仍有许多女战士的身影。第二次世界大战中,苏联女性还担当了狙击手、枪手和游击队战士。

7. 20 世纪 20 年代，英国皇家空军的"维克斯·弗农"型飞机在飞过巴格达和底格里斯河上空，它可以运载部队和炸弹。在战争中使用空中力量新技术的早期例子中，英国人曾用这样的飞机威吓第一次世界大战后被他们所统治的试图反抗的伊拉克人。

8. 叙利亚伊德利卜，妇女们在被空袭破坏的街区中行走。该照片摄于 2020 年 3 月，叙利亚内战的第十年，这张照片证明了战争给平民带来的代价。自从 20 世纪 80 年代的两伊战争以来，各个国家之间没有发生过大型战争，但在世界各地长期进行的内战仍继续造成数十万平民的死亡，也导致更多的人沦为难民。

9. 1945 年 7 月，在新墨西哥州阿拉莫戈多，原子弹首次爆炸成功。曼哈顿计划使阿尔伯特·爱因斯坦等物理学家的估算变成了现实，为美国提供了一种新的毁灭性武器。将它投放在日本城市广岛和长崎，这一做法加速了第二次世界大战在太平洋地区的终结，但从那以后，围绕着这个问题的争议一直存在。截至 2020 年，世界上有 9 个国家拥有核武器，但作用仅限于威慑。

10. 1982 年，英国格林厄姆公地，针对美国部署巡航导弹的女性抗议活动。从 1981 年开始，妇女团体使用非暴力手段试图阻止导弹发射。在这里，3 万名抗议者中的一些人在基地周围组成了人墙封锁。限制或禁止战争的意图与战争本身一样历史悠久。

11. 北越士兵走过废弃的美国军事装备。20 世纪 60 年代的越南战争主要发生在南越，在美国和北越及其支持者之间展开，1973 年以停战告终。虽然美国人在军事上一直没被打败，但他们在国内外的政治斗争中失败了。1975 年，北越接管了南越。

12. 第一次世界大战中，一位在意大利前线的奥地利士兵。虽然我们倾向于把战场看作开阔的空间，但战争会发生在丛林、冰山等多种地形上。1915 年至 1918 年间，意大利和奥地利之间的战斗常常在高海拔地区进行，这使处于运动中的人与设备面临特殊的挑战。

13. 《现代启示录》中"休伊"直升机正在攻击地面目标的场景。在越南战争中，美国拥有技术优势，"休伊"是美国指挥空中作战的关键。弗朗西斯·福特·科波拉这部拍摄于菲律宾的电影，是对战争其疯狂与残酷的控诉，但也抓住了战争令人兴奋之处。

14. 2002 年，在古巴关塔那摩湾美国海军基地，美国陆军军警护送一名塔利班囚犯到 X 光营的牢房。在世界上的许多文化中都有关于战俘待遇的规定，从 19 世纪起，《日内瓦公约》对这些规定产生了更加深远的影响。美国在其反恐战争中关押战俘，且无视《日内瓦公约》对他们的保护，因此饱受谴责。

目 录
CONTENTS

引 言

战争，一直以来都是最难解的人类谜题之一。

——斯韦特兰娜·阿列克谢耶维奇[1]，《我是女兵，也是女人》

　　战争，这个词语本身就足以引发人们从恐惧到敬佩的一系列情感。我们中的一些人选择对它视而不见，仿佛对战争的回忆和思考会在某种程度上将它拉得离我们更近；其他一些人则对它着迷，能从中寻求刺激和魅力。作为一名历史学家，我坚信，若想弄清楚过去的一切，我们就必须将战争纳入对人类历史的研究中。战争造成的影响太过深远，忽视它就是忽视了一种强大的力量，类似的力量还有地理、资源、经济、思想、社会和政治变化，它们塑造了人类的发展历程并改变了历史。假如波斯人在公元前5世纪时打败了希腊城邦，假如印加人在16世纪击退了

---

1. 斯韦特兰娜·亚历山德罗夫娜·阿列克谢耶维奇（Svetlana Alexandravna Alexievich 1948—　），白俄罗斯作家、记者，曾获2015年诺贝尔文学奖，代表作《切尔诺贝利的回忆：核灾难口述史》《锌皮娃娃兵》《我还是想你，妈妈》《我是女兵，也是女人》等。——译者注。如非特殊说明，书中脚注均为译者注。

皮萨罗[1]的远征，假如希特勒赢得了第二次世界大战，世界会变得不一样吗？我们知道会的，尽管对于变化了多少，我们只能猜测。

　　然而以上假设只是我们面临的一部分难题而已。战争提出了什么是人性、人类社会的本质是什么等基本问题。战争暴露了人性中残忍的一面还是最好的一面？由于我们与战争的关系格外复杂，因此尚无法得出统一的答案。战争是人类社会不可泯灭的一部分吗？就如同原罪一样，从我们的祖先第一次开始组建社会之时便被罗织其中？抑或是我们的该隐[2]标记，一个让我们反复陷入冲突的诅咒？还是说这样的观点原本就是一个危险的自证预言？是社会的变化带来了新型的战争，还是战争推动了社会的变化？或者，我们甚至不该研究先来后到的问题，而应把战争与社会视为伙伴，将它们锁定在一种既危险而又富有成效的关系中？战争，那些毁灭性的、残酷的、损耗大的战争，也能带来好处吗？

　　这些都是重要的问题，我会尽力做出回答，而对于我在探究这个话题时遇到的其他问题，也同样会给出答案。我希望能在一件事上说服你：战争既不是一种应该尽快被忘掉的反常现象，也不只是事物的常态（和平）的缺失。战争与人类社会是如此紧密地交织在一起，我们甚至难以说出是哪一方支配或影响了另一方，如果我们理解不了这个事实，那么我们便失去了人类故事中一个重要的方面。如果希望了解我们的世界，以及我们是如何走到历史上今天这一步的，我们就不能忽视战争及其对人类社会发展所产生的影响。

　　在过去几十年里，西方社会是幸运的，它自第二次世界大战结束后

---

1. 弗朗西斯科·皮萨罗（Francisco Pizarro，1478—1541），西班牙殖民者，开启了南美洲（特别是秘鲁）的西班牙征服时期。
2. Cain，《圣经》中的恶人。该隐为亚当与夏娃的长子，他杀死了自己的兄弟。其名字的含义被引申为"杀人者""弑亲者"。——编者注

便没有亲历过战争。是的，没错，西方国家的确曾派遣军队去世界各地作战，像是亚洲的朝鲜战争、越南战争，或是阿富汗、中东的部分地区，又或是非洲，但只有极少数生活在西方国家的人受到了这些冲突的直接影响。然而，这些地区的数百万人显然经历了截然不同的事情，自1945年以来，世界上没有哪一年是不发生战争的。我们这些享受了"长期和平"的人，很容易把战争看作别人的事，或许是因为他们正处在一个与我们不同的发展阶段。因为我们在西方，所以我们自满地认为这里更加和平。进化心理学家史蒂芬·平克[1]等作家使这样一种观点流行开来：即在过去的两个世纪里，西方社会的暴力行为有所减少，在整个世界范围内，因战争而死亡的人数有所下降。于是，尽管每年我们都会为过去战争中的死者举办一次正式的哀悼活动，但我们却越来越习惯于将战争看作当往常的和平被打破时所发生的事情。同时，我们还可以尽情欣赏伟大的军事英雄和他们昔日战斗的魅力，我们对战争中那些英勇无畏的故事怀抱敬意，书店和图书馆的书架上塞满了军事历史类的书籍，电影和电视制作人也知道战争永远是一个受欢迎的话题。公众似乎从未对拿破仑及其战役、敦刻尔克撤退、诺曼底登陆或是《星球大战》和《指环王》等幻想故事感到厌倦。我们喜欢它们，一部分原因是它们处在一个对我们来说安全的距离之外，我们相信自己永远不必参与到战争中。

结果便是，我们并没有把战争看得足够严肃。也许我们更愿意将视线从那些严肃且令人沮丧的话题上移开，但我们不应该这么做。战争已经一再改变了人类历史的进程，它开辟了通往未来的道路，也关闭了其他的道路。在一系列战争中，先知穆罕默德的话从阿拉伯半岛的沙漠传

---

1. 史蒂芬·平克（Steven Pinker，1954—   ），出生于加拿大，著名认知心理学家和科普作家，TED演讲人，世界语言学家。代表作有《语言本能》《心智探奇》等。

播到利凡特和北非地区富裕的定居地，并对该地区产生了深远影响。想象一下，如果穆斯林的领袖们在当时征服了整个欧洲大陆（有几次他们差点就成功了），今日的欧洲会是什么样子？8世纪初，穆斯林侵略者征服了西班牙，向北越过比利牛斯山脉，进入了今天的法国。他们在732年的普瓦提埃之战中被击败，这标志着他们向北远征的终结。如果他们继续下去，我们可以想象，在后来的几个世纪中，法国社会和欧洲历史将被穆斯林的法国而非天主教的法国所塑造。大约800年后，伟大的奥斯曼帝国领袖苏里曼一世横扫巴尔干半岛和匈牙利的大部分地区；1529年，他的军队就在维也纳城外。如果他们占领了那座宏伟的城市，也许欧洲的中心就会成为其帝国的一部分，而这座城市的历史也将是另一番景象。维也纳的诸多教堂尖顶中有一部分是宣礼塔（伊斯兰教尖塔式建筑），年轻的莫扎特可能会听到许多不同类型的乐器所演奏的不同形式的音乐。让我们想象一下离我们更近一些的时代，1940年5月，如果德军在敦刻尔克消灭了英军及其盟军，而后在那年夏天的不列颠战役中摧毁了英国的战斗机司令部，又会发生什么呢？不列颠群岛可能会成为纳粹的另一方领土。

　　战争的本质是有组织的暴力，但不同的社会打仗方式不同。游牧民族采用的是游击战术，他们在占据优势时进攻，没有优势时便溜进广阔的空地；定居下来的农业社会则需要城墙和防御工事。战争会催生变化和适应能力，反过来，社会的变化也会影响战争。古希腊人认为公民有义务保卫自己的城市，参与战争又反过来扩大了公民的权利和民主的范围。到了19世纪，工业革命使政府能够集结和维持庞大的军队，军队变得比以往任何时候都要强大，但这种情形也使数百万人产生了一种期望，期望能在自己的社会中拥有更多的发言权。政府不仅有义务倾听民众的诉求，还有义务提供从教育到失业保险的一系列服务。如今这些拥有中央集权政府和有组织的官僚机构的强大民族国家，都是几个世纪以来战争的产物。对过往的胜利与失败的回忆和纪念，已经成为国家故事的一部分，如果想拥有凝聚力，国家就需要故事。在这种中央集权的国家中，人民认为自己是共同整体的一部分，基于组织方式、利用社会资源的能力和利用公民支持的能力，这些国家有能力发动规模更大、时间更长的战争。发动战争的能力和人类社会的进化都是同一个故事的一部分。

在过去几个世纪里，战争已经变得更为致命，造成的影响也更大。我们有了更多的人口，我们有了更多的资源，我们的社会更具组织性、更加复杂，我们可以动员数百万人参与到我们的斗争之中，我们也有了比以前大得多的破坏能力。我们不得不用新的术语来描述20世纪的两次大战：世界大战（world war）和全面战争（total war）。虽然有些脉络贯穿战争史和人类社会史的始终，例如社会或技术变革的影响，限制或控制战争的企图，战士和平民之间的差异，但我选择更多地关注18世纪末以来的这段时期，因为此时的战争不仅在数量上相较以往存在差异，质量上也是如此。我还将援引西方历史中的很多例证，因为在最近的战争中，西方已经开拓了许多先河，而且必须一提的是，它还试图使其处于掌控中。

然而在大多数西方的大学里，人们在很大程度上忽视了对战争的研究，也许这是因为我们担心，仅仅是对战争的研究和思考就意味着对它表示认可。国际历史学家、外交历史学家和军事历史学家都抱怨说对自己的领域和工作缺乏兴趣。对战争或战略的研究被限制在他们的小圈子里，所谓历史学家闲逛着，挖掘令人厌恶的花边逸事，构建毫无教益的故事，自娱自乐一番，不会打扰到任何人。我记得几年前，在我待过的第一个历史系，有一位教育顾问前来拜访，帮助我们提升课程对学生的吸引力。当我告诉他，我正在为一门叫作"战争与社会"的课程制订计划时，他看起来很不安。他竭力主张，使用"和平史"这个名字会更好。

这样刻意忽视战争委实奇怪，因为我们生活的世界就是由战争塑造的，即使我们并不总能意识到这一点。因为战争，人们迁移或逃亡，有时甚至就此失踪或消失于历史中。战争划定了很多边界，很多政府和国家在战争中兴衰起落。莎士比亚很了解这一点，在他的戏剧中，战争是决定国王生平起落的机制，而普通百姓则低头祈祷暴风雨不会伤害到他们。我们最伟大的艺术作品中，有一部分其灵感正是来源于战争或对战争的仇恨：《伊利亚特》、贝多芬的《英雄交响曲》、本杰明·布里顿的《战争追思曲》、戈雅的《战争的灾难》、毕加索的《格尔尼卡》或托尔斯泰的《战争与和平》。

战争就在孩子们玩的游戏中——夺取旗帜或攻占堡垒；而作为2018年美国最受欢迎的游戏之一，《使命召唤》也是根据第二次世界大战改编的。参加体育竞技的人们有时会将比赛看作与另一支球队的对决。在意大利，那些被称为"超级球迷"（Ultra fans）的人是以高度组织化的团队形式来观看足球比赛的，有着严格的指挥等级。他们身穿制服，给自己起名为"突击队"（Commandos）、"游击队"（Guerrillas），令许多意大利同胞不安的是，这些球迷中有人借用了二战中游击队的名字。他们来这里与其说是为了观看比赛，不如说是为了与对手的支持者们战斗。现代奥林匹克运动会的初衷是建立国际友谊，但几乎从第一次举办开始，奥运会就反映出不同国家之间的竞争。奥运会不是战争，但它们之间有许多共性：颁发奖牌，演奏国歌，身着制服的队伍跟在各自的国旗后面列队前行。众所周知，希特勒和戈培尔将1936年柏林奥运会视作展示德国人民优越性的重要活动；冷战期间，人们将获得奖牌的数量解读为一方优越于另一方的标志。

即使是我们的语言和表达方式，也带有战争的印记。罗马人在布匿战争中打败迦太基人之后，继续讽刺地使用"背信弃义"（Fides Punica[1]）这一用语。在英语中，我们轻蔑地说某人或某物是"昙花一现"（A flash in the pan），却没有意识到这种表达方式起源于早期的枪支，那时候用来点燃炸药的火药虽会燃烧，但却没有成效。如果英国人想表现得粗鲁无礼，他们会将某物称为"法国式"（French）或"荷兰式"（Dutch），因为这些国家曾是英国的敌人。"法国式离别"（Taking French leave）即"不辞而别"，指粗鲁而突然地离开；"荷兰式勇气"（Dutch courage）即"借酒壮胆"，指痛饮杜松子酒。而在法语和荷兰语中，词语"英国的"（British）或"英格兰的"（English）则表达了同样的暗讽之意。在我们最喜欢的那些隐喻中，有很多都来自军队，对英国人来说尤其可能来自海军。如果我们是"风中的三条帆绳"[2]，那么吃一顿正经饭或许有用；如果我们碰上点麻烦，我们可以等它渐渐平息，或者"多给它一些回旋的余地"[3]；如果你不相信我，你可以说："去告诉海军陆战队吧！"[4]我们的聊天和写作中充斥着有关军事的隐喻：与贫困之战，与癌症之战，与毒品或肥胖之战（我曾经见到一本书，书名是《我与我丈夫的胆固醇之战》）。各种讣告会说逝者在与疾病的"战争中失败了"。无论是广告还是募集慈善捐款，我们都随意地称之为"战役"（campaigns）。商业领袖们阅读了一本2000多年前写就的有关战略问题的中国著作，以此了解

1. 此处为拉丁语，直译为"迦太基人的信用"。
2. Three sheets to the wind，意即"酩酊大醉"。
3. Give it lots of leeway，"leeway"一词原为航海术语，指因风力偏航。因此，船员为了避免偏航带来意外，通常会留出调整的时间。由此衍生出"回旋的余地"等含义。
4. 英语即"Go tell it to the marines"。

战胜对手的方法并带领他们的企业走向胜利。他们夸耀自己的战略目标和创新战术时，很喜欢与拿破仑一类的伟大军事领袖做比较。当政客们回避问题或丑闻——通常被称为"热潮"（firestorms）时，媒体报道会说他们正在自己的掩体里集结军队，准备发动进攻。2018年12月，《纽约时报》头条新闻写道："对特朗普而言，每日一战，越发孤独。"

　　战争同样出现在我们的地理环境中。比如一些地点的名字：伦敦的特拉法尔加广场是为了纪念纳尔逊[1]的胜利；巴黎奥斯特里茨车站是为了纪念拿破仑最伟大的一次战役（1805年，拿破仑率军击退第三次反法同盟的战役），伦敦滑铁卢车站纪念的则是他最后的那次战败。加拿大曾有一个名叫"柏林-波茨坦"的小镇，因为这是德国移民在19世纪建造的，第一次世界大战爆发时，它突然改名为"基奇纳-滑铁卢"。我们的小镇和城市大都有战争纪念碑，上面写有阵亡将士的名字，以此纪念逝去的英雄。纳尔逊站位于伦敦为纳尔逊设立的纪念柱；格兰特将军墓是纽约河滨公园中一处很受欢迎的聚会地点。在过去的一个世纪里，纪念碑越来越多地为普通士兵设立，还有许多是为战争中默默无闻的参与者，比如护士、飞行员、步兵、海军陆战队、普通海员，甚至在英国，还会为在两次世界大战中做了贡献的动物而设立。对过去战争的回忆占据了风景中的一大部分，而我们却经常对此视而不见。我在伦敦帕丁顿火车站的1号站台上走来走去的次数已经多得记不清了，但那里有一座大型纪念碑我却从未注意过，它是为了纪念大西部铁路线的2524名员工而设立的，他们都在第一次世界大战中阵亡。同样是在帕丁顿火车站，有一座士兵铜像十分引人注目，它站在那里，身穿战争中

---

1. 霍拉肖·纳尔逊（Horatio Nelson，1758—1805），英国海军将领，在特拉法尔加战役中击溃法国与西班牙联合舰队，迫使拿破仑放弃从海上进攻英国的计划，但自己中弹阵亡。

的衣服，正在读一封从家乡寄来的信。如果没有战争100周年的纪念活动，我根本不会停下脚步去看它，也不会在维多利亚车站花时间去寻找一些牌匾——它们纪念的是在此乘坐火车前往法国的大量士兵，或是在1920年被运送回来的无名战士的尸体。

如果停下来反思我们的历史，我们常常可以从记忆中找到战争的痕迹。我成长于和平环境下的加拿大，但我读到的很多图书和漫画都是关于战争的，从G. A. 亨蒂[1]所写的那些看似数不胜数的故事——1914年以前绝大多数重大冲突中高贵而英勇的男孩的故事，到第二次世界大战中勇敢的飞行员比格斯及其机组成员的故事，再到黑鹰漫画（内容从二战开始，后来无缝衔接地融入朝鲜战争中）。在女童子军中，我们唱了很多第一次世界大战中的歌曲，但后来我意识到它们已被改编过，我们还学会了旗语（用旗帜传递信息的方式）和使用绷带。在20世纪50年代初，我们在学校里为朝鲜战争收集线绳和箔纸。我们还坐在桌子底下进行演练，以备在美国和苏联之间爆发核战时用到。

我们中的许多人都听过老一辈讲述的故事，他们都亲历过战争。我的祖父和外祖父都曾在第一次世界大战中担任医生，他们中的一个是威尔士人，跟随印度军队在加利波利和美索不达米亚地区待过；另一个是在西线的加拿大人。我的父亲和四个叔叔都参加过第二次世界大战。他们告诉了我们一些经历，但并非全部。当时我的父亲在一艘加拿大船上，负责护送舰队穿越大西洋进入地中海，他讲的故事大都很有趣，但有且仅有一次，他告诉我们，他们差一点就沉船了。讲到这里时，他声音颤抖，再也讲不下去。我的祖父没有告诉过他太多战壕里的事情，但他却经常对一位孙辈——我的妹妹说起，不过她太小了，还不太明白这

---

1. 乔治·阿尔弗雷德·亨蒂（George Alfred Henty，1832—1902），英国小说家与战地记者，作品包括《龙与渡鸦》《德雷克的旗帜下》《为了神殿》等。

些事。我们的祖父还带回了一枚手榴弹作为纪念品，它就放在我祖母的古董柜里，和一些宝贝并排陈列，比如一座迷你瑞士小屋和一只小小的木制苏格兰狗。我们小时候会玩这枚手榴弹，把它放在地上滚来滚去，一直到有人发现那上面还留有保险栓。许多家庭一定也有这样的故事和纪念品——从战区寄来的包裹或信件，从战场捡来的手工制品，旧的望远镜和头盔，或是用弹壳制成的雨伞架。

　　当世界各地的战场放弃了它们的碎片残骸时，纪念品便不断涌现。"欧洲之星"列车[1]不得不张贴标语，提醒那些去过一战战场的乘客不要带着他们当作纪念品收集的炮弹或武器上车。每年春天，比利时和法国农民都会沿着曾经的西线堆积他们称为"钢铁收获"的东西。冬天的霜冻将大地掀起，把老旧的铁丝网、子弹、头盔和未引爆的炮弹带到地表，其中的一些还带有毒气。法国和比利时军队将军需品收集起来并进行安全处置，但战争仍有受害者，包括农民、拆弹专家、挖错地方的工人或在炮弹上方生火取暖的伐木者。伦敦和德国的建筑中仍时不时地出现二战时未燃爆的炸弹，更古老的战争遗迹也在那里显露。一艘在以色列海法港疏浚的船发现了一个来自公元前6世纪或前5世纪的古希腊头盔。一位退休教师带着他的金属探测器外出散步，在英格兰莱斯特郡的一座小山上发现了一顶罗马头盔。在爱尔兰的香农河上进行的一次常规训练中，潜水员发现了一把10世纪的维京宝剑。

　　许多社会都有其战争博物馆和阵亡将士的国家纪念日。死者自己也会以出人意料的方式突然登场，提醒我们战争的代价。在宁静的瑞典哥得兰岛上，考古学家发现了一具身穿铠甲的本地士兵尸体，1361年，他与许多战友在抗击丹麦侵略者的战役中被杀。在炎热的国家，如果尸

---

1. 欧洲首列国际列车，可去往英国、法国与比利时。

体被埋在泥土中或是制成木乃伊，保存的时间则可以长达几个世纪。2018年夏天，为了一项住房开发项目，考古学家在比利时伊普尔附近的土地上进行调研，他们发现了125具士兵的遗骸，其中大部分是德国士兵，但也有协约国的士兵，他们在第一次世界大战中倒下后便一直长眠在这里。2002年，有人在立陶宛维尔纽斯郊外的一个乱葬坑里发现了数千具尸体，他们身上仍然穿着蓝色制服，纽扣上印有死者的兵团号码。他们是在1812年拿破仑从莫斯科撤退的时候死去的。

　　当我们停下脚步，回想起战争时，我们会联想到它的代价——对人力和资源的浪费——战争的暴力、不可预测性以及停战后可能留下的混乱。但我们很难认识到，战争的进行是多么有组织性。1940年，德国试图迫使英国投降，在近两个月的时间里，伦敦昼夜不停地遭受着轰炸。许多普通居民被疏散到乡下，剩下的人则睡在临时避难所或地铁里。总部设在伦敦市中心的英国广播公司（BBC）将几个部门迁到了其他地方：音乐部搬去了贝德福德郡，戏剧与综艺部搬去了布里斯托尔；后来布里斯托尔也变得非常危险，综艺部又迁至威尔士北部宁静的班戈镇，它在那里失去了活力，风格开始变得忧郁。留在伦敦的工作人员经常到了晚上不能回家，于是英国广播公司（它被戏称为"姨妈"可不是毫无来由的[1]）将其广播剧院改造成宿舍，中间垂下一个门帘，将男女分开。当年10月，两枚炸弹击中了这座建筑。7名员工在试图移开其中一枚哑火的炸弹时被炸身亡，消防部门迅速赶到现场，阻止火势蔓延。播报9点新闻的播音员在大楼摇晃时稍做停顿，然后继续播报，浑身沾满了烟尘。到了第二天清晨，广播大楼四周的脚手架已经搭建好，瓦砾正在被清理。这个插曲只是整个战争历史中一个极小的片段，但想

---

1. 因其衣冠楚楚和保守严肃的形象，英国人常将英国广播公司的新闻戏称为"姨妈的新闻"（Auntie's News）。

想其中涉及的组织工作吧。德国轰炸机与战斗护航机是德国战争工业的产物，德国人调动了从材料、劳动力到工厂等一系列资源来制造飞机，并将其送上天空，他们的机组人员全都经过挑选和培训。德国情报部门和策划者竭尽所能，挑选出重要的目标。英国的反应也同样是有组织的。皇家空军一路跟踪进港飞机，并尽最大努力阻止它们，与此同时，地勤人员则负责操纵拦截气球[1]和探照灯。针对伦敦和其他主要城市的灯火管制被严密监控的状况，英国广播公司已经制订了应急计划，消防部门火速赶来，清理工作立即开始。

　　战争或许是人类所有活动中最具组织性的行为，而它反过来又进一步提升了社会的组织性。即使在和平时期，为战争做准备——寻找必要的资金和资源，也使政府对社会施加了更多控制。在现代，以上这一切变得逐渐真实起来，因为对战争的需求正随着我们发动战争的能力而增长。在扩大政府权力的同时，战争也带来了进步和变化，我们将其中的大部分看作有益的：私人军队的终结，更好的法律和秩序，在现代更加民主，社会福利增加，教育改善，妇女和劳工地位的改变，医学、科学与技术的进步。随着我们对杀戮越来越得心应手，我们也越来越不愿意容忍对彼此的暴力。全球大部分地区的谋杀率在下降，然而在20世纪，死于战争的人数绝对是历史上的最高值。因此还有另一个问题：我们一边展开如此大规模的杀戮，一边又强烈谴责暴力，这两者之间的矛盾要如何调和？我们中的大多数人显然不会选择通过发动战争来获取利益，当然还会有别的办法。但我们找到了吗？

　　关于战争有许多这样的悖论。我们害怕战争，但我们也为之着迷。我们可能对战争的残酷及其造成的浪费感到恐惧，但我们也敬佩战士的

---

1. 用强力钢缆固定在地面上的大型气球，用于在战时拦截、摧毁低空飞行的敌机。

勇气，能感受到战争的魅力中蕴藏的危险力量。我们中的一些人甚至把战争视为人类最高尚的活动之一。战争给予了参与者杀死人类同胞的特权，但也要求着伟大的利他主义。毕竟，还有什么比愿意为他人放弃生命更无私的呢？长期以来，我们拥有一种悠久的传统，即将战争视作社会的滋补品，因为它能使社会振作起来并展现其高尚之处。1914年以前，德国诗人斯特凡·格奥尔格[1]将他那和平的欧洲世界斥为"充满垃圾和琐事的懦弱年代"；未来主义运动的创始人、未来法西斯主义者菲利波·马里内蒂[2]宣称："战争是世界上仅有的卫生术。"但我们还有另一种同样悠久的传统，即将战争看作一种只能制造痛苦的罪恶；还有一种迹象表明，作为一个物种的我们有着不可救药的缺陷，注定要在暴力中终结我们的命运，直到历史的尽头。

　　斯韦特兰娜·阿列克谢耶维奇是对的。战争是个谜题，而且是个可怕的谜题。这就是我们必须不断努力去了解它的原因。

---

1. 斯特凡·安东·格奥尔格（Stefan Anton George，1868—1933），20世纪初德国最重要的诗人之一，创作了大量优秀的诗歌作品，开启了德国唯美主义文学时代，被称为19世纪末德国诗歌复兴的大师。
2. 菲利波·托马索·马里内蒂（Filippo Tommaso Marinetti，1876—1944），意大利诗人、小说家、文艺理论家，未来主义创始人。马里内蒂亦是活跃的法西斯分子，在1914年的《未来主义和法西斯主义》一书中，宣扬未来主义和法西斯主义的亲缘关系，自1919年起，他积极参与法西斯党的活动，成为墨索里尼的帮凶。

第 **1** 章

人类、社会与战争

战争是由人发动的，不是野兽，也不是神，它是人类特有的活动。把它称为危害人类的罪行，就使之失去了一半的意义；它同样也是对罪行的惩罚。

——弗雷德里克·曼宁[1]，《财富的中部》

如果你去拜访阿尔卑斯山上美丽的小城博尔扎诺[2]，便会发现南蒂罗尔考古博物馆的外面总是排着长队。人们耐心地等待着，他们中的很多人还带着孩子，想要看看博尔扎诺的招牌：一个生活在公元前3300年前后的人的木乃伊化的尸体。在金字塔或巨石阵建成之前，奥兹——这个冰人——就已经去世了，但冰层将他的身体和使用的物品完好无损地保存了下来，直到1991年被两名徒步旅行者发现。他穿着一件用草编成的斗篷和些许其他衣物，包括裹腿布、靴子和一顶帽子，都是用皮毛制成的。他的最后一顿饭吃的是干肉、树根、水果，很可能还有面

---

1. 弗雷德里克·曼宁（Frederic Manning，1882—1935），澳大利亚诗人、小说家。
2. Bolzano，意大利东北部城市，在阿迪杰河支流伊萨尔科河北岸。

包，它们仍在他的肚子里。当时他带着木篮和各种工具，包括一把铜头斧头、一把刀、多支箭和部分弓的零件。

起初，人们以为他只是在风雪中迷路后孤独地死去了，然后在接下来的五千年时间里未被世人打扰。看起来这是一个关于无辜的农夫或牧羊人的悲惨故事。然而，在发现它后接下来的几十年里，由于医学和科学的进步，通过CT扫描、X光和生化测试，使得对人体进行更细致的检查成为可能。人们发现奥兹的肩膀上嵌有一个箭头，全身都是擦伤和割伤。他的头显然也被击打过。他很可能受到了一个或多个袭击者的攻击，并最终死于这些伤口。从他的刀和箭头上留下的血迹来看，他也很可能在某个时候杀死了其他人。

在石器时代晚期之前，早期的人类已经可以制造武器，聚众相残，并尽最大努力消灭对方，关于这一点，奥兹绝不是我们所掌握的唯一证据。在世界各地，从中东、美洲到太平洋，都发现了可以追溯至奥兹或者更早时代的坟墓，里面堆满了留有暴力死亡痕迹的遗骸。尽管用木头和兽皮制成的武器一般无法保存下来，但考古学家们发现了用石头制成的刀片，有的甚至嵌在骸骨之中。

似乎暴力在更早些时候就已出现了，事实上它就出现在我们人类历史上最伟大的阶段，那时，我们的祖先正过着游牧生活，一路寻找可食用的植物并杀死其他生物来果腹。关于已知的这些事，其中有很多猜测的成分。收集和阅读证据，特别是探寻久远的过往——人类大约在35万年前出现在地球上[1]——是非常困难的，但我们正在逐渐积累更多证据，这都要归功于考古发现和科学进步，例如读取古代的基因。如今我们知道，在人类漫长的历史中，我们一直到近世才组成了各自的小团

---

1. 距今约400万年前，人类的祖先猿人出现；约25万年前，早期智人出现。作者所指的"人类"应是早期智人出现以前的直立人。——编者注

体，分散在全球各个气候较为温和的地区。由于没有太多物质可以争夺，如果一个小团体受到了其他团体的威胁，那它可能会选择直接躲开。在20世纪的大部分时间里，研究人类社会起源的那些人都倾向于认为早期的游牧民族过着和平的生活。然而考古学家也发现了来自这段漫长而遥远的时期的骸骨，它们受到的损伤表明，情况并非如此。人类学家试图观察那些少数得以幸存到现代的游牧和狩猎采集式社会，以此了解过去那个世界的模样。这是一条迂回的道路，存在着隐患：局外人在观察这种社会时，会带着自己先入为主的意见，而这种接触本身就会带来变化。

话虽如此，但也有一些令人很受启发的发现。例如，在1803年，一个名叫威廉·巴克利的13岁男孩从英国在澳大利亚的流放地逃了出来，在接下来的30多年里，他在土著人中间找到了避难所。后来他描述了这样的一个世界：突袭、伏击、长期纠纷、突然暴力死亡都是社会的一部分。而在世界的另一端，在严酷的北极地区，第一批探险家和人类学家发现，包括因纽特人（Inuit）和因纽皮亚特人（Inupiat）在内的当地居民用骨头和象牙制造武器，包括盔甲，并有着口述过去战争故事的丰富传统。1964年，拿破仑·查冈，这个年轻的美国人类学学生前往巴西热带雨林，对亚诺玛米人进行田野调查。他希望他们能证实在当时流行的一个观点，即猎食者基本上是爱好和平的。他发现，在每一个村庄里，亚诺玛米人大部分时间都能和谐地相处，彼此之间平和而友善；然而，当与其他村庄打交道时，情况就有所不同了。不同村庄之间的分歧最终会通过棍棒和长矛来解决，一个村庄会袭击另一个村庄，杀死男人、儿童并绑架妇女。在长达30年的观察后，他得出了结论：1/4的亚诺玛米人死于暴力。

尽管在历史学家、人类学家和社会生物学家之间存在着激烈的言语和思想交锋（实际上这就是战争），但证据似乎站在了持有该观点的人一边：他们认为根据已知的一切，人类存在着一种以有组织的方式互相攻击的倾向；换言之，即发动战争。这就要求我们尽力去理解，为什么人类总是愿意并总能成功地互相残杀。这不仅是一个费脑子的难题，回答它还有更多意义：如果我们不能理解自己进行战斗的原因，避免在未来发生冲突的希望就会很渺茫。到目前为止，相关理论已有很多，但还没有一致的答案。或许战争是对日益减少的资源——食物、领土、性伴侣或奴隶——的贪婪或争夺的结果。或许是受到生物联系和共同文化的塑造，因而我们重视自己的群体，无论是宗族还是国家，并且惧怕他者？就像我们的近亲黑猩猩一样，当我们感受到威胁时，我们会本能地攻击吗？战争究竟是我们在迫不得已的情况下发动的，还是我们通过思想或文化构建的？在21世纪，战争和人们对战争的恐惧很大程度上仍然存在着，所以这些问题的答案也颇为重要。

如果我们没有杀戮的欲望，战争就不可能发生，但这一点还不足以定义战争。我们不会把两个在酒吧里打架的男人，或是把在街头或公园里斗殴的帮派成员视为发动战争的人。导致伤亡的暴力是战争的一部分，但我们倾向于将其视作战争的工具，而非战争本身。伟大的德国理论家卡尔·冯·克劳塞维茨[1]在他一篇著名的评论中说："战争是一种旨在迫使我们的对手满足我们自身愿望的暴力行为。"无论是进攻还是防御，战争都存在一个目的。与个人或帮派一样，发动战争的原因可以关乎荣誉、生存或是控制，但这与酒吧斗争的区别在于规模和组织。战争往往涉及数十人、数百人、数千人甚至数百万人，而不仅仅是一个或几个人互相施暴。战争是两个有组织的社会之间爆发的冲突，它要求自

---

1. 卡尔·菲利普·戈特弗里德·冯·克劳塞维茨（Carl Philipp Gottfried von Clausewitz，1780—1831），普鲁士军事理论家和军事历史学家。著有《战争论》。

己的成员服从团体，并且这样的组织通常已经在各自的领土上存在了相当长的时间。正如英国学派政治理论家赫德利·布尔[1]所言："暴力不是战争，除非它以一个政治集团的名义进行……"接着他说："同样，以一个政治集团的名义实施的暴力，除非针对的是另一个政治团体，否则也不能称为战争。"帮派是有组织的，它们的成员可以声称拥有共同的价值观和目标，但它们并不是稳定的政治和社会集团。它们当然可能会变成这样的集团，并随着时间的推移而扩大规模，成为有能力参与战争的宗族、部落、酋长领地、男爵领地、王国或国家。

　　关于战争的诸多悖论之一是人类在创造有组织的社会之时就已经很擅长战争了。事实上，战争与人类社会，两者是共同发展的。战争——两个政治集团之间的有组织、有目标的暴力行为——在我们发展出有组织的、定居的社会之后变得更加复杂，而这也使那些社会变得更有组织性，更加强大。仅仅在10000年前——漫长的人类历史中的一瞬间——某些原始的人类开始定居并成为农夫，战争也变得更加系统化，开始需要特殊训练和战士阶层。除了世界各地的坟墓，考古学家还在其他地方发现了一些防御工事存在的证据，比如在土耳其，那些防御工事至少可以追溯到公元前6000年以前，那里还发现了一片似乎被蓄意烧毁的民居。随着农业技术的出现，人类开始被更多地束缚在一个地方，有更多的东西值得去偷盗，也有更多的东西值得去保护。为了保卫自己，人类需要更好的组织和更多的资源，反过来，这又导致各个团体或是通过和平，或是通过征战来开拓自己的领土并增加自己的人口。

　　在关于战争的起源与发展的争论中，有一个探讨人类是否变得越来

---

1. 赫德利·布尔（Hedley Bull，1932—1985），国际关系理论家，国际关系理论英国学派核心人物。著有《无政府社会：世界政治中的秩序研究》《国际关系中的正义》《世界政治中的干涉》等。

越暴力的问题。史蒂芬·平克和其他持有类似想法的人，例如考古学家伊恩·莫里斯[1]，都对此持乐观的态度，他们认为暴力有明显减少的趋势。如今，大多数国家不再进行公开处决，他们制定了禁止虐待动物或儿童的法令，诸如逗熊或斗狗之类的运动大多是非法的。而乐观主义者则更进一步，试图把过去战争中的死亡人数加在一起——这本身可不是一件容易的事——以此论证过去的战争死亡率要远高于今天。虽然战争中的死亡人数占当时活人的比例在20世纪与21世纪有所下降，但两次世界大战中的大流血事件比以往战争中的类似事件严重得多。但另一些人则对这一数字提出质疑，他们指出，20世纪的战争死亡人数可能占过去5000年间所有战争死亡人数的75%。意大利佛罗伦萨大学和美国科罗拉多大学用数学工具进行的研究表明，战争虽越来越少，却越发致命，这就是目前的趋势。他们的论点是：社会的联系越紧密，冲突就越容易沿着社会关系网迅速传播，就如同电脑病毒和森林火灾一般。1914年夏天，在巴尔干半岛发生的一场小冲突最终演变成一场大型战役，基于各种条约、协议和计划，欧洲各个政治力量之间的关系变得极为密切，从弗兰茨·斐迪南大公在萨拉热窝遇刺开始，紧张局势迅速升级、蔓延，最终导致一场大战全面爆发。

争论仍在继续，就算史蒂芬·平克是正确的，这种观点似乎仍旧难以使人信服。我们这些自1945年以来一直享受着"长期和平"的人需要反思的是，在世界上的许多地方，包括中南半岛、阿富汗、非洲大湖区和中东大部分地区，冲突仍在继续。瑞典乌普萨拉大学的一个长期项目做出推断，在1989年至2017年间，有200多万人死于战争。自1945年以来，大约有5200万人因冲突而被迫逃亡。

---

1. 伊恩·莫里斯（Ian Morris），美国考古学家、历史学家。

　　暴力与战争在过去盛行，并延续至今日，引出一个令人尴尬的问题：人类是否天生注定要互相争斗？有一种研究这个问题的途径是观察我们在动物世界的近亲——黑猩猩和倭黑猩猩，它们都生活在有组织的群体中，存在相互沟通的方式，并且能够制造原始的工具。（最近，在北爱尔兰，一对有进取心的黑猩猩合作，用树枝制作了一个梯子，然后从贝尔法斯特动物园逃走了。）黑猩猩和倭黑猩猩的外表非常相似，在20世纪20年代之前，人们一直以为它们属于同一个物种。事实上，它们群居的方式与同陌生者打交道的方式早就大为不同了。

　　珍妮·古道尔[1]在坦桑尼亚自然栖息地对黑猩猩进行了半个多世纪的研究。她和同事们逐渐与当地的风景融为一体，黑猩猩也渐渐忽略了他们的存在。观察员们观察了黑猩猩的一系列行为——发展关系、照顾自己的幼崽、参与游戏，以及互相残杀。在这些雄性占据主导地位的群体中，每一只黑猩猩都紧紧地依附于自己的领地，通常会在并未遭到挑衅的情况下与其他黑猩猩集团发生冲突。它们杀死离开自己领地太远的落单黑猩猩，还会发动突袭，杀死竞争对手的雄性、雌性和幼崽。在一场特定的长期冲突中，一个集团会消灭另一个集团并占据它的领地。珍妮·古道尔在回忆录中提到，最初她以为她研究的那些黑猩猩"在很大程度上比人类要更好"，但之后她又说，"突然之间我们却发现，黑猩猩也会很残忍——它们就和我们一样，在本性上有黑暗的一面"。

　　在我们下定论说人类的本性中有着不可磨灭的污点之前，我们应该先看一下倭黑猩猩这个反例，它们彼此之间既不打架，也不相互猎杀。倭黑猩猩看起来与它们的近亲黑猩猩一样聪明，但它们却进化得非常不同，这很可能是因为它们生活在刚果河南岸，在那里觅食很容易，也不

---

1. 珍妮·古道尔（Jane Goodall，1934—　），享誉世界的英国动物学家，毕业于剑桥大学，致力于野生动物的研究、教育和保护，曾获联合国颁发的马丁·路德·金反暴力奖。

会像坦桑尼亚黑猩猩那样遭遇更加强大的对手，特别是大猩猩。在倭黑猩猩内部，雌性（而非雄性）会形成强大的群体，且往往会支配雄性。当互不相识的倭黑猩猩相遇时，它们的第一反应并非发动攻击，而是试探性地凝视，然后慢慢地朝对方移动。它们开始分享食物，为彼此梳毛，大方地互相拥抱，给对方带去各式各样的快乐。（倭黑猩猩玩耍的视频在互联网上很受欢迎，虽然有些人认为这些视频并不适合全家一起观看。）倭黑猩猩更喜欢的是交配而非战争，这究竟是环境还是进化造成的，抑或两者兼而有之，目前仍存在争议。

　　人类与这两个近亲中的谁最为相似？答案似乎是与两者都很相似。我们无法否认与它们的关系：人类与黑猩猩、倭黑猩猩的DNA约99%相同。然而，与它们不同的是，我们已经发展出了语言、精妙的技术和抽象思维的能力。我们建立了高度复杂的社会与政治机制、思想、信仰体系和价值观。我们当然可以和黑猩猩一样，在恐惧时做出激烈的反应，但我们也可以像倭黑猩猩一样，拥有高度发达的友好互动、合作、信任和利他主义的能力。人类学家理查德·兰厄姆[1]在他的著作《人性悖论》（_The Goodness Paradox_）中指出，人类在漫长的进化过程中，学会了驯服自己好斗的一面，其中的部分做法是像驯化野生动物那样驯化自己。想想狼最后是如何变成我们信任的宠物狗的。他认为人类在一起劳作的过程中，通过杀死集体中较为暴力的成员，逐渐摆脱了他们。或许正如其他人类学家所提出的那样，当女性及其父母在寻求温和的、易于合作的配偶时，性偏好也起了一定作用。兰厄姆继续说，当我们的祖先逐渐被驯化时，他们也在建立社会和政治体制，包括垄断暴力的强大中央政府，所以，与黑猩猩不同，他们的臣民不能再随意地实施

---

1. 理查德·兰厄姆（Richard Wrangham, 1948—　），灵长类动物学家，哈佛大学教授，研究黑猩猩多年，曾师从珍妮·古道尔。

伤害和杀戮了。然而这并不意味暴力的终结，相反，有组织的社会可以用更加有组织、目的更明确的方式使用暴力。在兰厄姆教授看来，悖论之处在于当人类变得越来越友善，他们也越来越擅长杀戮，且战斗规模变得越来越大。

在我看来，我们不能否认进化赋予我们的东西。我们有冲动、诸如恐惧之类的感觉，以及对食物与性等事物的需求和欲望。像大多数物种一样，从鸟类到哺乳动物，我们对自己的领土有着强烈的依恋。但我们也是芸芸众生之一，有能力做出决定，受我们本性中好的或是坏的一面的驱使。我们创造了文化，这些文化又反过来塑造了我们的身份，帮助我们确定我们所认为重要的东西。因此，我们不仅为生存所需的食物、性、庇护所而战，也为一些抽象的东西而战，比如，我们认为值得实施杀戮或是为之献身的宗教或国家。不论战争的起因对我们来说意味着什么，我们也不会只知道战斗，我们还会寻求和平解决纷争的方法。事实上，人类曾经梦想，现在也仍然梦想着彻底摆脱战争。

对于我们是如何进化的，为何会进化成这样，这种进化结果在战争中有多么重要，这些问题仍然没有定论。另一个同样长期被激烈讨论的问题是：社会本身让我们变得更好还是更坏，更和平还是更好战？这场辩论并不是围绕着黑猩猩和倭黑猩猩展开的，而是围绕着两位欧洲思想家展开的：托马斯·霍布斯[1]和让-雅克·卢梭。这两个人都试图厘清人类与社会之间的关系，以及战争还是和平是我们的正常状态。两人都描述了人类在有组织的社会出现之前的自然状态。与我们不同的是，他们没有依据表明人类在遥远的过去是如何生活的；不过，他们发现，想象

---

1. 托马斯·霍布斯（Thomas Hobbes，1588—1679），英国政治家、哲学家、社会学家，毕业于牛津大学，创立了机械唯物主义的完整体系，提出了"自然状态"和国家起源说。代表作有《论政体》《利维坦》《论公民》《论社会》等。

人类如何在没有规则或组织的情况下共存，对于审视自己所在的社会是非常有用的。

卢梭认为，暴力不是人类不可分割的一部分。他认为人类天生是善良的，是所身处的社会造成了他们的堕落。他描述了一个田园牧歌式的社会，在那里猎食者彼此和睦相处，与大自然和谐相处，人们有足够的食物来满足自己的需求，因而没有必要去战斗，无论是去夺取别人的食物，还是保卫他们拥有的东西。当人类定居下来，开始耕作时，邪恶便悄然而至。卢梭认为这导致了私人财产和专业贸易的发展，因为有些人仍然是农民，其他人则成为工匠、战士或统治者。成功的人积累了更多财产，致使原有的平等社会变得不平等，出现了等级制度。弱者被强者剥削，社会上出现了贪婪、自私、暴力的迹象。当社会和国家进化得越来越复杂时，凌驾于其成员之上的权力也越来越大，人类的自由便越来越少。由于各自独立的国家倾向于只考虑自己的利益，因此它们更有可能相互开战。卢梭在《社会契约论》中提出的解决办法不是回到他所假想的天堂，他认为那是不可能的，而是在个体与社会、政治机制之间建立一种新的关系。人类需要共同生活和工作，但那得身处于一个为他们服务的国家（而不是相反），在一个能保障他们自由的国家，根据自己的意愿去做这一切。如果人类的行为就像是彼此之间自由地签订了契约，那么个人和社会都会变得更加幸福与和谐。一旦实现了这一点，开明的国家就可以共同努力克服对彼此的恐惧、猜疑和贪婪等这些往往会导致战争的东西。卢梭似乎曾设想过一个欧洲的联邦体，其成员国会将战争宣布为非法行为，并致力于保障和平。

霍布斯则描画了一幅截然不同的图景。在他设想的自然状态下，人类过着不稳定的生活，互相斗争以求生存。他眼中的生活是"孤独、贫穷、肮脏、野蛮和短暂的"，没有时间，也没有多余的资源用于制造工具、种植作物、开展贸易或进行学习。"不了解地球的面貌，没有时间的记录，没有艺术，没有书信，没有社会；最糟糕的是，还有持续不断的恐惧和暴力死亡的危险。"安定的社会与大国的发展远不会导致冲突的发生，情况恰恰相反。一个强大的政治体系的发展——霍布斯称之为利维坦[1]——为控制暴力提供了途径，至少在社会内部是这样。国际社会的现状仍然很像大自然原始的状态，在一个无政府的世界里，各个国家之间你争我夺。强者欺凌弱者，弱者投降或被武力征服。与卢梭不同的是，霍布斯没有期望社会和国家能够变得更加开明，并学会自愿地与彼此合作。

我们中的很多人仍然更喜欢卢梭的观点和假设，即人类是天生无辜和热爱和平的。从很多方面来看，20世纪都是如此可怕，于是我们不断寻找比我们更好、更温和的当代社会也就不足为奇了。如果它们没有隐匿在遥远的热带岛屿、雨林或沙漠中，也许可以根据正确的原则创造它们。在20世纪二三十年代的一段时间里，西方知识分子认为他们已经在苏联找到了理想中的伊甸园，直到最后有太过明显的证据证明，苏联存在大规模的饥荒和谋杀，这也让大多数人无法再对暴力视而不见。20世纪60年代的中国，"文化大革命"在一开始似乎是良性的，兴高采烈的年轻人期待将社会改造成一个平等主义的天堂，人人都将快乐地工作，建设一个新世界。但是，美好的景象后来发生了改变，一切变得暗淡了许多。

从《圣经》中的伊甸园开始，文学和艺术便描述了过去和平的黄金

1. 利维坦（Leviathan），出自英国政治学家托马斯·霍布斯的政治学著作《利维坦》。书中提到人类出于理性，相互间订立契约，放弃个人的自然权利，将其交付给更高级的、统摄集体利益的力量，这种力量被称作"利维坦"，即国家和政府。利维坦本是《圣经》中恐怖的海怪，霍布斯用它指代国家和政府，既展现了国家和政府的强大力量，也表达了他对其的恐惧。

时代或即将到来的乌托邦。诸如赫西奥德、塞涅卡等古希腊和古罗马诗人认为，人类在遥远的过去曾享受过一个黄金时代，后来历史朝着青铜时代和铁器时代迈进，人们在那时获取了武器，变得贪婪和好战。印度和中国的传统文化中也有类似的故事。早期的探险家们遇到了美洲或太平洋地区的人们，他们中的很多人看起来是那么爱好和平，让这些探险家们大为震惊。他们传出的见闻引发了正迅速工业化的西方世界的想象。在19世纪，如亨利·卢梭和保罗·高更等西方的艺术家，描绘了那些梦幻般的场景，美丽的非洲人或太平洋岛民被树上即将掉落的水果环绕着。画面中的人们显然没有任何战斗的意图，也没有这个必要。

　　当人类学作为一个严肃的研究领域在19世纪和20世纪出现时，它的研究在很大程度上证实了一幅美好的画面。20世纪20年代，在萨摩亚群岛（位于南太平洋）进行田野调查的玛格丽特·米德[1]描绘了一个没有罪恶、贪婪、愤怒的世界。那里同样没有战争，没有来自其他文明的诅咒。她写道，在萨摩亚，没有人"因自己的信念受苦，或为了特殊的目的战斗至死"。年轻人很容易追随长辈，他们偏爱开放的性关系，家家户户都在一起吃饭，彼此分享丰盛的食物。"有时直到午夜之后很久，村庄才陷入沉睡的梦乡；而后，村庄一直沉睡到黎明，其间只有暗礁发出的柔和雷声和情人的低语……"她所写的《萨摩亚人的成年》一书产生了巨大的反响，特别是在20世纪60年代，书中指向了一个没有越南战争的世界，一个有着无罪恶感的爱与自由的世界。最近，米德的研究和结论遭到了质疑。有批评者指出，当时米德并不能熟练地说当地的语言，而且她仅仅在萨摩亚待了几个月；此外最值得诟病的或许是，她打算不加批判地全盘相信当地人告诉她的一切。（后来，这些当地人

---

1. 玛格丽特·米德（Margaret Mead，1901—1978），美国人类学家，代表作《萨摩亚人的成年》曾轰动一时。

中的一些人称在有关萨摩亚青少年那简单的、无罪恶感的性生活方面，他们对她撒谎了。）据传教士和水手等早些年到访过萨摩亚的人描述，其实萨摩亚人相当热衷于互相争斗。在帝国主义到来之后，先来的是美国人和德国人，英国人随后到来，萨摩亚才停止了内斗。有一段时间，我们认为中美洲的玛雅文明或许可以提供一个振奋人心的例子，说明各国之间如何达到和谐相处的状态。遗憾的是，第二次世界大战后，各种对玛雅文字的解读都显示，玛雅文明现存的文学作品主要与战争有关。

那么问题来了，历史究竟是如卢梭所说的那样，还是如霍布斯所说的那样？考古和历史的证据坚定地指向了霍布斯，即战争是人类经历的岁月中长期存在且不可分割的一部分。但这并不意味着我们不该期待一个更像卢梭所说的那样的未来。而与此同时，令人吃惊的是，战争也为社会带来了和平与进步，或许这也算是一种安慰。

这便让我联想到战争的第二个悖论：不断增长的国家权力和更庞大国家的出现——霍布斯将其称为"利维坦"——常常是战争的结果，但它反过来也能创造和平。国家的权力与制度是基于统治者的权威，无论这种权威是来自神明还是选民，以及被统治者的默许，但非常关键的一点是，战争和暴力威胁常常是混杂在一起的，国家既可以将这两者施加于自己的人民，也可以施加于敌人。19世纪，在西方大部分国家和亚洲的部分国家出现了国家警察，土匪行为和低级的暴力活动逐渐消亡。当君主获取的武力足以摧毁私人军队并夷平城堡时，欧洲封建领主的权力就被击破了。强势国家的出现与它对在境内使用武力与暴力的垄断是相伴而行的。如果你拒绝交税、放火焚烧邻居的房子或是无视征兵的号令，一个强势国家就会对你，通常还有你的财产下手，你将为此受到惩罚，有时甚至会被处决。在铁托的严格统治下，南斯拉夫人民能够和平共处，正如一个克罗地亚人所说："每隔一百码[1]就有一个警察，为的是确保我们彼此之间非常相爱。"铁托死后，他所属的政党也分崩离析，南斯拉夫的不同种族在无耻煽动者的鼓动下开始互相攻击。或许我们会认为国家是压迫的化身，但我们的确应该思考一下，在没有国家权力的地方生活会是什么样子。萨摩亚人和新几内亚高地人曾经知道这一点，也门、索马里和阿富汗等失败国家不幸的人民也知道这一点。

在对抗外部敌人的战争中获得的成功常常会被用来进一步增强国家权威及其合法性，因为无论是民选的政府，还是独裁的政府，都会将伟大的胜利看作美德和他们取得成就的标志。美国前总统唐纳德·特朗普在2019年的美国国情咨文中谈到了诺曼底登陆后美国获取的胜利（他忽略了其他盟军的存在）。他说，这是为了美国和"为了我们"。他接着说："从那以后发生的一切——我们在科学和探索方面的巨大飞跃，我们在平等和正义方面取得的无与伦比的进步，所有的这一切之所以成为可能，要归功于先辈们的血泪、勇气和远见。"罗马人建造圆柱和凯旋门来歌颂皇帝和国家的荣耀。拿破仑利用作家和艺术家来赞美他在法国掌权的胜利，当他成为皇帝时，一位谄媚的参议员称赞他是"征服了他们所有人的无与伦比的英雄，把万物从混乱中拯救出来，为我们创造了另一个宇宙"。只要看上去不可战胜，拿破仑就会一直控制着法国和欧洲的大部分地区。而希特勒的一连串胜利甚至征服了怀疑他是否适合执政的德国保守派。

相反，不能保卫自己国家的人民或是在对外战争遭遇失败的统治者将会失去人心。在中国古代，若是皇帝无法处理内部的暴动或是遭受了外部的袭击，就会被视作失去天命，不再适合担任统治者。拿破仑三

---

1. 1码等于0.9144米。——编者注

世，伟大的拿破仑之侄，由于在普法战争中领导法国走向战败，他的政权垮台了，他也因此流亡海外。当希特勒在1941年夏天入侵苏联时，斯大林说："列宁建立了我们的国家，而我们把它搞砸了。"林登·约翰逊总统决定退出1968年的美国大选，因为他的政府没能结束越南战争。

国家和帝国会在征服战争中，或是当弱国向它们投降时变得更加强大，而进行无望的单方面挣扎则不会使它们变得更强。雅典人用海军和陆军征服并控制邻国；亚历山大大帝率领军队建立了一个庞大的帝国；罗马军团从罗马向外进军，逐一征服他们途经的地方；中国曾经一度分裂成150个左右的小国（春秋战国时期，中国诸侯国林立），它们在痛苦和血腥中逐渐走向统一。中国人仍然会怀着恐惧回想起公元前5世纪到前3世纪的战国时期，当时，残余的几个国家之间进行了一系列无休止的征战，人民贫困潦倒。公元前221年，秦始皇最终将这几个不同的国家置于他的统治之下。秦始皇是一个无情的暴君，但他却被人民铭记于心，因为身为统治者的他为中国带来了和平与秩序。他的陵墓位于西安，有一队队兵马俑陪葬，这也正好提醒了人们军事力量在他统一国家时所起到的作用。在离我们更近的时代，普鲁士，这个拼凑起来的领土，用它的军队夺得了越来越多的疆域，最终建立了现代德国。

大国不一定就是好国，不过，它们也的确为自己的人民提供了最低限度的安全和稳定。那些大国通过军事力量延续自身，但它们的持久性取决于自身是否能够提供一个公道而高效的政府，这样的政府有助于它们赢得人民的默许甚至忠诚。罗马人清楚地知道，他们利用战争为自己创造和平；但他们也知道，可以利用的工具还有很多。正如古罗马诗人维吉尔在《埃涅阿斯纪》中所说的那样："记住，罗马人，你应该用你的力量统治各国（这将成为你的技能），用法律维护和平，宽恕那些被征服的，制服那些骄傲自满的。"如果没有人民的支持，权力本身是无法维持利维坦的存续的。罗马帝国之所以能延续那么长时间，正是因为它取代了一批纷争不断的国家，而且在其境内，人民、食物和货物可以沿着建筑质量良好的道路自由通行，当它们穿越地中海时，那里的海盗已被清理干净。在帝国内部，经济繁荣发展，人民越发长寿。事实上，是外国人流入了罗马帝国，而非罗马人离开了自己的国度。罗马的臣民并没有被武力镇压，尽管这种威胁确实始终存在。大多数罗马战士会沿着罗马的边界作战。更优越的利维坦拥有统一的法律、合理的税收和财产的安全，有时甚至像罗马帝国一样，可以容忍不同的风俗与宗教。

强大的武装力量可以建立强大的国家，可是一旦失控，这些力量也会削弱国家。在罗马帝国，肆无忌惮的将领们会带领忠于他们的军队与国家相对抗，士兵们也会将自己的忠诚卖给出价最高的人。据罗马历史学家狄奥·卡西乌斯记载，罗马皇帝佩蒂纳克斯[1]在193年遇刺身亡，当时他在位刚刚3个月，随后可耻的场面发生了："就好像在某个集市或拍卖室内一样，整个城市、整个帝国都被拍卖了。"随着时间的推移，利维坦衰落了，政府变得越来越无能，无力应对来自国内的武装叛乱和边境沿线的敌人。汪达尔人洗劫了日渐衰弱的罗马（455年）。骑在马背上的蒙古士兵一举横扫波斯、中国、印度和俄罗斯的旧政权。一支由农民领导的起义军打败了蒙古人建立的元朝的最后一支军队，在1368年建立了明朝。两个半世纪后，满族人从长城上的一个缺口闯入，继而取代了明朝统治。

若是利维坦足够强大，它们也能为邻国带来和平。在19世纪，大英帝国扮演着世界警察的角色，确保全世界的航道安全，并尽可能地平

---

1. 佩蒂纳克斯（Publius Helvius Pertinax, 126—193），是193年内的5位罗马皇帝之一。

息冲突。英国人这样做是出于对自身利益的考虑，为的是保护他们自己的贸易和帝国，但不列颠治世[1]就如此前的罗马帝国一样，也使贸易与商业繁荣、全球间的人口广泛流动成为可能。我们或许生活在美国利维坦霸权即将终结的时代，我们开始意识到，这个世界需要某人或某事来维持秩序；而一个稍欠稳定的备选方案则是一个在规模和力量上大致势均力敌的大国联盟，其成员同意通过共同努力来维护和平。这种情况在欧洲曾有发生：19世纪上半叶，欧洲协调[2]机制逐渐形成；20世纪20年代，民主政权在短期内大量出现。然而，只要有一两个大国决定挑战现状，就可以使和平走向战争，比如第一次世界大战前的德国，以及第二次世界大战前的德国、日本和意大利。令人惊讶的是，这个世界很容易返回到霍布斯所说的无政府状态中，在那种状态下，国与国之间不存在信任。而后的前景就是反复的冲突，如同发生在失败国家内部的一样。

　　在西罗马帝国覆灭之后的5世纪，欧洲的发展逐渐恢复到原来的较低水平：由于道路和航道对旅行者而言太过危险，贸易持续萎缩；此外，知识水平和艺术水平也逐渐衰落。一拨又一拨的侵略者——盎格鲁人、汪达尔人、匈奴人、哥特人横扫而来，他们肆意抢夺和劫掠财物，因为没有什么力量可以阻止他们。而当地豪强则利用自己的城堡和家仆剥削他们的臣民，并且相互发动战争。12世纪时，一位编年史作家写道，维托的罗伯特的遗嘱记载了"近40名男性亲戚，他们都为自己的骑士身份而自豪，彼此之间一直争战不停"。欧洲处于统一的时候远比

---

1. 英国于1815年击败拿破仑领导的法兰西第一帝国，成为世界第一强国，主导国际事务达一个世纪之久，这一时期被称为"不列颠治世"。
2. 欧洲协调（Concert of Europe），又称为"会议制度"（Congress System），是在1815年至1900年左右出现于欧洲的势力均衡体系。在拿破仑战争结束后，奥地利、普鲁士、俄国、英国和法国等欧洲各强国以会议的方式协商处理欧洲重大问题的外交机制，该机制为当时欧洲国际体系带来了近一个世纪的和平。

中国要少，但它断断续续地从15世纪约5000个独立政治单位（主要是男爵领地和公国），发展到17世纪初的500个，继而发展为19世纪初拿破仑时代的200个，在1945年后则不到30个。这样的发展并未给战争画上句号，但它确实限制了潜在参战者的数量，从而限制了有可能发生的战争的数量。虽然面临着因爆发冲突而陷入危险的可能性，欧洲统一体与欧洲制度的发展仍被有意识地看作欧洲国家体系的替代物；而欧洲各强国之间的战争，正如人们希望的一样，已经变得令人难以接受。

　　发动战争的需求与国家发展是齐头并进的。历史学家查尔斯·蒂利[1]甚至说过这样的话："战争缔造了国家，国家制造了战争。"保护自己，避免受到邻国或游牧民族的突然袭击，需要组织人们战斗，然后提供领导力、纪律和训练，使他们严格服从命令。政府需要知道他们究竟需要召集多少战士，这就促成了计数和记录的出现。"人口普查"这个词语来源于古罗马；公元前6世纪，当权者开始将男性公民列入名单，一方面是为了征税，另一方面是因为他们需要携带武器。早期的士兵通常会自带武器和食物，但在更大规模、更长时间的战役中，政府不得不担起为他们提供这一切的责任，这便意味着需要有更多的官僚去清点和寻找补给，并且需要有更多的动物和船只来运送士兵。公元前216年，在对抗迦太基军队的著名的坎尼战役中，据估算，约8万人（在古代世界，得到明确的数字总是一件棘手的事）的古罗马军队每天需要约100吨小麦。在18世纪，英国海军是当时不列颠群岛上最大的单一工业体。虽然你花5000英镑就可以建造一个棉纺厂，但一艘大型海军主力舰，例如纳尔逊"胜利号"，则要花费6万英镑以上。为了建造、配备和维护海军，需要在不列颠群岛和海外的造船厂、仓库和基地，以及

---

1. 查尔斯·蒂利（Charles Tilly, 1929—2008），美国社会学家、政治科学家、历史学家，其研究集中于政治与社会过程、社会运动、现代民族国家理论以及欧洲史等领域。

越来越多的官员、管理人员、供应商和工人。海军需要大量的资金、组织和管理，而英国政府也为此开发了必要的工具和机构，后来它们在管理英国社会的其他方面也派上了用场。英国财政部成立于17世纪下半叶，为的是控制军费开支，但随着时间的推移，它逐渐发展成为一个追踪所有政府部门开支的机构。17世纪90年代，英国正在与法国交战，急需财政资金，作为应急措施，英国政府成立了英格兰银行，它可以从认购者一方获得资金，并以固定利率向政府放贷。如同财政部一样，英格兰银行也由此成长为英国财政系统的关键部分。由于在税收方面的效率颇高，政府能够保证定期按时支付利息，投资者认为由政府发行的年金或债券是可靠且可取的投资方式，结果便是更多的资金被用于战争一类的目的。

伟大的古罗马历史学家塔西佗曾说："金钱是战争的力量来源。"十几个世纪后，英国的日记作家塞缪尔·佩皮斯[1]抱怨道："金钱的匮乏使一切，尤其是海军，变得混乱不堪。"在伯罗奔尼撒战争中，雅典人曾三次重建自己的舰队，但当最后一支舰队在公元前405年被摧毁时，雅典已耗尽了资源，只能被迫向斯巴达及其盟友投降。有时，如果战败的敌人颇为富有的话，战争是可以得到回报的。亚历山大大帝就从波斯人那里积累了巨额财富。在16世纪和17世纪，西班牙人从战败的阿兹特克帝国和印加帝国那里带回大量金银，用来资助自己在欧洲的战争。在1870至1871年的普法战争之后，德意志联邦要求法国一次性付清钱款。在1918年的《布列斯特-里托夫斯克和约》中，德国强迫苏俄交出黄金，并将自然资源向西输送，而盟国则试图根据《凡尔赛和约》

---

1. 塞缪尔·佩皮斯（Samuel Pepys, 1633—1703），17世纪英国作家和政治家，毕业于剑桥大学，曾任英国皇家海军部长、英国皇家学会会长。他的《佩皮斯日记》记录了包括大瘟疫、伦敦大火等重大事件，是17世纪重要的生活文献。

向德国索取战争损失赔款。

然而，在通常情况下，政府需要从本国人民的身上吸纳必要的资金，或者向有意愿贷款的人借贷。一直到20世纪下半叶，战争都是当时欧洲最强大的国家的最大开支。1688年至1697年，在路易十四时代的法国与英国之间长达9年的战争中，据估算，法国的战争花费达到了收入的74%，而英国则达到了75%。尽管路易十四的军队屡战屡胜，但他最终不情愿地缔造了和平，因为他再也找不到愿意借钱给他的人了。事实证明，英国人在征税、借贷和管理债务方面比法国得更好。虽然法国是欧洲最富有的国家，但路易十四和他的继任者却从未妥善地利用这些财富，最终影响了法国发动战争的能力。政府一味借款只会使国家走向破产。1789年，路易十四的后代路易十六被迫采取了一个十分致命的做法：他召集法国主要社会阶层的代表人士开会，希望他们能投票赞成征税。

确实，英国人发现征税是相对更容易的事，他们可以在自己的港口征收关税。然而，更重要的是，英国人拥有议会，可以在必要时增加税收，到了18世纪，英国拥有了或许是全欧洲最为有效的税收征管系统。公众怨声载道，但还是为此付了钱。到1783年美国独立战争结束时，英国人平均每年缴纳的税款几乎达到了法国人的3倍。更重要的是，英国的税收是由政府机构征收的，而非像法国那样，由购买了增税权的税农来征收，他们只要交给政府固定数额的税款，就可以保留他们征收得来的任何剩余部分。约翰逊博士[1]在他的字典中，大概是将针对国内商品征收的重要消费税定义为由"卑鄙小人"征收的"可恶的税"，但这却是英国维持海军力量和海外军队运转的关键。随着英国政

---

1. 即塞缪尔·约翰逊（Samuel Johnson，1709—1784），英国著名作家、文学评论家、诗人，凭借一己之力耗时8年编纂出《英语词典》，对英语的发展做出了重大贡献。

府变得更有组织、更有效率、更为强大，它也能加强对整个英国社会的控制，包括反叛的苏格兰人和爱尔兰人。消费税专员收集了大量的信息，从蜡烛制造商的数量到商店的数量等。税务局向数以千计的酿酒商、酒馆老板、茶叶和咖啡经销商以及许多其他行业人士发放了许可证，遍地都是税务局的检查员，正如人们抱怨的那样，仿佛有着"上万只眼睛"。

　　这种稳定的年度收入意味着，假使政府决定借款，它的放款人就可以确保获得偿还。英国政府效仿荷兰早期的做法，发展了一套容易推行的公共信贷体系，通过发行短期和长期的纸面票据向本国公民借贷，并系统地偿还这些债务。政府经常使用另一种新手段，即偿债基金，从而将一定的政府收入用于偿还债务。如果没有稳定可靠的资金来源，英国就不可能在17世纪末和18世纪时拥有那使之成为欧洲乃至世界范围内经济与军事强国的海军。我们记得佩皮斯在他的日记中记载的精彩人物细节，他对伦敦的描述，他对妻子及其朋友的不耐烦，他那游离不定的眼神，但他也是一个严肃的人、一位敬业的官僚，经过多年的艰苦工作，他将英国海军从一个低效和腐败的机构，重整为一支强大的战斗力量。他学习造船的方法，检查每一份合同，也了解船上所有物品的价格——从焦油到大炮。他说他发现"这让人心满意足，希望我能通过这种做法来为国王省钱"。他所做的远远不止这些——在他为海军服务30年期满后，海军的船只和枪支数量增长了一倍，而且被管理得既高效又清廉。

　　到了18世纪，欧洲的中央集权国家权力日益增长，拥有了国家组织、控制和供养的陆军与海军，这也意味着政府拥有了打击顽抗和反叛势力的手段，无论这些势力是当地权贵、暴动群众还是强盗。国家需要维持自身对国内武力的垄断，保护自己不受外部敌人的攻击，而这也使国家能更好地控制社会、资源和人民的生活。中世纪时，英格兰和苏格兰政府都会命令自己的臣民定期进行射箭练习，苏格兰人被告知要放弃足球运动。在第一次和第二次世界大战中，相关国家的政府决定着工厂生产什么商品、配给什么商品。从事某些工作的熟练工人，比如军需品行业或采矿业，失去了更换工作或志愿加入武装部队的自由。时尚、餐饮、娱乐、旅游行业，全都因战争而受到管制。即使在和平时期，军事纪律和军事组织也在蔓延。想想那些被严格限制开工、收工时间的工厂，看看如今的亚马逊仓库，再想想19世纪和20世纪早期的公共教育是如何让学生们穿上校服，整齐地排成队列的，在今天，有时我们还能见到这样的景象。

另一方面，国家不得不进行有益于部分或整个社会的变革，以提升其军事能力。统一的法律和有效的行政管理或许是调动国家战争资源的必要组成部分，但它们同样可以扩大公民的权利和活动空间。在历史上，公民拥有的权利一再与兵役联系在一起。在古希腊和古罗马的古典世界里，拥有公民身份同样意味着有拿起武器的义务，而这反过来证明了公民身份的有效性。虽然在大多数城邦中，公民的身份都与财产问题相关，但在雅典等海上强国中，对划桨手的需求则意味着那些除了力气一无所有的自由人可以通过划桨来获得公民身份。在罗马共和国的早期，罗马与它的意大利邻邦常年争战不休，垄断了权力的贵族领袖们不得不号召普通人——平民——去战斗。传说有一次，这些平民撤到了罗马之外的地方并选出了自己的代表——保民官，他们要求获得对贵族行政官和元老院等主体做出某些决定的否决权，并且最终获得了成功。很多国家经常会授予战时服役的外国人以公民的身份。直到2018年，在移民到美国的人中，曾在军队服役的人在申请公民身份时，程序都会被加快。

19世纪和20世纪，在工业革命的影响下，各国发动战争的能力大幅度增强，各国政府，甚至是专制政府，都在进行变革，以应对即将到来的或预想中的战争，并借此赢得民众的支持。各国政府鼓励地方修建铁路，部分原因是在国内爆发动乱或去往边境参战时，方便将军队运送到全国各地。当军方提出要求时，德国开始使用统一的单一时区替代原有的零碎时区，以便他们能顺利地调度军用列车。为了培养更合格的士兵和水手，政府需要提供给他们更好的教育和更好的营养保障。英国政府和公众颇为失望地发现，在1899年至1902年南非战争期间，1/3的志愿兵因为不合格而被拒绝。这刺激人们对公共卫生及其相关设施的改善提出了更多要求，比如为贫困儿童提供免费校餐等。俄国在克里米亚战争（1853—1856）中惨败后，沙皇亚历山大二世废除了农奴制，部分原因是改革征兵制度。沙皇亚历山大二世试图使自己国家的官僚机构、司法和教育体系变得现代化，也取得了一些成功。后来几代的俄国变革家主张建立代议制度，作为建设国家的一种举措。正如耶夫根尼·特鲁贝茨科伊（Yevgeny Trubetskoy）亲王在第一次世界大战前说的那样，"在有必要求助人民来保卫俄国时，是不可能与人民对立的"。

在1914年至1917年间，俄国政府正是这样做的，它的治理违背了许多本国人民的意愿。当战争削弱了政府的能力及其合法性时，往往会为巨大的政治与社会变革开辟道路。"胜利"可以巩固一个政权的力量，正如长期的消耗战可以摧毁一个政权的力量一样。有时这种变化会发生在政治上，一群统治者会取代另一群统治者，但在大多数情况下则会引发更为根本的变化。第一次世界大战给所有参战国带来了沉重的负担，但那些较为强大的国家——英国和法国，以及某种程度上的德国，则躲过了风暴。它们经受了变化，但在1918年后并没有出现根本性的社会变革。（德国的确成了一个共和国，但它的机构，从官僚机构到军事机构，以及它的文化，基本上保持不变。）而在1914年之前，作为列强中最脆弱的一个，俄国的经历则完全不同。事实证明，沙皇政权没有能力应对战争和来自社会的压力，到1917年，面对民众的不满、组织性越来越强的抵制，以及许多军队日渐增长的厌战情绪，沙皇政权的权力日渐萎缩。人们质疑的不仅是沙俄政权的能力，更是俄国社会的本质。在战争爆发之前，革命党人一直在呼吁结束独裁统治，将俄国社会改造成某种形式的社会主义社会，但这群人内部的分歧十分严重，他们的人数很少且受到了当局的迫害。战争使他们得到的支持增加，且使他们对激进的社会和政治变革的呼吁更加有力。即便如此，若不是因为沙皇本人的顽固，以及他在临时政府中的继任者没能使俄国从战争的深渊中脱身，这个政权仍有可能以某种形式继续坚持下去。这一切都为一个最强硬、最无情、最具有战略智慧的革命者提供了夺取政权的机会。然而，如果在第一次二月革命爆发时，列宁仍在瑞士流亡，那么在今天他便会成为20世纪历史上一个微小的注脚。德国最高指挥部为了短期的利益，就像他们经常做的那样，让列宁乘坐著名的封闭火车，穿越德国领土返回俄国。列宁和他的布尔什维克在1917年11月发动了政变，建立了一种全新的秩序，由此改变了俄国和整个世界的历史。如今的我们仍生活在他所带来的影响之中。

　　另一个令人不安的事实是，战争既带来了毁灭，也带来了创造。我们在科学和技术方面取得的许多进步，比如喷气式发动机、晶体管、计算机，都是因为战时需要而被发明的。青霉素拯救了许多人的生命，它由亚历山大·弗莱明在1928年首次发现，但直到第二次世界大战时，才有了用于研制青霉素的资金。加拿大医生诺尔曼·白求恩率先在战场上使用了输血方法。如今，伤员检别分类在医院急诊科得到了广泛使用，但它却起源于战争，且很可能是在拿破仑时代。到第一次世界大战时，法国战地医生在对伤员进行分类方面较为领先，他们将伤员分为

"任何治疗都无济于事""立即处理便可存活",以及"可以等待治疗"几类。外科手术——治疗创伤性伤口或复原支离破碎的脸部,在20世纪的战争中取得了巨大的进步,部分原因是当时有太多病人需要接受治疗。

由于参与了战争,社会中很多妇女得以拥有事业、受到教育并获得权利。甚至在第一次世界大战结束之前,英国政府就订立了1918年的《人民代表法》,将投票权扩大到所有无财产的人群——工人阶级——以及30岁以上的妇女,作为对她们为战争所做贡献的肯定。第二次世界大战结束时,福利国家的引入也是基于类似的情感。冷战期间,包括艾森豪威尔总统和约翰逊总统在内的美国政治领导人都承认,他们必须去做些什么,来为非洲裔美国人提供公民权利,而这并不一定是因为他们相信这项事业的正确性。在长期的斗争中,为了证明美国和苏联哪个社会更好,宣传美国的种族歧视正是苏联一直拥有的撒手锏。

近来,沃尔特·沙伊德尔(Walter Scheidel)和托马斯·皮凯蒂(Thomas Piketty)等著名历史学家和经济学家都提出了很有说服力的观点,认为大战也可以起到缩小贫富差距的作用,参与第一次和第二次世界大战的国家都用经验证明了这一点。大战可以刺激就业;劳动力变得更有价值,工资和福利都会上涨;富人会自愿缴纳更高的税费,或者发现他们难以避税。在毁灭性的战争结束之时,开展重建或社会福利方面的重大计划也更容易获得支持。典型案例有威廉·贝弗里奇[1],他的报告为英国福利国家制度奠定了基础,他写道:"现在,当战争清

---

1. 威廉·贝弗里奇(William Beveridge,1879—1963),英国经济学家,"福利国家"的理论建构者之一,1919年任伦敦政治经济学院院长,1937年成为伦敦大学校长,他于1942年发表《社会保险及其相关服务》(Social insurance and Allied Services),也被称作《贝弗里奇报告》,分析了英国社会保障制度的现状和问题,系统勾画了战后社会保障计划的蓝图。

除了各式各样的地标之时，也为在一个明确的领域运用经验提供了机会。世界历史上的革命性时刻是进行革命的时刻，而不是做出修补的时刻。"

　　也有一些证据表明，战争带来了社会和经济的平稳。男人（有时也有女人）被征召入伍，与他们从未见过的人待在一起。在第一次世界大战中，那些大多在公学接受教育的年轻军官在审查他们的部下写给家里的信件时，通常会惊讶地发现，这些普通士兵所表达的爱、恐惧和希望与他们自己所感受到的一样。后来因为小说《闪电侠》而一举成名的乔治·麦克唐纳·弗雷泽发现，他自己在第二次世界大战的缅甸战役中所属的兵团，其主要成员是强硬、沉默寡言的坎布里亚[1]工人阶级。作为一个受过良好教育的中产阶级男孩，他发现他们虽陌生但极有吸引力。当他的家人为他寄来两本书时——一本是漫画小说，另一本是《亨利五世》，他以为没有人选择借阅莎士比亚的戏剧。当他的中士——他在十几岁时就离开了学校——将这本书拿走时，弗雷泽认为他一定不会去读的。但令他相当惭愧又深受启发的事发生了，3天后，中士将这本戏剧还了回来，他已经认真地读了一遍，并被它所感动。中士告诉弗雷泽，莎士比亚一定曾在军中待过，因为他对当兵的体验了如指掌。一位年轻的英国中产阶级妇女在那场战争中加入了英国皇家海军，她认为，在海军中，她这类人会比陆军或空军中的女性辅助人员要多，她发现自己会和苏格兰工人阶级妇女一起上技工课程。"这场战争，"后来她承认，"对像我这样受过私立教育的女孩来说，真的有很多好处。它告诉我工人阶级也可以拥有情感，他们也很聪明，非常聪明，我的天哪，有些女孩特别机灵。这些都是我以前从未想过的事情。"

---

1. 郡名，在今英国英格兰地区西北部。——编者注

　　战争可以带来好处，它有助于建立更强健、更公平的社会，这么说并不是在为战争辩护。当然，我们更希望改善我们的世界，去帮助弱者和不幸的人，或是在和平状态下取得科学技术的进步。然而在和平时期，我们更难以寻求想取得重大进步的意愿和其所需的资源；把解决贫困、阿片类药物危机或气候变化的事情推迟到明天是再容易不过的事。战争集中了我们的注意力，不管你是否喜欢这个事实，在人类历史上一直如此。

第 **2** 章

战争的起因

没有战争是不可避免的，直到它爆发的一刻。

——艾伦·约翰·珀西瓦尔·泰勒[1]，
《争夺欧洲霸权的斗争，1848—1918》

　　无聊的众神决定和人类玩一玩，于是挑起了一连串事件：一个男人偷走了另一个男人的妻子；国王们为了一片领土或是王位继承权而争吵；一位英国船长失去了一只耳朵；在布拉格，皇帝的代表们被扔出窗户；一艘美国战舰在哈瓦那港口爆炸；僧侣们在耶路撒冷的圣殿里打架；一位大公在萨拉热窝被杀；日本士兵在北京一座古桥附近发动了战争。士兵阵亡，船只沉没，城镇被洗劫，而受难的总是平民。

　　战争的起因或许看似荒谬或无关紧要，但它的背后常常隐藏着更大的分歧和紧张态势。有时，一个火花便可点燃尚在闷烧的木材。在古代世界，人们相信特洛伊战争发生的原因是众神之王宙斯认为地球上的人

---

1. 艾伦·约翰·珀西瓦尔·泰勒（Alan John Percivale Taylor, 1906—1990），20世纪英国历史学家。

类太多，于是他想出了一个简单的办法，那便是鼓励他们彼此战斗，自相残杀。他让女神阿芙洛狄忒向特洛伊国王失散多年的儿子帕里斯许诺，总有一天他会娶到世界上最美丽的女人。不出所料，帕里斯爱上了海伦，而海伦已经嫁给了斯巴达国王墨涅拉俄斯。海伦履行了自己的职责，同帕里斯一起去往特洛伊，还带走了墨涅拉俄斯的许多财富。于是，根据古人的说法，特洛伊战争开始了。来自斯巴达的希腊人及其许多盟友来到小亚细亚海岸，许多人在那里死去，最终，特洛伊被摧毁，幸存下来的人都成了俘虏。这些事真的发生了吗？如果不是众神犯了错，那特洛伊战争又是谁造成的？有证据表明，特洛伊废墟的周围确实发生过战争，在荷马之后的人认定，这场战争持续了很长一段时间。我们都知道，当时的世界是一个不稳定且充满暴力的世界，为了争夺土地、牲畜、贵金属和妇女，各个小国之间彼此争战。荷马把一场由贪婪的暴徒制造的、或许真正发生了的战争，写成了伟大的艺术作品。

对于中世纪和现代欧洲早期的王朝战争，我们的了解更多一些。统治者把他们的土地视为私人财产，认为为了增加自身的财产，自身的行为并没有什么过错。为发动战争找到一个理由总是可以办到的，无论是遭受了侮辱还是恢复古老的所有权，都可以是宣战的借口。连接欧洲统治者的家族关系网络意味着大多数的继承关系都可能存在争议。1328年，法国国王去世了，没有留下儿子和继承人。问题来了，谁拥有更多继承权，是表亲还是侄子？碰巧的是英格兰的国王与法国国王有亲戚关系，对王位的争夺导致了法英之间的百年战争。几百年后，另一位没有子女的国王去世了，这次发生在西班牙，三个国家——英国、荷兰共和国和法国，因为继承权问题发生了争执，由此引发了一场席卷欧洲和全球的战争，这场战争从1701年持续到1714年，历时13年。

一直以来，对荣誉的侮辱——不论是对统治者还是国家，都是各国试图制造长期对峙局面时常用到的借口。1731年，詹金斯船长的耳朵被割掉了，他控诉这件事是西班牙水手干的，因为他们怀疑他在进行走私勾当。他向英国国王抱怨，但只是徒劳。1738年，在他展示了他所说的"可怕的残耳"后，英国议会决定对此予以关注。战争在次年爆发，一直延续到1748年，然而真正的原因并不是詹金斯的耳朵，而是英国渴望打破西班牙在西印度群岛和西属美洲的垄断，在利润丰厚的贸易活动（包括奴隶贸易）中分一杯羹。而在情理之中的是，西班牙人同样决心维护自己的垄断地位。

过去的战争可能是由一个领导人或一群精英发动的，但他们常常会得到一些民众的支持。希腊城邦的公民对他们的生活方式感到担忧，于是团结一致与波斯人展开战斗。632年，在穆罕默德去世后，阿拉伯半岛上争斗不休的阿拉伯部落被宗教和倭马亚哈里发凝聚在一起，继而横扫中东、北非和欧洲的部分地区。在1618年发生的"布拉格抛窗事件"中，宗教正是幕后推手。作为波希米亚地区的一支强大力量，新教徒的权利得到了奥地利皇帝的保证，但他们发现这些权利却被皇帝的代表们侵犯了，于是便将他们扔出了布拉格城堡的窗户。尽管这些皇室官员大难不死，但这一事件却引发了一场叛乱。后来，奥地利人试图镇压叛乱，反而将欧洲大大小小的国家卷入了复杂的长期斗争，这是一场融合了宗教、社会、国家和王朝等多方面的战争。

保护教友可以为发动战争提供最方便的借口。19世纪中叶，列强们贪婪地注视着日渐没落的奥斯曼帝国。英国和法国都对地中海东部拥有巨大的兴趣，但它们不希望俄国向君士坦丁堡（伊斯坦布尔的旧称）伸出援手，因为它掌握着通往地中海海峡的最重要指挥权。当东正教和天主教的僧侣在耶路撒冷的圣墓教堂用烛台和十字架互相殴打对方头部时，沙皇决定亲自维护奥斯曼帝国的东正教的权利，而新教的英国和反教权的法国则表达了它们保护天主教和奥斯曼帝国的决心。

到了19世纪末期，美国开始在境外，特别是在邻国行使其与日俱增的权力。美国曾试图入侵加拿大或说服加拿大的居民臣服于美国，但这一计划失败了（与大英帝国较量可不是一个好主意）；不过，美国在搜刮南方这一方面似乎做得更好。当时的美国人已经"砍掉"了墨西哥的大部分地区，出于对安全和贸易的考虑，他们对加勒比海地区的兴趣与日俱增。美国人考虑建立一条横跨巴拿马地峡或尼加拉瓜，连接太平洋和大西洋的运河，这个主意在很大程度上促使美国将注意力聚焦在该地区。除了英国之外，美国的主要障碍是濒于崩溃的西班牙帝国，它控制着富饶且具有重要战略地位的古巴岛。1898年，美国"缅因"号战列舰在哈瓦那港爆炸并沉没，致使大部分船员遇难，这次事件为美国的扩张主义者提供了便利。有影响力的赫斯特出版社指责西班牙人（很可能是他们错误的设计或航海技术导致了这场悲剧），敦促读者"记住缅因号"，并且要求进行报复行动。美国议会也欣然加入了这场"大合唱"，将总统推入了美西战争。这场战争使美国在加勒比地区和中美洲占据了主导地位，而近乎意外的是，菲律宾也被收入囊中。

1914年6月，奥匈帝国的皇位继承人犯下了一个非常愚蠢的错误：他前往了波斯尼亚的首都萨拉热窝，而塞尔维亚民族主义者认为这里属于塞尔维亚；并且时间还是在当月的28日，即塞尔维亚国耻日当天，这一天是为了铭记1389年塞尔维亚大公拉扎尔在科索沃战役中被奥斯曼帝国击败。一群狂热的民族主义者和暗中支持他们的人自然不会放过这一目标，他们运气很好，杀死了大公和他的妻子。奥匈帝国皇室和政府都没有哀悼逝者，为这对夫妇举办的葬礼也吝啬而草率。大公一直不受欢迎，人们也看不起他的妻子，认为她只是一个普通的伯爵夫人。然而他们的死亡却为奥匈帝国摧毁塞尔维亚的企图提供了完美的借口，在维也纳看来，塞尔维亚在南部边境地区招惹麻烦已经太久了。德国决定支持奥匈帝国，用到的正是著名的"空白支票"[1]。俄国认定自己不能袖手旁观，坐视塞尔维亚被摧毁。德国的军事计划要求通过比利时攻击俄国的盟友法国，而英国决定保卫法国和比利时。5个星期后，欧洲从自罗马帝国以来最和平的时期之一，进入了一场全面战争。

另一个插曲轻易便使得第二次世界大战在亚洲爆发，但它同样有着更深的根源。日本军国主义者和民族主义者试图在亚洲建立一个帝国，用来提供原材料、市场、廉价劳动力，并以此作为殖民地。早在1931年，当一连串炮弹在日本修筑的铁路线上爆炸后，日本就占领了中国富足的东北三省。1937年，日本士兵像往常一样在北京巡逻，他们拥有的这项权利是在19世纪末八国联军击败反对外国势力的义和团之后获得的。当巡逻队走近北京的一座古桥——卢沟桥时，清晰的枪声突然响起。据说在几个世纪前，威尼斯的探险家马可·波罗就是通过这座桥进入北京的。第二天，日本人拿出了一具穿着日本士兵制服的尸体。尽管在北京有传闻称，日本人只是给一个死去的中国乞丐打扮了一番而已，但这次事件却为日本入侵中国长城以南地区提供了借口，日本人继而占领了中国辽阔的海岸线，直至香港边境。这次入侵使美国方面的意见从孤立主义转向了对抗。

由此可见，在不同的时代和地方，战争的起因显然多种多样：绑架、爱情、宗教、王朝斗争、征伐、帝国主义、暗杀或谎言。但某些动机则一次又一次地出现：贪婪、自卫、情感和信念。

---

1. 弗兰茨·斐迪南大公遇刺后，约瑟夫皇帝于7月5日给德国皇帝威廉二世写信，称奥匈帝国决定要跟塞尔维亚清算旧账，希望能得到德国强有力的支持。德国皇帝回复称，德国皇帝将忠实地站在奥匈帝国一边，若奥地利因惩治塞尔维亚而与俄国发生冲突，德国将不惜代价与维也纳站在一起。

　　无论是赖以生存的食物，用来奴役或生育后代的妇女，还是珍贵的矿物、贸易或土地，对他人所拥有的东西心生贪婪总是战争的导火索。霍布斯说，人类之间相互争斗"是为了让自己成为别人的人口、妻子、孩子、牲畜的主人"。蒙古骑兵曾致力于抢夺战利品，但最终他们摧毁了一个帝国后又建立了一个帝国。为了寻找黄金，科尔特斯[1]和皮萨罗在16世纪早期颠覆了阿兹特克帝国和印加帝国。因为想要增加自己的领土，普鲁士、奥地利和俄国的统治者在18世纪末瓜分了波兰。希特勒将他的战争带到了东方，因为他相信为了生存，德国民族需要更多的土地和资源。萨达姆·侯赛因在1990年占领了科威特，因为他想要得到后者的石油。

　　修昔底德[2]说："强者尽其所能，弱者必受其苦。"但弱者可以做出决定保卫自己，而不是屈服。在1939年至1940年的冬季战争中，弱小的芬兰与强大的苏联交战，尽管芬兰人最终不得不举手投降并放弃了自己的部分领土，但这个国家仍然保持了自身的独立。波兰人在1939年选择与纳粹德国和苏联对战，因为其他选择似乎更加糟糕。事实上，想到波兰被两方敌人占领时遭到的待遇时，你很难说波兰人做出的选择是错误的。在面对迫在眉睫的危险时，个人和团体往往会因为恐惧而选择战斗，即使当时他们尚未受到攻击。他们是为了保护自己所珍视的东西——财产、家庭、祖国而战的。

　　虽然战争通常被视作男人的领地，但女人也可以成为开战的借口。

---

1. 埃尔南·科尔特斯（Hernán Cortés，1485—1547），西班牙航海家、军事家、探险家，灭亡了阿兹特克帝国。
2. 修昔底德（Thucydides，约前460—约前400），古希腊历史学家、文学家，雅典十将军之一，代表作《伯罗奔尼撒战争史》。

19世纪的德国作家、民族主义者恩斯特·莫里茨·阿恩特[1]说法国人"刻薄、淫荡、贪婪、残忍",说他们玷污了德国女人并使她们的男人受辱,德国男人必须通过战斗来一血前耻。第一次世界大战时,一张颇受欢迎的英国明信片上展示了一张女人的脸,上面配有文字:"在夜晚,闪耀于战壕之上的星辰。"双方的征兵海报都展示了无助的女人遭受敌国野蛮士兵威胁的画面。战时针对敌军的宣传警告说,他们的女人并没有保持应有的忠诚。第二次世界大战时,日本人用广播向澳大利亚士兵发出警告,说他们的女人对驻扎在那里的美国人太熟悉了。在1939年至1940年的"奇怪战争"[2]期间,当法国士兵在边境站岗,等待德军即将到来的进攻时,德国人则竖起了巨大的广告牌,使对面的法国可以清晰地看到上面的内容,上面写着:"北方省份的士兵们,放荡的英国士兵正在睡你们的妻子,强奸你们的女儿!"一个法国部队则回应称:"我们毫不在乎,我们来自南方!"纳粹的宣传机构还玩起了种族恐惧的把戏,描述法国和英国妇女被他们的帝国或美国黑人士兵引诱的场景。

有时人们会辩称:预防性战争是最佳的自卫方式,它针对的更多是预想中而非真实的威胁。根据修昔底德的观点,斯巴达的公民们投票支持战争是"因为他们害怕雅典的力量会在未来进一步增长,因为正如他们所见到的那样,希腊的大部分地区已经处在雅典的控制之下"。罗马

---

1. 恩斯特·莫里茨·阿恩特(Ernst Moritz Arndt, 1769—1860),德国作家、历史学家,曾任波恩大学校长。
2. 第二次世界大战初期,从1939年9月德军入侵波兰到1940年5月德国真正进攻法国,这一时期,中西线没有发生战事。德国平民将其称为"静坐战"(Sitzkrieg),西方也称之为"奇怪战争"(Phoney War)。

人在第一次布匿战争中迎战更加强大的迦太基人，因为正如波里比阿[1]所说的那样："他们开始极度焦虑，担心迦太基人一旦成为西西里岛的主人，就会发现他们是非常危险和可怕的邻居。"以色列在1967年首次攻击了埃及、叙利亚和约旦（第三次中东战争），因为它担心这三个国家正在策划一场协同战争。在1914年的危机中，德国最高指挥部认为只剩下3年的时间，快速现代化的俄国就会因太过强大而处于不败之地，于是，德国加快了战争的势头。1941年，日本军方在目睹美国加紧备战的情景时，也提出了同样的观点。对珍珠港的袭击是一场赌博，目的是把美国从战争中赶出去，从而让日本拥有现在和未来的所有收益。冷战期间，敌对双方都担心对方可能会为了获得优势而先行发射核弹头。

而另一种恐惧也会增加战争的压力。在1914年以前的欧洲存在一种担忧，即过于和平的现状会使社会软化，许多人还谈论一次好的冲突如何使一个国家的道德素质得到加强，并使其年轻人成为坚定的爱国者。1938年，当《慕尼黑协定》看似结束了战争的可能时，希特勒却被德国人的欢欣鼓舞所震惊。在一次为德国编辑和记者召开的会议上（当然在那时这些人都在纳粹的统治下），希特勒告知与会者，他们必须教育德国人，从而使"人民内心深处的声音开始慢慢地呼唤使用武力"。

对他者的猜疑和恐惧，从敌对的帮派到国家，甚至在威胁可能并不存在的地方也会产生被威胁的感觉，就像我们人类的近亲黑猩猩那样。冷战期间，西方和苏联集团互不信任，这意味着双方都倾向于从最不利的角度理解对方的言行，甚至是偶然发生的事件。一只熊试图爬上美国

---

1. 波里比阿（Polybios，约前200—约前118），古希腊历史学家，曾长期入质罗马，著有《通史》（40卷）。——编者注

导弹周围的栅栏，被误认为是入侵者；鸟群飞过，被美国和加拿大的雷达认作飞机或导弹；在苏联的技术人员看来，太阳在云层上闪闪发光的景象看起来就像进攻来袭。至于第三次世界大战，简而言之，离我们越来越近了。一次，美国一名技术人员误将一盘训练磁带放入了北美防空司令部的电脑里，指挥中心突然接到苏联导弹正在袭来的警告。轰炸机的机组人员急忙前往他们的飞机，美国导弹也进入了高度戒备状态。万幸的是，人们及时发现了这个错误。1983年，在意外击落了从纽约起飞的韩国客机 KAL007 之后，苏联将一些毫无联系的巧合事件编织在一起，比如北约的训练演习，以及时任英国首相玛格丽特·撒切尔夫人和美国总统罗纳德·里根之间的加密通信日渐频繁，然后用这些事件构建出核攻击迫在眉睫的假象。

如今，有一部分人认为中美之间的冲突是不可避免的，如果他们想要寻找相关迹象，他们当然可以找到。哈佛大学的一个项目指出了一种名为"修昔底德陷阱"（Thucydides Trap）的东西。这个术语以经典著作《伯罗奔尼撒战争史》的作者命名，将他的著名观点"雅典权力的增长和斯巴达的恐惧导致了战争的发生"总结为一条规则，虽然有人对这条规则产生分歧，但它看上去几乎总是正确的：当一个崛起的力量威胁到一个现有的力量时，战争就很可能发生。由于这一结论取决于对过去事例的选择性解释，它已经为且将继续为专家们提出不同意见提供很大的空间。

人类也会因为霍布斯提到的"琐事"而发动战争，"琐事"即指"一个单词，一个微笑，一个不同的观点，以及任何其他被轻视的迹象，无论是直接体现在他们身上，还是反映在他们的亲属、朋友、国家、职业或名字上"。荣誉和荣耀都是抽象的概念，但它们也可以比生命本身更重要。据说，亚历山大大帝将伟大的战士阿喀琉斯作为自己的榜样——阿喀琉斯从不愿忍受侮辱，并在睡觉时将一本《伊利亚特》放在枕头下面。为了追求荣耀，太阳王路易十四对欧洲发动了多年的战争，致使法国陷入贫困，他的出发点不是为了国家，而是为了自己。"我不会试图为自己正名，"一次与荷兰开战后，他说，"对一位贵族来说，雄心和追求荣耀总是可以被原谅的……"赢得战争，获得领土，努力将国王的亲属置于欧洲的其他宝座上，即使随之而来的战争对法国并没有好处，但这一切都是为了路易十四自己的荣耀。有着同样野心的拿破仑对路易十四的对手马尔博罗公爵比对国王更钦佩，在他的榜样中，排第一的就是亚历山大大帝。他远征埃及，渴望像亚历山大一样在东方建立一个帝国。"我满怀梦想，"后来拿破仑写信给朋友说，"我看到自己创立了一个宗教，骑着一头大象进军亚洲，头上戴着头巾，手里拿着一本新《古兰经》，那是我根据自己的需要而创作的。"在追寻荣耀的过程中，拿破仑颠覆了整个欧洲，摧毁了成千上万人的生命。

虚构人物西拉诺·德·贝热拉克[1]，不允许别人侮辱他的鼻子，在必要的时候他会因此与对方决一死战，而在历史中则有很多相似的真实事件。在过去，为了维护荣誉，或是因为受到侮辱和伤害而决意报复，不论是出于真实想法还是假想，这样的想法已经引发了许多战争。面对1914年的大公遇刺事件，奥匈帝国需要做出决定，此时其领导人十分在意帝国的荣耀，准备直面与俄国开战的威胁。"这将是一场希望渺茫的战事，"奥匈帝国总参谋长对他的情妇说道，"但必须继续下去，因为如此古老的君主政体，如此光荣的军队，不能那么不光彩地倒下。"同年8月3日，他在下议院发表演讲，宣布政府已决定介入正在开展的

---

1. 法国电影《大鼻子情圣》（*Cyrano de Bergerac*）中的主人公，该电影于1990年在法国上映。

战事之中；英国外交大臣爱德华·格雷第一子爵[1]则谈到了英国的"荣誉义务"。而如今的街头帮派，其成员宁可一死，也不愿被侮辱（不尊重），他们的动机有什么不同吗？

迦太基最重要的统治者因为在公元前3世纪的第一次布匿战争中被罗马打败而蒙羞。据说伟大的迦太基将领哈米尔卡牵着小儿子的手，让他发誓永远不和罗马做朋友。这个孩子就是汉尼拔，日后，他成长为一个更加伟大的将领，在第二次布匿战争中差点将罗马摧毁。1871年，在法国惨败于德意志联邦之后，法国将巴黎的雕像披上了黑布，以此象征他们失去的阿尔萨斯和洛林两个省份[2]。1914年，战争爆发时，欢呼的人群扯下了这些雕像的"丧服"。反过来，德国在1918年战败后则渴望复仇。《凡尔赛和约》被德国所有政治派别的人认为是具有报复性且非正义的，而它也被认作20世纪20年代让德国犯下许多错误的罪魁祸首。一位英国记者遇见了两位年长的德国妇女，她们说自己不能再每周都把衣服送去洗衣房清洗了，这都要怪和约。希特勒和纳粹掌权，在很大程度上是因为他们承诺要打破和约造成的"枷锁"。希特勒打破了这一切，宣布终止赔偿，并公然违反裁军条款，将军队开进非军事区莱茵兰，同时吞并奥地利。

希特勒的目标远远不止要摧毁和约或是使德国成为欧洲大陆上最强大的国家。他的目标是给德国人民——他认为的雅利安人——一片适合他们的、幅员辽阔的领土，并最终确保他们在世界上的统治地位。就意识形态而言，无论是理想主义还是信奉救世主，是邪恶的还是不切实

---

1. 爱德华·格雷第一子爵（Sir Edward Grey, 1862—1933），英国政治家，曾任外交大臣11年（1905—1916）。
2. 1871年，法国在普法战争中战败，与德意志帝国签订《法兰克福和约》。和约的主要内容为法国支付战争赔款，且将阿尔萨斯全省与洛林东部割让给德国。——编者注

际的，它都是历史上一些最大冲突的核心所在。直到今天，民族主义者——涵盖范围很广，从一个极端的种族主义者到另一个极端的重视共同文化与历史的爱国主义者——仍在以国家的名义进行战斗和杀戮。"我很遗憾，"美国革命军人内森·黑尔[1]曾说，"我只有一次生命能献给我的祖国。"

宗教信仰可以融入民族主义之中，就像东正教对待塞尔维亚人和俄国人那样，它既为人们提供了一个值得为之献身的理由，也提供了对永生的承诺。十字军战士并没有离开他们在欧洲各地的家园，只是为了获得战利品和土地而踏上漫长、危险的旅程前往圣地。在离家更近的地方就有更多更好的东西。他们被自己认定的一项神圣使命所驱使，发誓要为基督教世界夺回基督曾经生活过的土地。许多十字军战士，比如英国的"狮心王"理查一世、法国的腓力二世，还有很多地产大亨，抛下了自己的财产、地位和家庭而出征，可他们中的很多人再也没有回来。在教皇格列高利七世等宗教领袖的煽动下，信徒们想起《耶利米书》中的那句"刀剑不经血的，必受诅咒"，他们不分青红皂白地屠杀那些他们认为是异教徒的人。在1099年的耶路撒冷大屠杀中，据说街道上到处都是鲜血，有些地方鲜血甚至漫到了十字军的马匹膝盖处。"没有一个人活下来，妇女和儿童都没能幸免于难。"当时的报道写道。

意识形态的战争往往是最残酷的，无论是宗教的还是政治的，因为天国或某种形式的人间天堂证明了，一切以其名义所做的事情都是正当的，包括排除人为的障碍。那些持有错误思想或信仰的人就该死，如同疾病就应该被消灭一样；或者说，这些人的牺牲是必要的，为的是实现造福全人类的伟大梦想。马丁·路德对新教的思想影响巨大，他曾说过

---

1. 内森·黑尔（Nathan Hale，1755—1776），美国谍报工作者，在美国独立战争期间被英军俘虏并就义。

这样的话："挥剑杀人的手并非人类的手，而是上帝的手。"这种态度助长了那个世纪（16世纪）里势如水火的宗教战争，继而引发了随后的三十年战争；就同20世纪革命性的社会主义引发的战争一样，人们认为战争所做的是历史的工作，而不是上帝的工作。自然，如今的我们同样面对着宗教战争，目标也是无限的，直到终极目标达成。可悲的是，即使是旨在终结战争本身的战争，也呈现出了"目标无限"的特征。如果目的是永远消除战争的祸害，那么以此名义犯下的任何残忍暴行都会被视为正当的举动，因为为之付出的牺牲无疑都是值得的。在三十年战争开始之前，激进的加尔文主义者拥护一种极端形式的新教教义，他们开始认为哈布斯堡王室是黑暗的力量，在正义得到救赎之前必须将其根除。当法国大革命中的激进分子准备对欧洲发动战争时，他们也认为这是为了拯救地球。正如1791年一位革命者所说："因为我想要和平，所以我要求战争。"就同宗教战争一样，此时的敌人变成了全人类的敌人，他们必须被彻底摧毁，而不仅仅是被打败。

内战常常体现出圣战的特点和残酷，因为它们关系到社会的本质。人们认为异端背叛了社会，拒绝接受共同的价值观和愿景，所以在这种情况下，极端的暴力和残忍是被允许的，甚至是有必要的，目的是恢复受损的政体。当来自同一家庭的人转而互相攻击彼此时，曾经的爱，或者至少是宽容，都会演变成仇恨，甚至强烈到每个人都想消灭对方的程度。内战中的每一方都在曾经由双方共享的空间内为合法性和统治权而斗争。外部敌人是一种威胁，但它却是清晰且可以理解的；内战则是因另一方不可理喻的背叛造成的伤害，以及由背叛激起的愤怒所引发的。"内战"这一概念最早由罗马人提出，他们将罗马内部的冲突视作严重的道德败坏，这种"败坏"也令罗马文明自身受到了质疑。

我们之所以特别恐惧内战，一方面是因为内战撕碎了维系社会团结的纽带，另一方面是因为它们常常标志着对另一方的无节制暴力。美国南北战争的伤亡人数或许比美国所有其他战争的伤亡人数的总和还要多。在当时约3000万的总人口中，约有300万人参加了战斗，至少60万人死亡，50万人受伤。如果以如今更为庞大的美国人口总数为基准，死亡人数接近500万。还有大约15万平民直接死于暴力、饥饿和疾病。自1945年以来，国家间的战事日益减少，内战却一直增加。希腊、尼日利亚、苏丹、阿富汗、也门、叙利亚、刚果、北爱尔兰、南斯拉夫……这个名单很长，涉及世界上的许多地区。虽然确认类似冲突中的死亡人数并非完全不可能，但也非常困难，部分原因是缺少良好的战争记录。哪些死亡是战争的结果？我们是只需要记录参战者的人数，还是也要计算他们的支持者？或许还有因饥饿或疾病导致的死亡人数？因此，在对自1945年以来死于内战的人数进行估算时，有人认为结果是2500万，这个数字比其他答案低得多，但依然令人震惊，何况我们还得将数百万逃离暴乱的难民纳入考量。

在内战中，和平时期的小恩怨和小敌意都会被放大，变得致命。伯罗奔尼撒战争期间，一场冲突在科西拉城邦的公民之间爆发了，从表面上看它是民主的支持者和反对者之间的冲突。事实上，修昔底德曾说："人们常常因私人仇怨而被杀害，或是因欠债而被债务人杀害。死亡无处不在。而且在这种情形下，人们会走向极端，甚至做出更加难以想象的事情。有的父亲杀害了儿子，有的人被从庙宇里拖出来或是在祭坛上被屠杀，有的人被封在狄俄尼索斯的神庙里而后死去。"

内战通常会造成家人和朋友之间永久的分裂。拉尔夫·霍普顿爵士和威廉·沃勒爵士是17世纪英格兰西南部的地主，他们从童年起就是朋友。两人都是清教徒，在贯穿整个英国社会的巨大宗教分歧中站在同一边，他们去同一个教堂，都成了议会议员，在很多问题上持相同意

见。他们都支持1641年的《大抗议书》，这份文件记录着议会对查理
一世的许多政策持反对立场。不过，霍普顿认为自己必须支持国王对抗
他的对手；英格兰出现内战后，这对老朋友选择了不同的立场。1643
年，正值保皇党人和议会议员在英格兰西南部竞选之际，霍普顿写信给
沃勒要求会面。而沃勒的回答既真诚又令人心碎：

先生：

如今我们之间存在着巨大的鸿沟，联想到我们之前的经历、我
们的友谊所带来的快乐，这一切都变得令人神伤。当然，我对你的
感情绝无改变，反对意见本身也不能破坏我们的友谊，但我必须忠
于我所服务的事业。那位伟大的上帝，他是我心灵的探索者，他知
道我对这次的征程抱有多么悲伤的情绪，对这场没有敌人的战争的
厌恶又有多么强烈。但我把它看作上帝的杰作，这足以安定我心中
的激愤。和平之神在合适的时候会赐给我们和平。与此同时，我们
站在舞台上，必须扮演这场悲剧分配给我们的角色。让我们用充满
敬意、不怀个人仇恨的方式放手去做吧。

无论结果如何，你我的情谊至死不渝。

你最爱的朋友

他们再也没有相见。保皇党战败后，霍普顿流亡布鲁日，于1651
年在那里去世。最终，沃勒对致力于恢复君主制的共和国大失所望，死
于1668年。在内战中，有许多类似霍普顿和沃勒这样的悲剧。

内战是很难被忘却的，即使在和平到来时也是如此，因为和平会让
不久前还是敌人的人民生活在一起。宽恕是困难的，失败者很难接受
失败，胜利者也很难宽宏大量。针对在内战前后犯下的罪行，英国议

会于1660年通过了《赦免、赔偿和遗忘法案》（The Act of Pardon,
Indemnity and Oblivion），这样的法令在历史上极为罕见。不过，如
今在卢旺达、哥伦比亚、北爱尔兰和南非等地，我们看到了更系统化
的致力于和平与和解的努力。在佛朗哥治下的西班牙[1]发生的情况倒是
更为常见，正如一位历史学家描述的，那是一种"长期不文明下的和
平"。或许秩序会在某种程度上得以回归，就像二战后的西班牙或铁托
治下的南斯拉夫那样，但有关野蛮与暴行的痛苦回忆却潜藏于地下。古
罗马诗人贺拉斯[2]曾警告说："火，在灰烬下阴燃。"有关过去的争论
仍然在分裂着今日的西班牙，正如最近佛朗哥将军纪念碑在洛斯卡多斯
山谷遭受的命运所引发的愤怒展现出来的那样。有关过去的记忆在前南
斯拉夫更未被美化过，人们对20世纪90年代发生的事情讳莫如深。一
个半世纪过去了，美国内战的阴影仍然笼罩在相关争论之上——关于美
利坚诸州同盟旗帜的飘扬、美利坚诸州同盟将领的雕像、混乱的种族政
治以及南方白人挥之不去的怨恨。

　　"缔造和平比发动战争难得多。"那位既充满智慧又愤世嫉俗的法
国总理乔治·克列孟梭[3]曾这样说。的确，这句话几乎对所有的战争都
适用。很多时候，国家并没有在发动战争之前考虑好想要达成什么目
的，希望获得怎样的和平。1914年之前，德国军方就有了一个精心设
计的进攻计划，制订这项计划花费了多年时间，用了大量人手，经过了

---

1. 在德、意法西斯势力的支持下，佛朗哥于1939年夺取西班牙政权，推翻共和制，实行独裁
统治。——编者注
2. 昆图斯·贺拉斯·弗拉库斯（Quintus Horatius Flaccus，前65—前8），古罗马诗人、批
评家、翻译家。
3. 乔治·克列孟梭（Georges Clemenceau，1841—1929），法国政治家、新闻记者，法兰西
第三共和国总理。乔治·克列孟梭为第一次世界大战协约国的胜利和《凡尔赛和约》的签订
做出了重要贡献，被称作"胜利之父"。

反复演习。史里芬计划是欧洲的军事参谋所能做出的最好计划，但它却有着致命的缺陷。史里芬计划认为德国必须同时攻击其邻国法国和俄国，于是排除了包括前线战争或防御战争在内的其他所有选择，而且它没能考虑到伟大的克劳塞维茨所说的摩擦和美国人所说的墨菲定律，这一切都可能在战争中出错，致使最好的军队执行的最好的计划失败。最危险的是，作为领导层的产物，史里芬计划只要求军队专注于战斗，却几乎没有考虑之后平民会遭遇什么。

在战争中，与之类似的鼠目寸光的情况比人们想象得更加普遍。1914年，德国人还没有确立好战争的目标，也尚未考虑到若是法国和俄国求和，他们要怎样做。1941年9月，随着与美国的战争日益临近，日本召开了一次高级别的帝国战争会议，天皇、重要的军事领导人、资深政治家都出席了会议。在当时，主导政策制定的军方，针对近在眼前的战争，提供的文件其目标却惊人地模糊。"我们不能排除的可能性是，"文件说，"战争可能会因美国公众舆论的巨大变化而结束……我们应不惜一切代价让自己立于不败之地……与此同时，我们希望影响事态的发展，结束这场战争。"不久后，日本首相东条英机（后来因战争罪受到审判）将这项决定比作闭着眼睛跳崖。"有时我们必须有勇气去做不平凡的事情。"亚洲、美国和日本人民都为这种勇气付出了沉重代价。

很多时候，在那些为战争做决定的人眼中，胜利可以神奇地解决一切问题。1998年，美国军方花费了大量时间研究和制订击败萨达姆·侯赛因的计划，并在军事演习中对这些计划进行测试。后来，负责中东事务的美国中央司令部的司令安东尼·津尼说："令我震惊的是，我们有击败萨达姆军队的计划，却没有重建伊拉克的计划。"他在1999年组织了自己的军事演习，得出的结论是入侵的军队将面临相当

大的问题；国家很可能会"沿着宗教和/或种族界限"分裂，敌对势力
将争夺权力，美国人将面临日益增长的敌意。2002年，正当美国向伊
拉克开战之际，最后一场大型战争演习考验了美国军队击败一个无名中
东政权的能力。美国人在先进的电子设备、坦克、飞机和军舰方面具有
显著优势；然而，弱小得多的"敌方"将领却向其对手发出了警告。他
使无线电保持沉默状态，用摩托车传递信息，令对手的电子监控很难追
踪到他的行踪。他用快艇上的自杀式炸弹（从理论上）击毁了16艘美
国战舰。五角大楼被袭击使得比赛中途暂停，且规则被改写。战舰奇迹
般复活了，"敌方"将领奉命关闭防空系统并公布关键部队的位置。对
此他感到厌恶，选择了退出。

　　不对称战争，指一个较弱政权通过非常规手段干扰和挑战更强大的
力量，这位"敌方"将领所做的展示是对即将在阿富汗和伊拉克发生的
事件所发出的警告。美军在这些地方遭到游击队的袭击，后者会通过安
全的渠道进行通信，还会使用廉价的简易爆炸装置，通常是装有炸药的
炮弹或其他容器，容器里装满了钉子等零碎的金属物，利用廉价的工具
和现有技术就可以引爆，如儿童玩具车或车库门的遥控器。

　　占领这两个国家的军队遭受的大部分伤亡是由这些装置造成的。此
外，在最初推翻塔利班和萨达姆·侯赛因之后，这些占领军缺乏清晰的
目标。军方发现自己在进行国家建设，而他们并没有接受过这方面的训
练，也没有得到过明确的指示。在2003年3月入侵和占领伊拉克之前，
只在华盛顿举行过一次会议——在那年的2月，但为时已晚，没有起到
任何作用。在此次会议中，来自美国国务院、国防部、财政部、中情局
等各个部门的代表齐聚一堂，探讨战后局势。尽管国务院花了一年时间
做了大量研究，但国防部和白宫明确表示他们对研究结果不感兴趣，也
不希望美国顶尖的伊拉克问题专家对战胜后发生的事件进行规划。

正如联军在伊拉克发现的那样，战争有着自己的势头，而且往往开始容易，停止难。如今的政府可能会对有限的战争或是"警察行动"进行讨论并有所期待，然而一旦进入战争，他们便会发现很难脱身。在一场决定性的胜利中，胜利者可以将和平强加于失败者，这种代价可能极其高昂；但在经谈判达成的解决方案中，双方都无法得到自己想要的一切，于是很难向社会精英和公众交代。同时，战争的目标往往会随着代价——伤亡和金钱的增加或复仇欲望的上升而扩大。为了预防政治和社会动荡，政治领袖们往往会许诺给公众一些稀奇古怪的奖赏。在第一次世界大战中，当参战各方都没法迅速取胜时，各国政府在外交部、政界人士和游说团体的敦促下列出了日益详尽、雄心勃勃的"采购清单"。俄国认为自己将接管黑海和从奥斯曼帝国进入地中海的海峡，英国和法国则打算瓜分奥斯曼帝国在中东的领土。在度过战后第一个血腥的月份后，德国为总理起草了"九月计划"，设想在非洲建立一个涵盖法国和英国殖民地的庞大的德意志帝国，同时使德国在整个欧洲大陆占据经济主导地位，范围从英吉利海峡到乌克兰再到巴尔干半岛。到了1918年，正如布尔什维克新政府签订的《布列斯特-里托夫斯克和约》所表明的，德国的战争目标已经扩大到囊括政治霸权的地步。俄国在西方失去了大片领土；波兰、芬兰、乌克兰和波罗的海三国[1]即将成为德国或其附属国奥地利的保护国。2002年，北约军队前往阿富汗，最初是为了推翻塔利班政府，但随着日渐陷入低级的斗争，它们的目标也逐渐扩大，涵盖了一系列无疑值得称赞的目标，从国家建设、公共卫生到妇女教育等。

发动战争的借口多种多样，但在过去的几个世纪里，其根本原因

---

1. 指爱沙尼亚、拉脱维亚和立陶宛。——编者注

却并未发生重大变化。或许托词会有所不同：那些曾经言称"荣誉"（honour）的国家，现在往往会说"威望"（prestige）或"信誉"（credibility）。然而，贪婪、自卫、情感和思想仍然是战争的助产士。从根本上讲，战略——战争的广义目标，并未改变。在陆地或海上，总有一方试图削弱或永远摧毁敌方发动战争的能力。战略目标可以是防御性的，让敌方筋疲力尽；也可以是进攻性的，向敌方的军队发动战争，围攻对方的城镇与港口，或是破坏其贸易和生产。然而，随着时间的推移，在世界上的不同地区，各个社会及其组织、价值观在不断演变和发展，它们得以拥有不同的资源和技术，战术（为实现战略目标而进行战争的方式）和后勤（可以确保军队获得所需物资）都随着时间的推移发生了变化。

第 **3** 章

方法与手段

人心是一切战争问题的出发点。

——**路易斯·德·格朗迈松**[1]

三个人，一把机枪，可以阻挡一个英雄营。

——**第一次世界大战中的法国将领**

在伦纳德·伯恩斯坦的音乐剧《西区故事》中，帮派成员吹嘘称自己对团队永远忠诚、死而后已。在莎士比亚的《科利奥兰纳斯》中，可怕的伏伦妮娅对从战场归来的儿子大加赞美。她告诉科利奥兰纳斯的妻子维吉利娅，如果儿子死了，她会感到骄傲。

那么他的不朽的声名就是我的儿子，就是我的后裔。听我说句真心

---

1. 路易斯·德·格朗迈松（Louis de Grandmaison），法国军事理论家，认为在战场上取得胜利的关键在于某种永不言退的攻击性。

话：要是我有十二个儿子，我对他们每个人的爱都一样，就像爱着我们亲爱的马歇斯一样，我宁愿十一个儿子为了他们的国家光荣地战死，也不愿一个儿子闲养他的大好的身子。

这样的社会在所有时代和许多地方都广泛存在。在这样的社会中，长辈将年轻人（基本都是男人）抚养长大，教育他们重视纪律、勇敢和乐于牺牲等品质。他们听到的史诗，他们读的书，他们唱的歌，他们看到的绘画和雕塑，都为他们树立了伟大战士的榜样。在《伊利亚特》中，萨尔珀冬，一位特洛伊人的盟友，敦促他的同伴们站在攻击希腊人的前线，如此一来，以后就不会有人说他们是懦夫了。前往西线的年轻英国军官们从小就学习经典，希望在接触现实的战壕之时能像古希腊和古罗马的英雄那样战斗。

在欧洲中世纪，游吟诗人的歌曲、插图丰富的英雄故事及英雄事迹为封建贵族创造了一种骑士文化。亚瑟王和寻找圣杯的传说激励了一代又一代年轻人去战斗。兰斯洛特和加拉哈德[1]因其荣誉、美德以及杀戮能力而受到人们的钦佩。中世纪皇室和上流社会的妇女在维持骑士战争的神话中扮演着自己的角色，她们认可自己选择的骑士并嘉奖他们的英勇行为。骑士制度以方便的方式为血腥战争的现实镀上了一层高贵而充满魅力的光环，这些战争的目的往往极其自私，战斗手段格外残忍。中世纪骑士的比武竞技拥有精心设计的仪式和礼仪规范，它既是战争的替代品，也是为战争进行的训练。1241年，据说仅在德国的诺伊斯，就有80名骑士死于一次骑士比武大会。编年史家则为暴力行为进行辩护。"他不适合参战，"12世纪的一个人说，"他从未见过自己的血

---

1. 二者为传说中亚瑟王的圆桌骑士，加拉哈德是兰斯洛特之子。

液流动，没听过自己的牙齿在对手的打击下嘎吱作响，没感受过对手的重量压在他的身上。"英国寄宿学校的橄榄球教练在19世纪和20世纪也说过同样的话。

各个社会是如何打仗的？从广义上讲，它们使用的武器与它们的价值观、信仰、思想、制度和文化之间是怎样相互影响的？而在推广这种文化并将其传播给下一代的过程中，女性所发挥的作用与男性一样重要。在寡头政治社会中，上层阶级主导战争，而在更加民主的社会里，战斗的义务范围更加广泛，战斗的方式也差别巨大。正如修昔底德所说，伯罗奔尼撒战争开始时，科林斯派使节到斯巴达，警告他们要提防雅典。科林斯方面说，你们斯巴达人很保守，你们退缩，然后一直等到被攻击为止；相比之下，雅典人是创新者，他们敢于冒险。"如果他们赢得胜利，他们会乘胜追击；如果他们遭受失败，他们几乎不会后退。"然而所有希腊方阵都喜欢在平原而非山区作战，战斗通常在一方或另一方于某天退让后结束。阿兹特克人有一种"花战"，这种战斗受到相关规则的约束，要求在一个特殊的日子，在预定的地点开战。战士们身穿特殊的服装，只使用特定的武器。在18世纪的战争中，欧洲的将领们令军队整齐地排成一行，并试图提出经过论证的胜利公式，这反映出当时的人对数学的新信仰。当时的一名主要指挥官莫里斯·德·萨克斯写道："战争可以在不凭任何运气的情况下进行。这是一个将领完美战术和技巧的最高表现。"拿破仑最令他的对手感到震惊和困惑的一件事就是他并不遵守规则，比如，他会在夜间行军，会令他的军队以杂乱的纵队形式冲上战场，而非采用寻常的行军路线。

当我们谈及"战士团体"时，他们可以是一个国家、一个民族，甚至是一个更小型的组织，比如纽约黑帮。而其中最著名的一个战士团体——斯巴达，已经变成了形容词。我们会说斯巴达式住宿、斯巴达式竞赛、斯巴达式生活——这些事物都涉及勇气、节俭或纪律。在19世纪和20世纪的英国，上流阶层以把儿子送到斯巴达管理体制的学校为荣，这种体制糅合了冷水澡、硬板床、殴打、劣质食物和过去的英雄故事，迫使学生们变得坚强。古代的斯巴达是历史上军事化程度最高的社会之一。不健康的男婴会被杀掉，其他健康的男孩则在7岁时从家庭中被带走接受军事训练。他们可以结婚，但必须首先忠于国家及国家需求。如果能够幸存下来，斯巴达男性一直到60岁时仍旧是士兵。对斯巴达战士来说，在战争中丢掉盾牌是可耻的事，因此斯巴达人的母亲会告诉她们的儿子，不论是死是活，回家时都要携带着他们的盾牌。对近代早期欧洲在民选领袖领导下作战的瑞士雇佣军和19世纪奋力抵抗美国军队的苏族（印第安民族）战士来说，他们在时间和空间上的距离都非常遥远，但他们同样成熟，能够忍受苦难，面对死亡时毫不动摇，他们同样听过先辈们的英勇故事。

在古典世界，古罗马人拥有一种战争文化，在这种文化中，勇敢地战斗和面对死亡都会赢得人们的尊重并成为后世的典范。正如1世纪的犹太历史学家约瑟夫斯[1]的评论："他们似乎生来就手持武器……"在罗马共和国早期，男性公民要服兵役16年，至少要干满10年才能担任职务。即使是罗马帝国，在战斗大都由雇佣兵或罗马的外国盟友来完成的情况下，军事符号和语言也渗透到了罗马社会之中。文职部门也是按军事路线进行工作的，公务员要统一身着制服。富裕的罗马人在去世后往往会使用带有战斗画面的石棺。当赢得战斗的将领们庆祝他们的胜利时，"行进"的罗马会按下"暂停键"，陷入为期好几天的狂欢。人群聚集在一起欢庆这场胜利——行进的士兵、长鸣的号角、装满了战利品

---

1. 弗莱维厄斯·约瑟夫斯（Flavius Josephus，37—100），犹太历史学家，代表作《犹太古史》《犹太战争》《驳斥阿比安》等。

嘎吱作响的货车、被俘的敌人，当然还有凯旋的将领，而后还有免费的
宴会。在公共集会场所，大理石板上刻着每一个曾经赢得胜利的人的名
字，从传说中的罗马创始人罗慕路斯[1]开始。

　　强大的德意志国家普鲁士常被人们称作"北方斯巴达"，它显然不
太可能是从支离破碎的领土上发展起来的。由于拥有一支高效的军队和
一个军事化的社会，它才得以幸存下来并发展繁荣。一位智者说，普鲁
士不是一个拥有军队的国家，而是一支拥有国家的军队。这支军队是由
容克[2]地主阶级及其军事文化支撑的。容克阶级勇敢、敬畏上帝，他们
随时准备为国王服务。在他们看来，最受人尊敬的职业是士兵，国家官
僚或法学家远远比不上士兵。容克的孩子们（也包括女孩）从小就被教
育要坚强，要毫无怨言地忍受痛苦。有一位妇女来自这样的家庭，她在
第二次世界大战后成为德国一名杰出的记者，她记得小时候自己的手臂
骨折了，但一连几个星期都没有人注意到，其中有一部分原因是她自己
就没想到要向别人提起这件事。我的一位大学朋友在二战期间的东普鲁
士家族庄园里长大，有一次他告诉我，小时候他的祖母曾教导他和小表
兄弟们如何用一只手使用刀叉，因为就像她说的，他们长大后可能会参
军，到时候很可能会失去一只胳膊，然而人们仍然期待他们在吃饭时表
现得有礼貌。正如莫莉·基恩在其小说中描述的那样，英裔爱尔兰上层
阶级也有着相似的情况，至少他们在勇敢和坦然面对死亡时是这么做
的。英国军队从他们中间抽调了一定比例的军官。

　　相比之下，中国也产生了许多伟大的将领，进行了许多战争，征服
了众多民族，但他们却并未将军事的价值置于平民的价值之上。（或许

---

1. 罗慕路斯（Romulus）是一个神话人物，据称是他创造了罗马及其最初的政治制度，他是
古罗马的首位国王，罗马也以他的名字来命名。
2. 德语"Junker"的音译，泛指起源于16世纪的普鲁士贵族与大地主。——编者注

这更有助于学者而非军方对历史进行书写。）中国并不把战争看作值得称赞的东西，而将其看作秩序和"礼"崩坏的结果。中国文学中没有类似《伊利亚特》的著作，年轻人被鼓励效仿的英雄是那些维护和平的伟大官僚和智慧的统治者。孔子和伟大的战略家孙子等早期中国思想家强调：国家的权威既倚赖美德，也倚赖运用武力的能力。而对孙子来说，最伟大的将领则是能通过策略和权谋不战而胜的人。据说在中国社会，想要获得社会威望，就要成为学者、诗人或画家；从唐代开始，科举制度为想要获得名气和威望的人提供了最优路径。有时成功的将领会被授予学者的头衔和服饰，这表达了人们对他们的赞许。在欧洲，许多社会则会给卓越的平民颁发军衔。当然，随着时间的推移，社会的价值观也发生了变化。瑞典的士兵曾让欧洲心惊胆战，但如今我们提起瑞典，则会将它与诺贝尔和平奖或国际调停联系起来。史蒂芬·平克认为，大多数西方国家（至少从18世纪以来）已经不再接受暴力是正常或可取的行为了。

崇尚战争的文化群体倾向于贬低那些在价值观和美德上与自己不同的敌人，这一点毫不奇怪。或许他们也看不起敌人身上令自己害怕的东西。古罗马人，就同自己建立帝国的英国人一样，他们可以佩服对手的勇敢，却认为他们没有纪律且不文明；对古罗马人来说，不擅长发动战争便是劣等人的标志。但古希腊人与波斯人、古罗马人、迦太基人作战时，都将敌人视作懒惰和热爱享乐之人，其中一部分原因是他们都生活在炎热而令人无精打采的气候环境中。古希腊人认为波斯人是奴颜婢膝的，而且过于情绪化。古罗马人认为，由于天气炎热，非洲人的血管里没有多少鲜血，因此他们是害怕受伤的胆小鬼。而迦太基人尤其讨人嫌，他们贪婪、爱说谎，男人没有男子气概，因为他们身着宽松的袍子；女人没有道德，喜欢勾引男人。英国人对印度也形成了类似的刻板印象。他们措辞生动地说孟加拉人是"娘娘腔"。相比之下，英国人很欣赏那些"军事种族"，比如廓尔喀人、帕坦人、库尔格人[1]等，他们生活在凉爽的气候环境中，英国人认为他们拥有不错的军事素质。在第一次世界大战之前，定居在澳大利亚、加拿大和新西兰的英国人后裔被人们认为比身在英国的同胞更加强硬和野蛮，仅仅因为他们所在的地理位置。当"不那么文明"的人，也就是不太擅长战争的人赢得胜利时，一定会被当成"错误"。19世纪中叶，毛利人（新西兰原住民）的军队在新西兰的战争中打败英军后，伦敦的《泰晤士报》很快便对此做出了解释："这就像下棋，有时一个鲁莽的烂棋手比一个大师更难对付。"

　　各个群体的人类思考和计划战争的方式也受到了他们自身不同文化的影响，这些文化中就包括地理学。岛国以及那些拥有着绵长海岸线的国家都了解海上力量的重要性，也投入了大量的资金。就英国而言，在几个世纪以来，其海军（人们称之为"英国皇家海军"）吸收了比陆军更多的资源，也享有更高的威望。绘画、诗歌、电影和历史都在纪念伟大的海战，像是萨拉米斯海战、勒班陀海战、特拉法尔加海战、中途岛战役。在当时，一支海军将另一支击毁，其主要战略目的是控制海洋和在彼此之间纵横交错的公路，并防止敌人也这么做。即使在今天，陆地通信也十分脆弱，很容易受到人为或自然的干扰；那么在公路和铁路出现之前，情况会更糟糕吗？自从人类开始建造浮动艇筏以来，水运一直是最可靠的运送人员和物资的方式。海军的存在是为了保护自己的国家、海岸、人民和航运，并向海外展示其雄风。在近代，让部队登陆敌人的海岸，充当浮动的火炮或飞机平台向陆地上的目标投射火力，或是摧毁敌人发动战争的能力（通常诸如击沉、攻占敌国与中立国的船舶，

---

1. 廓尔喀人为尼泊尔人数最多的民族；帕坦人主要分布在巴基斯坦西部和阿富汗东部；库尔格人是印度少数民族之一，居住在印度西南部的卡纳塔克邦。——编者注

封锁他们的港口等方式来使包括士兵在内的所需资源无法进出），一支强大的海军可以使它的敌人难以甚至无法发动海陆战争。"我们摧毁了海上的国家生命力，"英国著名的海军理论家朱利安·科贝特[1]在一战前教育过几代军官，他曾这样说，"因此，只要一方依赖另一方，就要检查岸上的生命力。"

公元前5世纪，相比于斯巴达，雅典最大的优势就是它控制了爱琴海几乎所有的港口，它的舰队不仅强有力而且足够庞大，足以阻止敌舰横渡大海。斯巴达人意识到了这一点，向波斯人寻求支持，想要建设自己的海军，但直到雅典人在公元前415年和前413年之间远征西西里，损耗了众多船只和人力之后，海上优势和战争优势才开始向斯巴达人转移。拿破仑在欧洲大陆所向披靡，但他从来没能打败英国海军。于是英国人才能向其盟国提供补给和增援，并通过击沉法国的船舶和封锁港口来破坏法国的经济。在第一次世界大战中，英国海军成功地对德国实施了海上封锁，其中包括拦截英军认为德国所必需的战争物资，即便这些物资都是由中立国的船只运输的。尽管人们仍在对这些封锁行动造成的影响争论不休，但德国高级军官却已然将他们的失败归咎于此。1928年至1943年领导德国海军的埃里希·雷德尔说："我们最终被海上力量打败了，他们剥夺了我们的食物和原材料，通过封锁将我们慢慢扼杀。"

美国不是一个岛屿，但在美国历史上的大部分时间里，它都被两侧的两个大洋所保护，同时拥有比自己弱小得多的邻国——加拿大和墨西哥。这样一来，美国与世界其他地方的疏离乃至隔绝的状态，以及它那

---

1. 朱利安·斯泰福德·科贝特（Julian Stafford Corbett，1854—1922），英国军事理论家、杰出的海洋战略家。生于英格兰萨里郡，毕业于剑桥大学特里尼蒂学院，认为海军在战争中发挥了主要作用，主张掌握制海权和海上交通线是获胜的必要条件。著有《德雷克的继承人》《英国在地中海（1603—1713）》《七年战争中的英国》《特拉法尔加战役》《海上战略的若干原则》等。

有限的陆地力量似乎就说得通了。相比之下，德国在20世纪的军事计划着眼于两线战争（two-front war）的可能性——同时面对西边敌对的法国和东边敌对的俄国，也就是后来的苏联。以色列在短暂的历史中也一直生活在被敌人包围的恐惧中。在第二次世界大战之前，英国可以在远程轰炸机上投入巨资，从相对安全的岛屿出发，攻击德国的基础设施和城市，而德国人则必须考虑怎样支援他们的地面部队来对抗敌人。因此，德国更倾向于使用能够轰炸和扫射敌军的近程飞机而非远程飞机。在第二次世界大战中闪电战开始的阶段，这样的设备对德军十分有利。

过去的战争经验可以塑造人们的态度和计划。或许17世纪的三十年战争影响了18世纪的欧洲人，让他们在发动战争时更加谨慎，更加温和地对待平民。在早些时候曾经制造暴行的宗教，如今也不再具有同等的动力。此外，在今天，训练一名士兵的花费相当大，所以将领们在那些会让士兵们遭遇危险的事上更加小心谨慎。第一次世界大战之后，法国人认为他们再也不能承受这样的流血事件（在除了塞尔维亚之外的所有交战国中，法国失去的适龄军人的比例最高），所以法国制定了一项防御性战略，在马其诺防线的伟大工程中可见一斑。而在法国和英国，避免伤亡的强烈愿望也助长了他们在20世纪30年代对独裁者的绥靖政策。

考虑到希腊人打败波斯人的例子，或是布匿战争中的坎尼战役，几个世纪以来，西方国家的大部分战略（并非全部）都围绕着寻求决定性的军事胜利、迫使敌人投降而展开。坎尼战役中，汉尼拔击败罗马人就是一个流行的例证，但它的意义却很容易遭到误读。是的，汉尼拔用令人眼花缭乱的包围战术打赢了一仗，但最终迦太基却输掉了这场战争，因为罗马最终胜利了。实际上，迦太基付出的代价是惨重的：罗马人将迦太基的城市夷为平地，并往他们的田地里撒盐。纳尔逊在1805年摧毁法国和西班牙联合舰队，有关特拉法尔加海战的记忆，数十年来一直萦绕在英国海军战略之中。海军的正确角色定位是寻找并摧毁敌方舰队——美国军事理论家阿尔弗雷德·马汉[1]的海军理论颇具影响力，这一观点正是其中的关键部分。日本在1942年将美国卷入中途岛战役，试图复制自己在对马海战（1905）中击败俄国人的伟大胜利，但最终日本却遭遇了惨败，为此付出了巨大的代价。

拿破仑则继续寻找足以使他巩固对欧洲控制权的决战，直到最终在滑铁卢战役中被击败。但即使此次战役拿破仑能在战场上取胜，他也不可能在整场战争中获胜，因为反法同盟已然将法国拖垮。1914年，德军凭借史里芬计划，在一系列战役中击败法国军队，并在40天内包围了巴黎。德国的文职领导层顺从地执行了这些计划，计划认为法国本应投降，尽管这在1870年普法战争时便没有发生，法国甚至直到德国在色当大胜之后仍在继续战斗。在为数不多批评史里芬计划的德国将领中，有一个人指出："你不能像把猫装在袋子里一样容易地夺走一个大国的武装力量。"

公元前6世纪，孙子主张用尽量少流血的方式征服他人，他说："全军为上，破军次之。"中国历代王朝用修建长城和收买相结合的方式，成功地将北方边境的游牧民族阻挡在外，武力是统治者们迫不得已使用的最后手段。19世纪，英国在阿富汗战争中战败，在此之后，英国人发现类似的方法在阿富汗也行之有效。此外，在战争中取胜往往要

---

1. 阿尔弗雷德·塞耶·马汉（Alfred Thayer Mahan，1840—1914），美国著名军事理论家。代表作有"海权的影响"四部曲：《海权对历史的影响》《海权对法国大革命和帝国的影响》《纳尔逊的生平：英国海权的象征》《海权与1812年战争的关系》，他提出的"争夺制海权对国家和世界命运有着决定性作用"的观点影响深远。

通过"消耗"达成，比如切断敌军的供给，就像英国人和他们的海军反复使用的策略那样；还要在骚扰敌军的同时避免战争冲突，就像在拿破仑入侵西班牙时，西班牙非正规军所做的那样；或者通过焦土政策摧毁入侵者的食物来源，就像俄国人在拿破仑战争中和20世纪德军入侵时所做的那样。在第一次世界大战中，双方的军事策划者都指望着来一场决战；但恰恰相反，他们迎来的是漫长的苦战，因为双方都试图把对方逼到崩溃。

尽管西方非常喜欢决战这一方式，不过在消灭和击败敌人方面，西方同样有着采用防御战争和使用自然障碍物（瑞士的山脉或荷兰的水道）、城墙（哈德良长城或城堡、堡垒）的强大传统和经验。在第二次布匿战争中，罗马将领费比乌斯·马克西姆斯被派去挑战汉尼拔，但他选择避免战斗，通过打击孤立的士兵团队、攻击他们的补给线来削弱迦太基的军队。在18世纪，伟大的指挥官莫里斯·德·萨克斯以尽可能避免打仗和战斗作风而闻名，例如1741年，某天他趁夜间攻占了布拉格，那时卫戍部队尚未意识到发生了什么。1805年，拿破仑在乌尔姆击败并俘获了一整支由大约5万至6万名士兵组成的奥地利军队，法国的损失却微乎其微，这是拿破仑最伟大且轻易取得的一次胜利。

就同拿破仑研究过前人的战役那样，人们也曾研究过他的战役，并试图从中找到战争的成功公式。战争这一事业如此重要，可能带来无比重大的影响，以至于在不同的文化中，一些最伟大的思想家都致力于为战争的胜利制定出精准的配方。古罗马人研究了古希腊的战争，文艺复兴时期的欧洲重新探索了古希腊和古罗马，就像如今的军事学校仍然会研究过去的伟大战役一样。5世纪，罗马官僚韦格蒂乌斯[1]的手册借鉴了

---

1. 弗莱维厄斯·韦格蒂乌斯·雷纳图斯（Flavius Vegetius Renatus），活动于公元4世纪末5世纪初。著有关于古罗马军事体制的论著《论军事》。

恺撒大帝等罗马伟大将领的早期著作，同时里面充满了关于领导、训练和战术等方面的建议，如今，虽然这些内容大多被人遗忘，但在19世纪克劳塞维茨的《战争论》出现之前，它一直是西方被广为阅读的军事论著。马基雅弗利[1]仔细研究过韦格蒂乌斯的作品，他本人也写过有关战争的长篇文章，他赞成参考过去的例子："贵族应该阅读历史，研究杰出人士的行为，以此审视自己在战争中的行为并找出胜利或失败的原因，这样他就可以避免后者、模仿前者。"翻阅过去发生的事件，从中搜寻决定战争成败的关键规则，这样便可以罗列出一张清单，上面写明了那些有用的和不太有用的建议。在19世纪末，法国的专家们花费了大量的时间和精力，对清单中究竟有24条还是41条规则争论不休。

在中国著名的专著《孙子兵法》一书中，孙子提出了许多规范，后人对此进行了仔细研究，其中就有"知彼知己者，百战不殆"和"知可以战与不可以战者胜"等名言。他还为战争的各个阶段（从制订计划到选择合适的战斗地带）提出了具体建议，列举了局势或行动类型等关键因素。《孙子兵法》为从秦始皇到毛泽东在内的中国和亚洲领导人提供了赢得战争的指导方针。越南大将武元甲就是《孙子兵法》的崇拜者，他曾带领越南在20世纪50年代战胜法国，又在10多年后战胜美国；西方的商界人士也是如此，他们希望在商业上获得成功，于是蜂拥购买《孙子兵法与商业成功：用战争艺术的经典法则赢得客户与竞争之战》《献给女性的战争艺术：孙子的古老战略与智慧助你在工作中制胜》。或许他们很喜欢孙子说的"兵者，诡道也"的论断，或是享受孙子关于强大领袖对取胜的重要性的文章。《孙子兵法》篇幅短小，由精辟的格言组成，这一点也增强了这些西方商业人士对它的喜爱。

---

1. 尼可罗·马基雅弗利（意大利语：Niccolò Machiavelli，1469—1527），意大利政治思想家和历史学家，近代政治思想的主要奠基人之一，代表作有《君主论》。

即使是最强大、技艺最高超的领导者也只能通过他们现有的工具和资源来工作，而如何获得这些工具和资源又取决于他们的社会和文化。社会发展与技术变革交织得太过紧密，很难说清究竟是哪一个推动了另一个的变化；不过可以确定的是，有些社会对发明和创新持鼓励态度，而另一些社会则在采用新武器和新技术方面进展缓慢，甚至完全不予采用。科学技术的革命为近代早期的欧洲（后来是更大范围的西方世界）带来了超过世界其他大部分地区的优势，而这种优势在那些地方正在消退。16世纪时，印度、中国和奥斯曼帝国全都同欧洲一样富有，它们拥有从印刷术到火药等先进技术。然而，它们却无法在当时的知识基础上进一步发展。尽管历史学家们仍在继续争论事情为何会这样，不过他们一致认为，正是日益增长的技术优势促使欧洲有可能接触并征服世界的大部分地区。

技术会带来多大的影响，取决于它被使用的方式，或者是否被使用。英国人首先试验了他们在第一次世界大战期间开发的坦克，将其当作一种为步兵的攻击提供支援的移动火炮平台。他们花了一些时间才意识到，原来坦克可以先于士兵的步伐在敌军的防线上撕开口子。一位希腊人在1世纪时发明了一个汽轮机，它是一个有趣的玩具，但没有再进一步发展出其他用途。既然有那么多包括奴隶在内的廉价劳动力，又何必费心制造蒸汽动力机器呢？还有的发明在使用了一段时间后被弃置了。希腊火，一种可怕的凝固汽油弹的前身，它从管子里喷出，能在水面上燃烧。7世纪，希腊火被拜占庭帝国首次使用，但它在13世纪之前便消失了，显然有关它的秘密一直受到了严密的保护，最终导致它失传于人间。

战争中的技术一直是，现在也仍然是新设备、新发明以及处理它们的方式之间的竞赛。在古代世界发展出的盔甲是对金属尖矛、剑和箭的有力反击。许多社会团体，尤其是欧洲的古希腊人和古罗马人，逐步发展出步兵和防御工事，以此应对骑马的战士；但直到19世纪，步兵和骑兵谁更胜一筹的问题仍然悬而未解。有一段时间，战车上的战士将所有东西都放置在自己面前，这种行为一直持续到军队想到了新办法，用弓箭手和步兵来对付敌军。机关枪和连发枪迫使世界上的军队在20世纪初都进入防御状态，直到后来，坦克、飞机、毒气等新技术和新战术再次为进攻方式提供了优势。如今，各国都在争先恐后地寻找方法以应对网络战争等正在发展中的威胁。

　　为了对抗新技术，上一代人不得不重新发明对抗技术与战术，但他们从惨痛经历中所习得的很可能会被下一代人忘记。手持长矛或弓箭的骑兵在初次登场时立刻就压倒了那些手无寸铁的步行者，但渐渐地，古希腊人学会了如何用训练有素的步兵方阵来对付他们。这些步兵方阵中的士兵站成几排、竖握长矛，形成了致命的障碍，使冲向他们的马和骑手都徒劳无功。许多个世纪之后，欧洲军队不得不重新学习如何用类似的步兵队形和弓箭手对付身穿盔甲的骑士。罗马人是修建道路的大师，环绕地中海5.5万英里[1]的道路都是他们修建的（其中的许多道路至今仍存在着）。即使它们日渐崩坏、杂草丛生，欧洲和小亚细亚的后人仍在继续使用这些道路，但几个世纪以来，他们却失去了为自己修建这些道路的知识和能力。伟大的希腊数学家阿基米德发明了一种超级投石车，据说能向罗马战船投掷1800磅[2]重的巨石，但在随后的几个世纪里，却没有任何人效仿这一发明。古罗马人同样曾修建过堡垒，日后又将其摧毁，而中世纪的欧洲人却不得不自己学习如何做到这一点。在经历过越南战争的失利后，美国军方决定再也不打反叛乱之战了，军队将与游击

---

1. 1英里约为1.61千米。——编者注
2. 1磅约为0.45千克。——编者注

战及其对策有关的内容从课程中删去，这方面的图书也绝版了，然而后来美国人又不得不在阿富汗和伊拉克重新开始学习。

　　直到最近，战争和技术仍在经历缓慢的变化。在陆地上，一直到现代早期，虽然策略会随着时间的推移和社会的更迭发生变化，但盔甲、剑、矛和弓箭一直都是关键武器。据说亚历山大大帝身穿的一套盔甲可以追溯到几个世纪前的特洛伊战争，而古希腊人和古罗马人使用的武器对欧洲中世纪或古代印度和中国的士兵来说应该都很熟悉。几个世纪以来，从古希腊人到威尼斯人，海上力量都依赖于由桨手提供动力的船只。

　　在战争和社会的历史中，我们挑选出三个主要发明来描述19世纪以前的重大变化：1.金属的出现。当时的人类弃用石头武器，转而开始使用青铜和铁制成的武器。2.对马的驯化。这给予了战士更大的灵活性和更快的速度。3.火药的发明。由此改变了陆地和海洋上的战争方式。（由于世界上的一些地方，比如美洲，在16世纪欧洲人到来之后才拥有马匹，而另一些地方，比如澳大利亚，从未研制出金属武器，所以由此可见，并非所有人类社会都在同一时间经历变革。）当然，科技与社会领域中还出现了许多其他事物。金属武器的出现只是社会历史发展故事的一部分：社会必须发展出能够使用它们的士兵和基础设施。当马通过轮子来拉动战车，或是在后来可以运载全副武装的战士时，它们就更加难以对付了。火药的发明也伴随着许多其他的重要发展，例如冶金的发展，为的是避免枪支在开火时爆炸；船舶的设计与航行方面的发展，为的是它们能够装备新的大炮。

　　最早的武器是矛、刀、弓和镶有坚硬燧石并以此猎杀动物和人类同胞的箭，在人类历史的头一千年里，这些武器几乎没有发生任何变化。渐渐地，人类开始制造工具，而他们唯一的目的就是互相残杀。虽然不同的社会对这些工具进行了不同程度的改进，例如制造专门为了刺戳和投掷所用的长矛，但不同时代、不同地方的长矛其基本设计仍然大同小异。不过，工具的材料却逐渐发生了改变，战争也进入了一个全新的、更具杀伤力的阶段。在某种程度上，也许早在公元前2000年之前，有一些社会就掌握了制作复合弓而非简单的木制弓的办法，当时的弓箭手可以射出力量更大、射得更远的箭。随着这样的例子在不同时期的不同社会中产生（在有的社会中则从未出现），金属武器的出现将战争的杀伤力向前推进了更加重要的一步。第一批金属武器由青铜制成，出现于公元前4000年前后的中东（后来又出现在印度、中国和欧洲）。后来青铜逐渐稀少，最终在约公元前2000年被更加坚硬的铁所取代，而后铁又被更加有效的钢所取代。

马匹对于战争和人类社会的重要性与金属的出现同样重要，直至今日也是如此。（上一次骑兵冲锋可能是在2001年的阿富汗[1]。）马匹使货物和人民能够四处移动，使新的交流手段和发动战争成为可能——无论是使用战车、弓箭手，还是剑客，由此可见，马匹实际上增加了军队和政府的力量。约公元前2000年，能够拉车的小型驯养马从中亚向西方传播。由马匹拉动的双轮战车上运载着装备有金属武器和复合弓的战士，这样的新技术证明了无论是谁拥有这些战车，国家都有义务向他们投资，否则就会失败，正如许多国家那样。亚述帝国和埃及帝国有能力将几千辆战车开进田野。马匹，或者说对它们的有效使用，使得拥有专业战士阶层的强大国家大量涌现，而这些国家都由强大的统治者所掌握，也进一步促进了其帝国的扩张。

相当突然的是，大约公元前1200年，战车失去了它作为战争工具的优势，也许正如一些历史学家所推测的那样，这是由于当时的步兵拥

---

1. 指2001年10月，"9·11"事件后，以美国为首的联军针对阿富汗塔利班政权和"基地"组织所进行的战争。——编者注

有了更加强大的铁制武器，或者也可能是因为来自北部和东部大草原的骑兵能够战胜战车。在接下来的几个世纪里，直至古罗马在西方衰落，战争和社会（至少在欧亚大陆）的特点是步兵占据主导地位，骑兵则扮演了辅助角色。古希腊人和古罗马人用步兵赢得了伟大的胜利，但当古罗马在4世纪开始崩溃时，它那训练有素的军队却慢慢消失了；骑马的人变得越来越强大——无论是匈奴等外部突袭者还是当地的强者。有一个微小却关键的创新——连接在马鞍上的马镫，使骑手得以休息他们的腿部，这极大地增强了骑马战士的力量。如果你试着像早期的战士那样坐在马背上，既没有马鞍也没有马镫（或者坐在没有横档的高脚凳上），你就知道你的腿有多累了。你所能携带的重量，包括盔甲在内，都是有限的。马镫先后在印度、中国和之后8世纪的欧洲得到了发展，使那些我们所熟悉的，在绘画、小说和电影中见到的身穿精良盔甲的骑兵成为可能。然而，当步兵重新获得力量时，这些骑兵还是要退出舞台。

　　文化、技术和战争之间的相互依存关系是如此紧密，很难说清它们中的哪个推动了哪个的发展。战争推动了技术的发展，但它同样适应了现有的技术。古代世界使用杠杆来酿酒和压榨橄榄，而罗马人改造了这些杠杆，用来向敌军的士兵、船只和防御工事投掷石块。在中世纪，工匠们学会了制造高质量的金属以铸造教堂的钟，此后这种方式为制造更好的枪支起到了辅助作用。19世纪，瑞典化学家和商人阿尔弗雷德·诺贝尔发明了供采矿使用的炸药，而后它被迅速用于一系列越来越有战斗力的枪支。美国农民用带刺的铁丝网圈住他们的牛，在第一次世界大战中，这些铁丝网被架在战壕的前方，极大地增强了防御力量。坦克采用了为拖拉机开发的履带板。阿尔伯特·爱因斯坦和他的物理学家同事们研究出了如何分裂原子的理论，他们在纸上证明这样做将会释放出巨大的能量，但直到第二次世界大战之前，尚无办法最终验证这个假设。为了在与敌人的大战中取胜，英国人和美国人（尤其是他们）找到了提炼必要的铀的资源，并制造和试验了第一枚成功的炸弹。据估计，曼哈顿计划耗资200多亿美元，与美国在战争期间花在所有小型武器上的费用差不多。

如何使用技术，这在一定程度上取决于社会的价值观和组织结构，而这些价值观和组织结构本身也会随着时间的推移而发生改变。我们那遥远的祖先是猎食者，从稀少的历史记录和直接观察到的相似社会中得到的证据来看，他们平等地生活和战斗，并没有太多组织结构。伴随着农业产生，更强大、更精细的社会和政治组织带来了更具纪律性的战争形式，其中包含专门的装备、训练、领导阶层和防御工事。及至公元前8000年以前，已知的第一道防御墙已在耶利哥（西亚地区古遗址）建成。及至公元前3000年以前，早期文明，如苏美尔和乌尔文明中的士兵，已在具有高度组织化的队形中使用带有青铜尖端的武器作战了。

强大的国家会将权力集中在一个或几个人手中，然后利用这些权力获得更多的权力、领土和战利品，这样的强大国家可以追溯到很久以前。在公元前7世纪的鼎盛时期，亚述帝国的疆域从如今的苏丹延伸到土耳其，从地中海延伸到伊朗。它的统治者在战争中取胜，并声称他们的力量来自神明。英国诗人拜伦在书中写道："亚述人像狼一样降临在羊圈里。"亚述围绕战斗开展组织工作，它的常备军拥有专门的部队，从步兵到弓箭手再到骑兵，应有尽有。由于道路网的缘故，他们可以迅速移动，另外在帝国各地建立的一系列仓库则使其军队得以维持下去。这需要另一支官僚军队来确保国家军械库生产必要的装备，保证仓库里有存货，人员和他们的动物有足以果腹的食物。罗马人以其道路和港口闻名于世，这些道路和港口为他们提供了极佳的物流保障，使部队能够带着装备到达他们需要前往的地方。73年，在围困马萨达时，1.5万罗马人在无水的沙漠里坚持了好几个星期。

在这样的等级社会里，战争曾经是、现在也依然是上层阶级或路易十四和奥古斯都等统治者的责任和特权。在莎士比亚的《亨利五世》中，普通士兵在阿金库尔战役[1]之前进行交谈，他们都知道战争是国王的事。一名士兵说："我们只要知道自己是国王的臣民，那就够了。即使他站在理亏的一边，我们这些人若是服从我们的国王，也就消除了我们的罪名。"然而，还有另一个同样古老的模式，即战争是由社会决定的。在希腊城邦，公民会投票决定是否参战；在罗马共和国，则是元老院做出决定。这不是我们认知中的民主决定，但至少有一些公民的参与。而相反地，公民应该去保卫自己的国家。在古希腊，从公元前6世纪开始，富有的农民或工匠若是属于那些具有高度组织性的城邦之一，身为有钱人的他们必须为保卫城邦而战斗，而且他们也确实希望这样做。塞萨利是个例外，它在政治发展上落后于古希腊其他地区：那里的政治事务由封建贵族主导，他们喜欢骑马胜过步行。古希腊其他典型城邦实则是一个社区，至少对自由人来说是如此，而这一特点激发了人们的热情和忠诚。至少3个世纪以来，古希腊战争的形式主要是由两队身穿青铜盔甲、手持长矛和剑的人以密集的方阵，向对方行进。如果没有大量的练习和训练（波斯人轻蔑地认为这是舞蹈和体操），古希腊人无法实现这样的协调性；但同样重要的是，如果没有将人们联系在一起的纪律和社会纽带，这种协调的程度也不可能轻易达成。

这些士兵——希腊的方阵步兵，既为他们自己而战，也为他们的同袍而战。在队伍中，每个人都用左臂扛着盾牌，以此保护相邻的士兵。"人们为了自己的需求穿戴头盔和胸甲，"俗话说，"但他们却为队伍

---

1. 英、法百年战争中英军以少胜多的著名战役，发生在1415年10月。——编者注

中的人扛起盾牌。"与古希腊对立的军队在最终交战时，陷入了混战。散开的一方通常伤亡更加惨重，因为逃跑的人会被砍倒。公元前5世纪，率军大规模入侵古希腊的波斯将领马铎尼斯曾向他的国王薛西斯一世抱怨说，古希腊人"通过极其反常和笨拙的愚蠢方式"彼此争斗。后来，波斯人付出了极为惨重的代价，明白了希腊的战争方式对敌人会有多大影响。公元前490年，在至关重要的马拉松战役中，希腊人与一支人数可能接近他们两倍的波斯军队作战，他们的步兵方阵战胜了波斯企图突破防线的进攻。希罗多德[1]称，战死沙场的波斯人有6400名，而希腊人则只损失了203名。

　　几个世纪后，马背上的骑士也从瑞士密集的步兵团那里学到了相似的战斗经验，这些士兵就像之前的古希腊步兵一样，他们共同战斗，也同样为彼此而战。如今我们认为，在梵蒂冈执勤的瑞士卫兵穿着五颜六色的文艺复兴时期的制服，这个细节是十分迷人的，我们还认为瑞士有着宁静的田园风光，有上好的巧克力、审慎周到的银行，还有《第三人》（The Third Man）里的角色哈里·莱姆没好气地说出的"布谷鸟钟"。直到1515年一个方阵被攻破，在长达200年的时间里，瑞士的军队阵型中都布满长矛和手持致命弩箭的弓箭手，这让欧洲感到恐怖，但也是他们制胜的法宝，至少对任何有能力雇佣他们的人来说如此。有句老话说得好："没有钱，没有瑞士。"

　　正如17世纪三十年战争中的欧洲、20世纪90年代的南斯拉夫或今天的伊拉克那样，当强大的中央政府垮台之际，权力也会向下流动，流向那些通过榨取资源来吸引追随者和维持自身生活的残忍的强者。公元4世纪罗马帝国在西方的崩溃，使欧洲的权力逐渐下放到当地的强人手

---

1. 希罗多德（Herodotos，约前484—约前425），古希腊作家、历史学家，著作《历史》记录了旅行中的见闻和第一波斯帝国的历史，被尊称为"历史之父"。

中，他们的财富和地位取决于他们的土地和用武装护卫者抵御邻国、侵略他人的能力。许多这样的私人军队越来越多地骑马作战，不论是战士还是他们的马，都身披盔甲。装备骑兵的成本、罗马道路系统崩溃后的后勤问题使军队的规模相对较小。据估计，装备和维护一个骑士的资源等同于一个300～450英亩[1]的大农场。随着时间的推移，无论是人还是马的盔甲，都变得更加精致而沉重，不再灵活，因此更容易受到步兵新武器和新战术的攻击。骑手们一旦被挑翻在地，就会像背部着地却想翻身的乌龟那样难以动弹。一些历史学家将中世纪的骑士比作20世纪的大型战列舰或如今的航空母舰——它们吸纳了大量的资源，却可以被更廉价的技术摧毁。

为了保持军队的忠诚并确保支付开销，无论是谦卑的贵族还是国王，欧洲的统治者们都会奖励土地给军人，这为持续的战斗提供了强大的动力。查理大帝在8世纪通过一连串的胜利建立了一个庞大的国家和王朝。他试图使兵役制度化，并将权力集中于王室。一方面，他要求那些最为富有的贵族们带着武器和随从来换取他们的土地；另一方面，他允许小地主们联合起来提供资源，以此委派其中一人前去战斗。他的帝国勉强维持了一代后变得四分五裂，而军事和政治权力仍然掌握在土地贵族的手中。后来，步兵力量遇到的另一个转折点是，他们被当作一个阶层摧毁了。

从12世纪开始，以商人为主的强大城邦的出现，以及中央集权的皇室权力的增长，都在一定程度上倚赖于军事力量，而这一切则在政治上对骑士构成了挑战。同样重要的是，纪律性更强的步兵出现了，比如瑞士雇佣兵，他们在军事上对骑士发起了挑战。查理五世说，瑞士人

---

1. 1英亩约为0.4公顷。——编者注

是"病态、粗野、恶劣的农民，他们没有美德，没有高尚的血统和节制"。但在长达两个世纪的时间里，他们的影响也是致命的。如果你想看看他们的武器长什么样，就去伦敦塔吧，当你欣赏着身穿鲜红和金色制服的卫兵们时，也要仔细看看他们那优雅的长戟，它们看起来像是矛、斧和钩的奇特组合。在战斗中挥舞长戟时，戟尖会刺伤骑士和他们的马，而斧头则可以砸碎他们的头，钩子能将骑手从马上拖下来，从而更轻松地在地面上了断他们。

甚至在火药和枪支在欧洲出现之前，经过改进的新武器和新战术就已经开始削弱盔甲的优势了——包括人使用的和马使用的。许多更加早期的文明，如中国、印度、古希腊，可能还有古罗马，已经发展出可以提前拉弓并易于瞄准和射击的弩。（这些工具的缺点是需要时间重新安装弓箭，这使最先开火的一方变得脆弱。）欧洲人在12世纪重新发现了弩并在接下来的200年里不断改进它们。意大利人同样是雇佣兵，他们则以自身的精准性闻名。

尽管留给马背上的战士的时间不多了，但他们在合适的环境下仍然颇为强大。13世纪，成吉思汗将分歧不断的蒙古部落联合成一个高度集权的国家，这个国家一度成为一支势不可当的军事力量，横扫中国和波斯的政权。蒙古战士的流动性很强，当他们受到来自定居地区的帝国军队的挑战时，便撤退到中亚的广阔地带。他们成功的秘诀之一，可能就是像制造马镫那样的简单技术。蒙古武士身穿丝绸汗衫，万一他们被箭击中，丝绸会包裹在箭头上。这样不仅可以更容易将箭拔出，也使感染的风险更低——直到现代，伤口感染都是战争中士兵死亡的重要因素。在成吉思汗的继任者领导下，战士们向西冲进中亚和俄国，到达黑海沿岸，大肆掠夺所见到的一切，而后留下死亡和毁灭的痕迹。没有任何力量可以对抗他们。1241年，他们开始侦察匈牙利、波兰和今天的罗马尼亚与奥地利。当时看起来势弱而分裂的欧洲很可能成为蒙古帝国的一部分——想想那样的话欧洲会有多么不同的历史吧！但在1242年，蒙古却突然停下了脚步，选择了撤退。当时有消息称，在东边几千千米的地方，大汗去世了；但历史学家最近推测，是恶劣的天气使地面变成沼泽，从而毁坏了蒙古马的饲料。

欧洲的另一端，在威尔士的乡村，另一种对付人和马匹的可怕武器正在被逐步完善。英国国王在12世纪的威尔士战争中开始意识到威尔士长弓的潜力，当时，威尔士弓箭手用比他们高出6英尺[1]的弓射出的箭可以穿过层层锁子甲、木鞍和肉体。1346年，在法国和英国之间的百年战争中，爱德华三世把他的威尔士弓箭手带到了法国。在克雷西，一支实力弱得多的英国军队与追赶他们的法国人作战。法国的骑兵数量是欧洲最优秀骑兵数量的3倍，还有6000名热那亚（意大利港口城市）弩手和2万名步兵来对付5000名英国骑兵。然而英国有1.1万名手持长弓的弓箭手。热那亚人率先攻击，但没有给英国军队造成多大损失。当热那亚人争先恐后地重新装箭时，渴望获得荣耀的法国骑士迫不及待地开始从背后践踏他们，而英国的弓箭手也发动了毁灭性的攻击。正如一位目击者说的那样："每支箭都射在马匹或人的身上，刺穿骑手的头、胳膊或腿，致使马发起疯来。"法国骑士一次又一次地冲锋，而威尔士弓箭手则稳稳地重新装箭。夜幕降临时，满地都是死马和死人。法国人丧失了1500多名骑士和1万名"没有温顺血统"的人员。而英国人的损失则是2名骑士，40名"其他人"和"几十个"威尔士人。经此一役，骑士也开始丧失他们在战场上不可撼动的统治地位。

早期的步兵炮和攻城炮已经可以将堡垒狭长的高墙炸出洞来，这对

---

1. 1英尺约为0.3米。——编者注

骑士的地位造成了更加致命的打击。随着强大的统治者开始建立自己的军队，装备新的武器，私人军队和骑士的领地消失了，转而被中央专制主义国家所继承。政府一旦垄断了武力和可以运行的机构，就可以从社会中获取更多资源，无论是人还是武装或是维持这些的手段。而且，在早期的军备竞赛中，邻国武装力量的增长意味着你也必须跟上步伐，否则就会面临被人征服的危险。军队的规模急剧增加，仅在16世纪到18世纪之间就增加了10倍。这反映并进一步刺激了政府权力加强对社会的控制。

在克雷西战役之后的3个世纪里，欧洲的战争、社会以及二者之间的关系都发生了巨大变化，以至于一些历史学家使用了"军事革命"一词来谈论这种变化。最初，火药是中国的炼丹方士为了寻找永生的秘密而研制出来的，它正是这种变化的核心，就像金属或马在战争早期的变化中起到的作用一样。欧洲科学的进步促进了火药以及使用火药的枪支的效力和可靠性。中世纪的堡垒在新加农炮出现之前就像许多沙堡那样倒塌了，直到最后，欧洲人学会用又厚又低的墙面和纵横交错的火场来建造堡垒，用以抵御袭击的军队。冶金和设计的进步带来了更好且更轻的枪支；而笨重的火绳钩枪则让位于更轻便的滑膛枪。

起初，滑膛枪对士兵和任何在他身边的人来说，几乎和敌人一样危险，因为用来点燃小火药的那根阴燃的绳子经常会炸毁他全部的弹药。早期的滑膛枪也非常不可靠，每分钟只能发射一次，因为士兵们需要费劲心力地装弹和射击。据记载，有人想出了一个好主意，将火石（当它撞击钢铁时就会产生火花）应用于滑膛枪；到17世纪下半叶，大多数欧洲军队都开始使用经过改良的新滑膛枪。另一个可以产生巨大影响的简单发现是，17世纪的一位瑞典铁匠偶然发现，他可以在不降低加农炮炮筒效能的情况下，将炮筒的长度缩短一半。于是，更小巧、轻便的加农炮被放在马车上从而带到战场上。

欧洲战争中出现的变化远远不止这些。士兵们和他们的军官花费了几十年时间才接受了新技术并学会如何使用它们（他们的政府也用了几十年时间才愿意为此付钱），如果没有态度和组织形式上的变化，战争中的火药革命可能不会发生，也不会产生如此深远的影响。一开始，军队拒绝使用这种新型的轻型加农炮，部分原因是早期版本的这种加农炮容易爆炸。而且加农炮在包围战中没有用处，直到18世纪后期，攻城战才被视作炮兵部队的用武之地。使用火枪也带来了挑战，它要求士兵们在敌人进入射程时站稳脚跟。射击太早——在你看到俗话说的"他们的眼白"之前，意味着这一枪最多只能击中50码[1]左右的目标，造成的伤害很小。由于过早开火的一方会手忙脚乱地重新装弹（装弹和开火需要近50个单独的动作），在这一过程中不得不站起来的那些人便很容易成为对方射击或骑兵攻击的目标。

从伦勃朗[2]到显微镜，荷兰人在16至17世纪的黄金时代创造了如此多的东西，他们也是战争中的创新者。1585年，拿骚（中美洲城市）的莫里斯[3]王子成为荷兰的国家元首，他将荷兰北部各省从西班牙的统治下解放出来，其中一部分原因在于他建立了一支高效的战斗力量。他在战场上排兵布阵，每个队列的人数多达10人，并开创了一种精巧的战场行动形式——当第一个队列开火后，会向后挪动，让下一个队列得以继续开火，然后依次变换。重要的一点是，如果部队能在接到命令时站稳脚跟，能在指挥下齐心协力地行动，那么开火的速度就会快得多。

---

1. 1码约为0.91米。——编者注
2. 伦勃朗（Rembrandt，1606—1669），荷兰画家。擅长以聚光及透明暗部之类强烈明暗对比来突出主题，善于用笔法表现质感。——编者注
3. 莫里斯王子（Maurice of Nassau，1567—1625），荷兰国父奥兰治亲王的儿子，以其出众的军事天分而闻名于世。

如果没有纪律（常常是残忍的纪律）和反复的操练，让行动和服从命令成为战斗中的第二天性，士兵们就不可能有效地使用新武器。统治者雇佣雇佣军，或是让当地巨头招募武装力量，然后往往在战役结束时解散，这样的旧式军队并不适合新式训练或新战术。这也为政府拥有自己的军队提供了强烈的动机，当然，而后随着时间的推移，政府也可以借此增加自己的权力。

路易十四热衷于演习，他认为演习是赢得战争的关键，而他个人对军事训练和演习也很感兴趣。在业余时间，他常常忙于训练士兵。他说："我继续仔细操练我身边的军队，在我做出的示范下，其他军事首长也将学会要对他们指挥的人同样用心。"据当时一位专家估计，组建一个训练有素的步兵团需要花费五六年的时间。伟大的瑞典军事领袖古斯塔夫·阿道夫以莫里斯的工作为基础，发明了后来被称为"瑞典纪律"的东西：强制祈祷、对犯下抢劫等严重罪行的人执行死刑，或对从战斗中逃跑的兵团进行屠杀。由于印刷术的引进，带插图的演习手册将新的做法传播到整个欧洲。而有关战争如何影响平民世界的另一个例子是，舞蹈的动作也通过插图手册被广泛传播，由此变得更简洁、更时尚。军事历史学家认为，正是欧洲军队严密而有效的组织方式及其强大的武器，使他们在与亚洲或非洲人民的战争中拥有了致命的战斗力。拥有了新的帆船，也使欧洲人拥有了向全球进发的途径。

随着风力取代人力，海上战争也发生了巨大变化。1571年，基督教国家联盟——神圣联盟与奥斯曼帝国之间的勒班陀战役是最后一次用战船进行的大型海战。早期的帆船非常简陋且操作难度大，但舵柱舵的新技术使转向变得更加容易。指南针源自13世纪某个时期的中国，许久之后，六分仪和航海计时器的发明不仅使航海更加容易和可靠，而且扩大了欧洲海军的影响范围，因为它们能让航海者准确地知道自己在哪

里、要去往哪里。最后，由于对贸易船只进行了改装，水密性港口可以
被关闭以供航行，也可以打开以便装载货物，这样就可以把加农炮放
在船的下面（把加农炮放在水线之上一直存在危险，这样船只很容易
翻）。结果是，那些海军曾尽可能靠近彼此进行撞击和搏斗，如今却在
远处用大炮开战。

如今我们所认为的标准军事组织和军事实践的大致轮廓，无论是将
陆军分为骑兵、步兵和炮兵，还是为军官建立陆军和海军的特殊学校，
都是在16世纪至18世纪的欧洲确立的，军队变得越来越专业。士兵们
身穿制服，住在军营，而且由于受到国王的资助，士兵和水手都被视为
君主或国家的雇员而非军官的私人财产——像过去那样。海上私掠船
（得到政府许可的土匪）消失了，被国家海军取代，虽然雇佣军并未彻
底消失，但其重要性也在下降。反过来，各国政府也对军队承担了更多
责任，为士兵们提供食物和住房，最重要的是，定期支付报酬给他们。
17世纪70年代，法国政府为士兵修建了一所名为"荣军院"的医院；
之后，英国人也在切尔西（伦敦自治市）修建了皇家医院。

18世纪，欧洲土地上也发生了战争，但没有20世纪的战争那么暴
力和不受控制。在17世纪，宗教和社会革命混合成毒物，造成了战争
上的屠杀，催生了对无辜平民的暴行。在启蒙时代，当迷信和宗教似乎
在科学和理性面前退却之际，欧洲人的心中短暂地涌起了一个希望：人
类，至少是欧洲的人类，正变得更加热爱和平，并学会控制自己的激
情。观察家们认为战争的残酷性正渐渐变小，早期颇有影响力的国际法
理论家埃默里希·德·瓦特尔说："欧洲各国几乎总是怀着极大的宽容
和慷慨进行战争。"战争（或者说人们期待中的战争）正变得越来越文
明，在专业人士之间进行并适当尊重战争规则。与即将在宗教战争期间
发生或是已经发生的那些事情相比，18世纪的战争是"内阁"的，其

目标明确而有限，相对容易停战，并且是以签订协议或条约的形式利落地结束。

采用哪些技术、何时采用这些技术取决于很多因素：对技术的需求、知识的传播以及一个特定社会对改革的开放性。相比欧洲，中国在很早的时候就发明了火药和枪支，在15世纪之前都处于全球领先地位。但15世纪后，中国人落在了后面，可能是因为他们主要沿着北方边境作战，枪支装填弹药十分缓慢，而加农炮又很难移动，在对付骑兵方面没有多大帮助。人们在看到新技术的优势时通常会采用新技术。成吉思汗依赖他的骑兵，但在攻城之时，他也学会了如何使用火药和攻城技术；在1868年开始的明治维新中，日本人运用了西方的技术，并对其加以改进，把自己的国家改造成一个现代工业和军事强国；当西班牙人在16世纪将马匹引入美洲时，美洲原住民热情地领养它们，以至于如今我们总是把平原上的人，诸如黑脚人、苏人或科曼奇人描绘成骑在马背上打猎和战斗的形象，而且他们使用了另一种新装备——枪。

社会及其部分成员同样会因为厌恶、惰性、对古老方式的怀念或伦理问题而抵制新技术。如今的空军飞行员哀叹驾驶舱已经不再需要他们了，他们有一个斯巴达领袖式的先驱，后者目睹了投石器向一个人投掷石头的场景并大喊道："啊，大力神，人类已经英勇不再！"面对日渐致命的远程火力，马匹和骑手无法再在现代的战场上纵横驰骋，这件事再明显不过。对那些在马背上长大的陆军军官来说，马匹有着坦克或装甲车无可比拟的魅力。最初，机关枪在成为军队中的标准武器后，并不受很多军官的欢迎。据在法国的英国机枪学校的第一指挥官说，第一次世界大战开始时，英国营的指挥官对这种新型武器的通常反应是："把这该死的东西带到侧翼藏起来！"19世纪上半叶，英国海军对有关第一批铁甲舰的方案进行讨论，许多海军军官都对铁甲舰的价值持怀疑态度。1828年，在蒸汽动力的早期发展阶段，一份英国海军部的备忘录指出："各位大人认为，尽其所能阻止人们使用蒸汽船是他们义不容辞的责任，因为蒸汽船的引入对帝国的海军霸权造成了致命的打击。"数十年后，仍有捍卫帆船而反对蒸汽动力者。

教皇英诺森二世[1]说，弩"对上帝来说是可恨的，不适合基督徒使用"。后来教会决定，用弩对付异教徒是没有问题的，反正他们无论如何都会受到诅咒。笨重的早期步兵枪，比如火绳钩枪或滑膛枪都被视为邪恶的发明，它们很可能是异教徒的作品。有时发明新武器的人也会对自己的所作所为感到羞愧或沮丧。伟大的学者罗杰·培根可能在13世纪中叶发现了制造火药的秘密（在此之前，中国人和阿拉伯人就已经知道了），但如果真是如此，他可能也将这个秘密带到了坟墓中。达·芬奇在谈到自己设计的潜艇时表示，他不会对此透露全部细节："人的本性是邪恶的，所以他们会在海底进行暗杀活动，撞碎船底，然后连同船上的船员一起击沉。"

1543年，当葡萄牙旅行者最先将枪支样品带到日本时，日本的统治阶级率先对此表示欢迎，但在随后的一个世纪里，他们却改变了态度，转而开始反对这些新武器。日本人不仅学会了如何制造枪支，还改进了造枪技术。然而不知出于什么原因，到了17世纪中叶，日本人似乎决定不再进一步发展枪支。这是不是一个振奋人心且与当今社会仍然息息相关的例子？表明一个民族自愿放弃了新型且更为致命的武器？可悲的是，似乎并非如此。从强大的武士阶级的角度来看，武士们用高质量的钢铁宝剑使精细的战斗方式日益完善，但枪支却使他们的技能毫无

---

1. 英诺森二世，意大利籍教皇（1130—1143年在位）。教皇洪诺留二世死亡的当夜，少数枢机主教推选他继位。但之后不久，多数派另选了枢机主教皮耶埃尔莱奥尼继位，即阿纳克莱图斯二世。

用武之地，所以他们没有动力去使用它们。同样重要的是，幕府在内战后建立了新秩序，它维持和平的方式根本不需要用到枪支。不幸的是，对日本来说，这便意味着当美国海军将领马修·佩里在1853年粗鲁地打破封闭，要求日本向美国开放贸易时，它几乎没有任何反击的希望。

当时，西方则利用了包括枪支、盔甲和钢铁在内的技术优势，在被征服的人民学会反击之前便接管了世界上的大部分地区。这也导致欧洲人将新的疾病带去了美洲。西班牙冒险家科尔特斯和皮萨罗仅仅带着一小队人，就推翻了墨西哥和秘鲁的伟大帝国，那里本来拥有数百万臣民和庞大的军队。当地居民的胜算本来很大，但病菌给了西班牙人优势，这些病菌已经扩散到内陆，在西班牙攻过来之前就已伤及当地居民，因为他们对天花或麻疹等疾病没有任何免疫力。此外，西班牙人还以骑马的方式对付步兵，他们穿着钢铁盔甲，用钢铁和枪支对付以铜器和木头武装自己、身穿棉布的对手。贾雷德·戴蒙德在其著作《枪炮、病菌与钢铁》中，将目击者对印加发生的事情的描述编撰在一起，当时的统治者皮萨罗与他的168名西班牙随从令印加皇帝及其数千名支持者大吃一惊：

总督随后向坎迪亚发出信号，后者便开始开枪。与此同时，号角响起，包括骑兵和步兵在内的西班牙武装部队冲出他们的藏身之所，向广场上手无寸铁的印第安人直直冲去，他们喊出西班牙式的战斗口号："圣地亚哥！"我们将摇铃放在马背上来吓唬印第安人。枪声隆隆，号角阵阵，马背上的声响让印第安人陷入恐慌和困惑。西班牙人扑向印第安人，动手将他们砍成几段。印第安人惊慌失措，互相踩踏，他们摞成小丘，令彼此窒息。由于他们手无寸铁，在遭到攻击时不会对任何基督徒造成危险。骑兵将他们踏在脚下，一路追杀。步兵则对余下的人发出猛攻，短短一会儿工夫，他们中的大部分人都已丧命。

不过西班牙之所以能够取得胜利，并不只是因为他们拥有马匹和武器，还因为他们俘虏了对手的皇帝，这不仅违反了印加社会的神圣规则，也使生活在严格等级制度下的臣民无所适从、失去领袖。

中国在1840年至1842年第一次鸦片战争中遇到了类似的技术和组织性差距，这也是中国那不幸遭遇的一部分。中国派出了传统的帆船——上面经过设计和配置的加农炮已成功使用好几个世纪，以此来抵抗更先进的英国大型帆船、武器和最早的武装蒸汽船之一——它被十分恰当地命名为"复仇女神"。而这只是一场变革的开始，这场变革将为一种新的、更广泛的、更可怕的战争形式提供支撑。19世纪的工业革命——影响深远的经济、技术和科学变革的简称，使西方社会和日本（在1868年推翻旧秩序的明治维新后以西方社会为榜样）生产更多、更好的武器，以此发动规模更大的战争。

从那以后，武器的变化和杀伤力的增长便加快了。想想1914年第一次世界大战开始时那些单薄易损、不带武器的单引擎飞机，再将它们与那些在1918年出现的更快、更强大的飞机相比较——后者能用机枪向敌人开火并投掷重型炸弹。到第二次世界大战结束时，飞行器飞得越来越高、越来越快、越来越远，承重性也越来越强，喷气发动机开始取代螺旋桨。1945年8月，当美国的原子弹落在广岛和长崎时，全新而可怕的核时代拉开了序幕。如今，从战斗机到航空母舰等新型武器在被使用时往往就已过时。世界上的武器库是巨大的：据估计，仅仅是小型武器在全世界就超过10亿件，另一方面，现存的核武器足以把全人类摧毁好几次。比起以往任何时候，严肃的裁军措施都离我们更加遥远，但我们中的许多人，包括国家和政府的领导人在内，在谈及战争时仍然将它视作一种合理的、易操纵的工具。

第 *4* 章

现代战争

从这个地方，从今天开始，世界历史上的一个新时代开启了，而你们都可以说，在它诞生之际你们在场。

——歌德

1792年，即法国大革命的第四年，法国正与奥地利和普鲁士这两个欧洲主要的保守势力交战。形势对法国人来说似乎并不乐观：旧军队中的许多军官都逃到了国外，剩下的武装力量也像法国政治一样，正处于混乱的状态之中。的确，革命者的队伍正在壮大，但他们缺乏经验、训练和纪律，与向他们进军的旧式军队不同。那年夏末，普鲁士军队进入了法国东北部，他们攻占了几个要塞，几乎没有遭到抵抗。当普鲁士人前往巴黎时，革命者们开始互相攻击：慌乱之中，政府及其支持者开始搜寻国内的叛徒。断头台的发明是为了提供人道的处决方式，在当时却成为压迫人的工具。政府还征集志愿者，号召他们保卫法国与法国的革命。

同年9月20日，在凡尔登以西的瓦尔密村附近，装备不良、组织不善的法国人与敌人对峙着。普鲁士人仍然强大，但他们已经因痢疾损失了数千人。夜色中下起了冷雨，雨中的田野就像它未来在第一次世界大战中的样子，湿透了，泥泞不堪。天亮时，双方开始了密集而持续的炮火交锋，普鲁士人进行了几次突袭，法国人守住了阵线；黄昏时分，普鲁士人决定撤退，于是他们井然有序地撤退了。普鲁士人的3.4万名士兵中有约180人伤亡，而法国人的3.2万名士兵中有约300人伤亡。这既不是光荣的胜利，也并非失败。

　　那么，为什么和普鲁士人在一起的诗人歌德会说"从这个地方，从今天开始，世界历史上的一个新时代开启了，而你们都可以说，在它诞生之际你们在场"呢？瓦尔密战役的部分意义在于，法国人出于战争需求，已经开始发现使敌人震惊和不安的新技术。法国士兵与其他军队的士兵不同，他们会在战斗时高唱革命歌曲，去冒不必要的风险，看起来不清楚自己什么时候会被打败。（第二年，在法国革命力量和日益壮大的反法联盟力量之间的一场战斗中，一位观察家对法国风格的战斗大加抱怨："5万只野兽，像食人族一样嘴里喷着白沫，以最快的速度把自己猛扔出去。"）瓦尔密战役具有很重要的象征意义：一支公民组成的新军队打败了18世纪的旧式职业军队，然而其成员的动机却并不是对军官的畏惧，而是因为他们热爱自己的事业。

　　将人民视作国家一部分的民族主义已经成为历史。在19世纪的历史发展进程中，两个进一步发生的巨大变化将结合起来，它们共同使战争变得更加暴力、致命和具有破坏性。工业革命带来了生产资料、科学技术和社会经济潜力的巨大变化，在拿破仑战争后的一个世纪里，它首先改变了欧洲，然后改变了世界其他的许多地方。而后出现了更广泛的社会、政治和知识变革，它们彼此依赖并相互影响，这些变革包含从城市化到关于人性的新观念等方方面面。民族主义是在思想家、知识分子、小说家、民族志学家和历史学家的作品中孕育的，但它却是被文化扫盲、廉价书籍和快速通信所推动的，它的影响向下扩展到社会和整个欧洲，继而扩展到世界上的其他地区。工业革命带来了创新和大规模生产，也刺激了社会变革。中产阶级和工人阶级的规模不断扩大，并最终掌握了权力，而旧的土地精英眼睁睁看着他们的财富来源和影响力衰弱。选举权的扩大和宪政政府的到来使人民群众与国家的外交和军事政策之间出现了不同的关系。过去，战争与和平是少数人的事情，现在则是多数人关注的问题。民族主义为战争提供了激情，为工业革命提供了工具，为社会变革提供了可以战斗的身躯，也为战争提供了民众的支持。

现代战争往往持续时间更长、花费钱财更多，对社会发展提出的要求也更高。在第一次世界大战中，有将近7000万名男子被动员，加入双方的武装部队，仅法国和德国的男性就占到了总人数的40%。想想吧，这对他们的社会意味着什么：几乎每个人都认识一个去打仗的人并需要为那些没能回来的人哀悼。日常生活发生了大大小小的各种变化，消费品从商店里消失，食品和燃料短缺，税收提高了，工厂夜以继日地工作以提供成吨的食物、数百万双靴子、绵延数英里的纺织物、堆成山的炮弹或足以溢满湖泊的石油。据斯坦福大学历史学家沃尔特·沙伊德尔所说，在第二次世界大战中主要交战国制造了28.6万辆坦克、55.7万架战斗机、1.1万艘主要海军舰艇和4000多万支步枪，还有许多其他军备。我们必须为20世纪的两次大规模全球战争创造一个新名词——全面战争。

1812年，拿破仑率领一支约60万人的军队入侵俄国；1870年，德意志联邦与法国开战，兵力是后者的两倍；1914年，德国动员300多万人抗击敌人；1944年，斯大林派出650万人在东线战场对抗轴心国。现代战争是工业战争，造就了大量的陆军、海军和空军。在两次世界大战中，尽管地面部队仍在使用马和骡子进行运输，但是火车、轮船和内燃机车等高效运输方式已大规模使用。虽然有些武器从更早时期便存在，例如刺刀等刀具还在使用，但经过大规模改进的枪支或全新的飞机、潜艇、装甲车和核武器却代表了战争的另一个时代，正如金属武器、马匹或火药在它们所属的年代所造成的影响一样。

　　与过去一样，技术和战术的进步促使人们寻找针对它们的对策。仅在19世纪，标准步兵武器的射程就增加了10倍，而且它可以更频繁、更快地发射。1800年的野战火炮在战场上的有效射程可达1.5英里；到第一次世界大战时，射程则达到了这个数字的至少8倍之多。德国建造了超大型加农炮，可以从68英里外向巴黎投掷炮弹。为了应对这些，世界各国的军队都开发出了更好的防御工事，用带刺铁丝网甚至是更加精致的战壕布置战场。钢丝钳和铁锹成了步兵的标准装备。当谢尔曼[1]将军的军队在美国内战中穿过佐治亚州，迫使佐治亚州投降时，对方扔掉了刺刀，但保留了铁锹。制服也发生了改变，在18世纪和19世纪初的战争中，当枪支中的黑火药在战场上制造出浓雾时，带有醒目标记的亮色制服对于辨别是敌是友具有一定作用。19世纪末，大多数军队使用无烟火药，漂亮的红色、蓝色或绿色外套，闪亮的纽扣和金色的穗子，成为瞄准更加精确、距离更远的步枪的绝佳射击目标。后膛装填意味着士兵可以躺着装填子弹，这样他们就更难被敌军发现了。在1899年至1902年的布尔战争[2]（如今称之为"南非战争"）中，英国人穿着

---

1. 威廉·特库姆塞·谢尔曼（William Tecumseh Sherman，1820—1891），美国内战时期联邦军将领，陆军上将。
2. 即英布战争。布尔人是南非荷兰移民后裔，19世纪在南非建立了自由邦，1899年英国发动战争，1902年布尔人最终战败求和，其自由邦被英国吞并。——编者注

红外套穿过尘土飞扬的南非草原，在此上了艰辛的一课。南非白人农民往往精于射击，他们身穿绿色或土褐色的衣服匍匐在地上，让英国人一败涂地。1899年的科伦索战役后，在英国军队遭受三次严重失败的"黑色星期"期间，一名将领抱怨道："直到战争结束，我从来没见到过布尔人，我们的人才是受害者。"最终，英国政府把他们的军装改成了卡其色。1914年，法国步兵身穿引人注目的红裤子走到前线。"红裤子，法国！"一名战争部长向军中众人大喊。鲜艳的红色，使伤亡名单一次次变得更长。

在19世纪和20世纪初的大部分时间里，随着火力的提高，进攻中的士兵们必须经过的杀戮区域变大了，技术赋予了防守方以优势。想象一下，就像第一次世界大战中发生的那样，你从战壕里爬出来，背着沉重的包裹，试图冲过黏糊糊的泥浆，穿过布满弹坑和带刺铁丝网的崎岖地形，而且你自始至终都知道，那些看不见的敌人可以从1000码或更远的地方将你击倒。1861年至1865年的美国内战、1870年至1871年的普法战争、1877年至1878年的俄土战争、1904年至1905年的日俄战争、1912年和1913年的巴尔干战争，都向人们发出了战争正在转变方向的警告，因为它们证明了在防守严密的位置上的士兵可以抵挡大量的军队，而进攻方军队将会遭受惨重的损失。在普法战争即将开始之际，4.8万名德国人建起一条22英里长的防线，对抗13.1万名法国袭击者。1877年，在俄土战争期间，在普列夫纳战役中，俄国人与土耳其人的数量比是3∶1，但俄国却无法压垮敌人（在土耳其人耗尽物资后，最终，俄国人赢得了胜利，这表明后勤工作已经变得非常重要）。如果还需要更多证据，不妨看看第一次世界大战，它的代价是数百万人的生命。

然而，战争出现了一个转折点，在第一次世界大战结束之前，防御方式已经开始减弱，因为对峙双方想出了具有创新特点的新突围方式：毒气、火焰喷射器、野战迫击炮、坦克和飞机。到第二次世界大战时，优势又转向了进攻。在德国闪电战中，地面部队都装备了坦克、装甲车和简陋的摩托车，同时得到了战斗机和俯冲轰炸机的支持，足以横扫防御阵地的四周和上方。其他军队很快就吸取了教训，甚至新的武器和战斗方式也带来了相应的反制措施，比如高射炮和反坦克炮，战争也进入了新的维度，在天空中，海面下，都可以是战场。与过去不同的则是战争变化的速度。

　　战争的范围也扩大了，因为社会的能量必须投入战争中去。军事和文职领导人曾经认为，在战事爆发时，可供使用的物资是足够的，直到战争给出了不同的结论。现代战争就像摩洛克神[1]一样，需要人们不断为它提供补给，不仅要提供人员还要提供资源。1914年，在第一次世界大战第一阶段的战斗中，双方的军队都既惊讶又沮丧地发现，原本应维持到敌对行动结束的关键物资即将被他们消耗殆尽。在不到一个月的时间里，法国人用光了一半的弹药储备。德国的炮兵在战争开始后的六周内射光了所有的炮弹。

　　如果交战国不能控制自己的经济状况来应对战争，它们就无法继续战斗。最终的结果是，在战争中，合法与非法的打击目标之间的界限变得模糊不清，最终被彻底抹去。轰炸或炮击铁路、油库、军工厂、水坝等目标都是破坏敌人在战场上作战能力的手段。但渐渐地，有人将平民的家园、教堂、医院和学校夷为平地，甚至不分青红皂白地杀害他们，企图以此摧毁平民的士气。20世纪时，全世界在这方面已经做得更好了一些，但这样的行为在19世纪就已经出现了。在普法战争中，德军

---

1. 摩洛克（Moloch），《旧约》中闪米特人的神，其信徒会生焚儿童为之献祭。在欧美语境中，这个词有特定引申义，指代需要极大牺牲的人物或者事业。

故意炮击巴黎平民区，迫使法国投降。正如普鲁士王储在日记中写的那样："问题的全部是，惩罚那些战争的罪魁祸首。"另一个新名词在第一次世界大战时成为常用语——"后方战线"（the home front）。如今平民也被卷入了战场，不论他们是否选择如此。

现代战争的一大悲剧是，各种社会拥有的力量——在组织、工业、科学或资源方面，它们自身可以变成极为有效的杀人机器。国家可以维持更长的战斗，长达数月或数年而非数天，并能杀死更多的敌人。众所周知，人们很难获得准确的伤亡数字，包括死亡、受伤、失踪或被俘的人数，而且正如史蒂芬·平克等人警告的那样，我们应该始终按照总人口的比例来考虑伤亡数字。这里举个例子，如果蒙古人在20世纪而不是13世纪完成了他们的壮举，那么死亡人数将不是4000万，而是2.78亿。但不论我们怎样努力理解人类战争的代价，从19世纪初的拿破仑战争到1945年第二次世界大战结束，这期间伤亡数字及其急剧的增速都令人毛骨悚然。就在武器装备取得巨大进展之前，在1813年的莱比锡，即拿破仑战争规模最大的一次战役中，双方共有约50万名士兵参战，约15万人伤亡，而莱比锡战役仅仅持续了4天。1916年，索姆河战役持续了四个半月，伤亡人数超过100万。1904年至1905年的日俄战争中，双方有13万至17万参与战斗的人死亡。在第一次世界大战中，战士的最终死亡人数约为900万；而在第二次世界大战中，这个数字至少翻一倍。由于武器的毁灭性，交战双方有更大能力踏上对方的国度，平民伤亡人数也在增加。在第二次世界大战中，可能有多达5000万平民死于大规模谋杀、轰炸、饥荒以及战争造成的疾病。广岛的一枚原子弹在瞬间造成6万至8万人死亡，随后又有成千上万的人死于放射性污染。难怪有人发明了"hemoclysm"（血流成河）一词来形容过去的一个世纪。在同一时期，技术与相应对策之间的竞争也使更好的民防、更好的医疗等产生了。在19世纪之前的战争中，很多士兵死在了战场上，更多的人则死于疾病和他们的伤口。受伤的军人活了下来，但他们往往会再次加入战斗。

拿破仑战争期间，弗朗索瓦-勒内·德·夏多布里昂[1]子爵对庞大的、包罗万象的新战争形态哀叹不已。他说，文明战争的旧方式是"让人民留在原地，让少数士兵履行他们的职责"。民族主义的兴起让新型战争对人民进行了大规模动员。人们经常认为法国大革命引入了这样一种观念——即国家是有机的实体，这种实体一直存在，并会要求它的成员对其忠诚。我们可以从卢梭等哲学家的著作中找到这种观念的根源，他在著作中谈到了社会契约和人们自由交往的权利，还有一些政治事件，比如1775年的美国革命。卢梭写道："每个公民都应当兵，这是履行义务，而非选择职业。"美国《独立宣言》宣称，人们被赋予了"不可剥夺的权利"，而政府"因被治理者的许可而获得正当权力"，其存在是为了保护这些权利。当政府没能满足被治理者的愿望和需要时，后者有权将其罢免。换言之，人民开始被视作在自己国家拥有发言权的公民，而非未经选举的统治者的臣民。然而这意味着，公民，通常假定是成年男性，有相应的义务保卫自己的国家。这一点在几年后的法国大革命过程中显现了出来。

1792年，当法国保守派遭到敌人的反对时，新的立法议会号召所有法国人保卫自己的国家。第二年，政府颁布了"全民皆兵"[2]的法令，这是一次大规模动员，与上个世纪见到的任何情况都不同。而且这

---

1. 弗朗索瓦-勒内·德·夏多布里昂（François-René de Chateaubriand, 1768—1848），法国作家、政治家、外交家、法兰西学院院士。拿破仑当政时期曾任罗马使馆秘书，波旁王朝复辟后成为贵族院议员。
2. "全民皆兵"，也称"全民动员征兵"政策，1793年由法国大革命时期的政治活动家、军事家卡诺推行，以缓解前线兵力紧缺的问题，该政策为后来拿破仑称霸欧洲做出了重要贡献。

一次，女性也被纳入了征召范围。

从这一刻起，直到敌人最终被赶出共和国领土，所有法国人民都被永久征召入伍。年轻人赶赴前线；已婚男子锻造武器、运送补给；女性制作帐篷和衣服；儿童把旧亚麻布加工制成绷带；老年人被抬到广场上鼓舞士气，教导士兵仇恨王权，致力于共和国的团结。

从那时开始一直到拿破仑战争时期，法国发生的战争都是关于保卫法国及其革命的，但它们也与更多东西相关。法国人带着传教士的热情踏遍欧洲，认为他们的神圣使命是推翻不公正和独裁的政权，解放欧洲同胞。这样的目标不仅使战争变得合法——至少对法国人来说是这样，还为发动战争提供了名为自由的许可证，这意味着不存在任何限制。既然法国的敌人不想构建一个更美好的世界，他们就应该受到攻击。罗伯斯比尔[1]说："不是普通的敌人，而是刺客和叛军。"1793年，共和国镇压保皇党叛乱时，在旺代省不分青红皂白地屠杀男子、妇女和儿童，这表明了那句话可能意味着什么。

法国人的狂热使革命军队变得残酷，但也为他们带来了一次又一次的胜利，当军事天才拿破仑执掌大权时，法国一度是战无不胜的。法国士兵可能不像他们的敌人那样整齐划一地行进，但他们不必被迫进行战斗。可以确信的是，他们的散兵会在主攻开始前朝敌人的防线跑去。法国军队总是比敌人预期的时间到得快得多，令它的敌人一次又一次大吃

---

1. 罗伯斯比尔（Maximilien de Robespierre, 1758—1794），法国大革命时期政治家，雅各宾专政时期的实际最高领导人。其当政期间废除了封建土地所有制，阻挡了欧洲其他国家的武装干涉，在很大程度上推动了法国大革命的发展。但由于其主张恐怖政治，并镇压异己，在热月政变中被推上断头台。

一惊，这是因为法国人可以在夜间行军。旧式军队在扎营时一定有卫兵看守，以防他们的士兵开小差。雅克·安托万·伊波利特·吉伯特伯爵在1772年颇有先见之明地写道：

假设欧洲出现了一个民族，这个民族的天才、资源和政府都很强大；这个民族拥有朴素的美德和一支全国民兵，加入了一项扩张计划。这是一个不会忘记自己的目标的国家，一个知道如何廉价地发动战争并以胜利为生的国家，一个不会因经济需要而放下武器的国家。我们将看到一个这样的民族征服邻国，推翻他们软弱的宪法，就像北风吹动脆弱的芦苇那样。

最终，法国人被击败了，有一部分原因是他们激起了别人的情绪，而这种情绪正是法国自己掌权的原因。被法国侵略过的西班牙、普鲁士和俄国并不感激法国用剑授予的自由，于是法国人发现自己面临着觉醒的、各式各样的民族主义和民族抗战。

在拿破仑战争结束后的一个世纪里，新、旧民族主义把从未认为自己是"国家"一员的人民团结在一起，他们有着共同的文化、语言、历史、宗教、习俗等，而从盛行的种族理论来说，他们还有共同的生物学特征。教育和通信的改善有助于推广使用一种国家语言。18世纪，法国境内的大多数人讲布列塔尼语、朗格多克语或当地方言，到了19世纪末，大部分人讲法语。国家史（所有欧洲学校都教授国家史）创造了国家故事和神话，其中既有光荣的时刻，也有屈辱的时刻。民族主义也会用宗教的语言和肖像来打扮自己。波兰或塞尔维亚将像受难后的耶稣一样重新崛起，现在的牺牲会在将来把天国带到人间；而有组织的宗教，例如波兰天主教统治集团或塞尔维亚东正教，则热情地支持国家作为回报。在第一次世界大战中，各个参战国的基督教、伊斯兰教等相关宗教的信徒，都呼吁他们的神来帮助他们。伦敦主教在1914年的致辞中说"杀死德国人"，"杀死他们不是为了杀人，而是为了拯救世界，既杀好人也杀坏人，既杀年轻人也杀老人……"

战争往往被视为国家崛起过程中不可或缺的一部分，人们甚至将其神圣化，而军队则套上了特殊的光环，扮演了战争的捍卫者和救世主的角色。正如法兰克福议会的一位议员在1848年所说的那样，这是以欧洲各地民族主义起义为标志的一年，"单纯存在着并不能赋予一个国家政治独立性：它只不过是一种在其他国家中宣告自己是一个国家的力量而已"。德国历史学家海因里希·冯·特赖奇克[1]的公共演讲和著作在第一次世界大战之前广受欢迎，他认为战争不仅创造了国家政权（state），也创造了国家民族（nation），用共同事业将人民焊接为一个整体（即使人民不愿意像许多碎金属那样被焊接在一起）。威权政府经常利用战争来团结人民、对抗共同的外部敌人。他们还发现这是一个方便的借口，可以用来打击持不同政见的人以及他们眼中危险的革命者。包括威廉二世在内的保守党人在1914年之前就渴望解散议会，但令他们震惊的是，社会党在议会稳步地获得席位，最终彻底废除了宪法。1914年，由于德国开战，总理不得不出面干预，阻止威廉和他的支持者对社会党下禁令的行为。这是一个明智的决定，不仅让最大的单一政党社会党代表投票支持战时信贷，而且由于工人阶级争先恐后地对战争表示支持，德国团结一致地步入了战争。

对许多民族主义者来说，战争是国家的助产士，给予国家活力和生命。墨索里尼宣称，"只有战争能使人类的能力达到最高水平，能在敢

---

1. 海因里希·冯·特赖奇克（Heinrich von Treitschke，1834—1896），德国历史学家、政论家，普鲁士学派主要代表之一。

于从事战争的人身上打上高贵的印记"。事实上有人认为，一个没有准备为自身生存而战的民族可能不配继续活下去。第一次世界大战前，英国一家著名军事期刊上的一篇文章写道："战争不是一种宏大的自然计划吗？通过这种计划，堕落、弱小或有害的国家将被排除在文明国家的一致行动之外，并被那些强大、生机勃勃且具有良好影响力的国家同化。"于是在19世纪（今天也仍然如此），人们常常用"阉割"或"去势"这样的字眼来形容战败。1945年，当纳粹最高领导层拒绝采取任何可能挽救德国人生命的措施时，法国革命者认为公民对国家和民族负有义务的"全民皆兵"假设到达了可怕的巅峰。当红十字国际委员会建议在柏林设立安全区，让平民聚集在那里躲过即将到来的战斗时，德国武装部队参谋长轻蔑地拒绝了这一提议。这只是为了考验德国人民的抵抗意志："妥协将是走向软弱的第一步。"最终，成千上万的德国军人和平民因此丧生。希特勒在他的地下室里死去，狂言道是德意志民族辜负了他。国家政权不再属于国民，而是相反。

　　民族主义起到了激发战争的作用，它也像在旺代省那样，造成了对敌人的妖魔化，无论是军队还是平民，他们都被视为对正义事业的威胁、阻碍国家实现目标的障碍。当谢尔曼将军在1864年出海的途中开辟了他的毁灭之路时，他说："我们不是在与一支敌对的军队作战，而是在与一个敌对的民族作战，我们必须让老少贫富以及他们有组织的军队感受到战争的残酷。"在普法战争中，任何拿起武器反抗入侵的法国平民都不再被德国人视为平民。此外，整个社群都可能受到惩罚。正如普鲁士总参谋长冯·毛奇将军（通常被称作"老毛奇"，以此来同他那能力较弱的侄子做出区分）命令的那样，"处理这种情况最有效的方法就是摧毁相关的房屋，或者在参与程度更高的地方，夷平整个村庄"。1870年至1871年的冬天，一名德国军官对德法之间的相互仇恨及其对自己部队的影响感到震惊万分。"骇人听闻的以暴制暴行径让人联想到三十年战争。"在冯·毛奇的总部，曾在内战中破坏了谢南多厄河谷的美国将军菲利普·谢里登提出建议，一旦敌军被消灭，就必须给平民造成巨大的痛苦，让他们乞求他们的政府创造和平："人民什么都没有了，只能眼睁睁地为战争哭泣。"

平民往往比军队更为暴烈。伟大的普鲁士首相奥托·冯·俾斯麦的妻子曾是一位普通的德国家庭主妇，她却大叫着法国人应该"被枪杀，被刺死，连小婴儿都别放过"。几年后，在最后一次公开演讲中，冯·毛奇警告说在他的努力下，新的战争种类已经出现。他说，"内阁"战争（统治者为了有限目的而决定的战争）的时代已经结束，"我们现在拥有的只是人民战争，任何谨慎的政府都会对是否应该发动这种性质的战争感到犹豫，其后果是无法估量的"。他接着说，列强会发现很难终结这种战争或是承认战败，"先生们，这可能是一场7年或30年的战争，把第一根导火索引向火药桶，把欧洲点燃的人大祸临头了！"

民族主义者为这个火药桶提供了动机，工业革命则为其提供了手段。由于生活条件变得更好，人口在不断增长，这意味着出现了更多潜在的士兵，从靴子到刺刀，新工厂可以生产出数百万件他们需要的东西。从前，武器的生产制造受到限制，因为它们是由熟练的工匠用手工制作的。如今，标准化、机器生产的可互换零件和装配线的引入使得枪支可以被大规模生产，就同装饰着日益壮大的中产阶级的客厅的廉价钢琴一样唾手可得。军事历史学家霍尔格·赫维希曾计算过，在19世纪上半叶，作为普鲁士最大的军火制造商之一的工匠需要花费30年的时间才能为当时普鲁士军队的32万人制造出足够的枪支，但到了1860年，一家法国军火制造商已经可以只用4年便生产出100万支枪支了。

　　1860年，在温布尔登公园安静的空地上，维多利亚女王拉下线绳扣动了新的惠特沃斯步枪，为全国步枪协会举行了开幕式。她击中了400码以外的靶子。膛线枪管使枪支的射击更加精确——对小型武器和大炮来说都是这样，而经过改进的冶金技术意味着它们可以容纳威力更大的炸药，能够以更大的威力将致命的球状物和炮弹发射到更远的距离。随着弹药筒、子弹和炮弹取代了几个世纪以来使用的射弹、火药和填塞物，士兵们接受更少的训练便可以更快地为步枪和野战炮装弹，从而更频繁地发射弹药。到19世纪60年代末，法国军队装备了夏塞波步枪（"夏塞波"并非古老的狩猎术语，而是发明者的名字），它可以瞄准1600码外的目标，即使装单发子弹，每分钟也能射出6发。弹匣里预装了子弹，增加了射击速度。在美国内战中，一个干练的士兵拿着步枪和弹匣，可以在每分钟内开16枪。到了19世纪末，能在一分钟内发射上百发子弹的机枪出现了。据报道，一位法国将领在一战中经历了旷日持久的凡尔登战役后说："三个人，一把机枪，可以阻挡一个英雄营。"如今，著名的卡拉什尼科夫步枪每分钟可以发射600发子弹，射程远超半英里。

　　19世纪的战争中，另一个重大变化是：以前军队徒步行军的地方，出现了机械化的运输方式——不过，在铁路终点走下火车后，若是没有卡车，士兵们依然得徒步行军。工业革命之前，军队仿佛蝗虫一般，一旦把眼前的一切吃光，就必须继续前进。拿破仑军队的规模就像亚历山大大帝或腓特烈大帝的军队规模一样，始终受到可以携带或搜寻到的食物、弹药等供给的限制。当士兵们在俄国饿死或冻死之时，拿破仑便失去了他大部分的伟大军队。而后来，因为有了火车和轮船，军队可以以更快的速度移动更远的距离，而且随着新补给源源不断地到来，军队在战场上的停留时间也更长了。

海上战争的变化同样巨大。为防万一，英国海军还是把帆挂在了他们的第一艘蒸汽动力船上，蒸汽机和新型涡轮机使得船只更可靠、更灵活、更快。现在，煤炭与遍布世界的煤站，以及后来的石油成为重要的战略资源和目标。新技术使船只可以装备装甲——最初是安装在木头上的，还有更重的火炮。人们发明了可以360度旋转的炮塔，这意味着船只不再只能朝舷侧开火——那会使整个船身暴露在敌人的火力下，它们也可以向船头和船尾开火。尽管一些海军军官坚持认为完全由金属制成的船只会沉没，但到了19世纪末，全世界的海军都在建造钢船。1906年，5万人聚集在朴次茅斯船坞前，"无畏"战舰在英国爱德华七世的指挥下首次入水航行，它是有史以来最大的海上战舰。《每日邮报》的记者评价说："巨大的金属块滑入大海，如此平稳，无声，速度均匀，让人联想到一只优雅的鸟儿，正缓缓降落在属于它的大自然中。""无畏"战舰比包括德国海军在内的其他任何海军拥有的船只都要重，航行的速度也更快，这正是关键所在。（这就是欧洲经济一体化的表现，它是由德国克虏伯公司提供的最棒的钢铁制成的。）它携带了5000吨装甲、10门12英寸[1]的火炮（这个尺寸是指炮口，意味着它们发射的炮弹确实非常大）以及很多小型火炮。它的问世立即使其他海军的战舰显得过时，因此尽管不情愿，其他大国也不得不效仿建立自己的版本。舰炮的射程越来越远，从第一次世界大战时的10英里到第二次世界大战时的18英里，这意味着各国海军可以在不相见的情况下交战。不可避免的是，各国海军也在争先恐后地寻找反击对策——从用于追捕更重、更慢的船只的快速驱逐舰到水雷。和陆地战争一样，海上战争也进入了新的维度。随着潜艇的出现，海战越来越多地在海洋深处进行，不仅针

---

1. 一英寸约为2.54厘米。——编者注

对敌舰，同样针对海运。到第一次世界大战结束时，理论界开始将飞机作为发现和击沉敌舰的一种方式，第一艘航空母舰[1]建造于20世纪20年代以前。

工业革命带来的变化不是一夜之间发生的，随着各个社会及其军队学会使用和组织他们可以支配的资源，一路上发生了许多灾难。1859年，伟人拿破仑的侄子派遣一支庞大的部队前往意大利与奥地利作战。他们到达奥地利时却没有任何毯子、食物和弹药。他承认这种情况"与我们该做的正好相反"。1904年至1905年，俄国在与日本的战争中也经历了同样的困难，当时糟糕的计划使横贯西伯利亚的铁路陷入混乱，关键的物资只能浪费在铁路线上。

然而在1914年夏天，德国能用2万辆火车把200万人、118.9万匹马和他们的所有装备运送到比利时和法国北部的西部前线，出现的故障屈指可数。在1914年8月的前两周，拥有54节车厢的德国列车，每10分钟一班，从科隆的霍亨索伦大桥上跨过莱茵河，驶向法国边境。普鲁士政府和1871年后的德国政府遵循军方的意愿修建了铁路网，以便部队和物资能被迅速运达边境。新铁路只有在组织得当的情况下才能发挥作用，德国人也是最早意识到这点的人之一。德国最先开创了总参谋部，这是调动大规模新军队所必须具备的"大脑"。一个19世纪的笑话说，欧洲有5样完美的东西：天主教教廷、英国议会、俄国芭蕾舞团、法国歌剧院和德国总参谋部。总参谋部由聪明而有抱负的军官组成，它因最初普鲁士为了对付拿破仑而进行的一次小小的实验而构建，后发展成为1905年拥有800人的专业而有凝聚力的机构。重点的铁路路段配有80名工作人员。在1914年担任铁路主管的格罗纳将军全身心地投入铁

---

1. 1917年3月，英国海军将"暴怒"号巡洋舰改装为世界上第一艘搭载常规起降飞机的航空母舰。——编者注

路线和交叉路口的事务，甚至在和新婚妻子度蜜月时都忙着一起绘制铁路时刻表。总参谋部的职能是收集敌人的情报，而最重要的职能则是制订取得胜利的计划。参谋们无所不学，从研究堡垒到了解它们的优点和缺点，再到研究美国马戏团，学习如何将大量的人力、动物和设备调动到远处。这些计划年复一年地经受测试、修改和再测试。

现代战争迫使整个社会变得更有组织性、可以更好地调动资源，否则就有可能面临失败的风险。1917年，也许沙皇政权被推翻的关键因素在于它无法为前线提供军队并养活国内的城市。17世纪的塞缪尔·佩皮斯预言，官僚机构将在现代日益壮大。即使在和平时期，政府考虑为战争做准备时，也在稳步增加对社会的控制。

日益壮大的官僚机构积累了统计数据，并做出了更好的记录，因为政府需要知道如何找到所需的资金、资源和人员，他们同样也需要获取这些东西的手段。在19世纪，许多国家采用了人口普查的方式，因为它可以提供各式各样有用的人口统计资料，尤其是符合参军年龄的男性人数。

如今我们把公民身份与公民身份文件看作习以为常的事物，但在19世纪，政府往往不知道有多少公民、谁又有义务为国家而战。于是有新的法律法规对此做出了规定，如1842年以后，普鲁士符合参军年龄的男性未经允许不得移居国外。在法国乡村，人们认为征兵剥夺了当地宝贵的劳动力，是不公平的，因此年轻人的姓名往往不会出现在官方报告上，必须得有一个官员前来亲自清点人数。如果应征入伍的人没来报告（这种事经常发生），就必须派人找到这个失踪的人。此外，政府改善公共卫生、饮食、生活条件和教育的动力也在很大程度上来自对健康新兵的需求。

20世纪60年代，当我在英国读书时，我一直不明白为何所有酒吧到了下午都会关门。原来，当局对下午几个小时的时间做出了规定，以确保工厂工人不至于因为喝太多酒而错过下午的工作；直到20世纪80年代末，许可法案被最终修订之前，人们一直生活在这项法规的影响之下。现代战争的到来让政府加速了对社会的控制并扩大了其控制的程度。工厂被征用了，原材料被运往最需要它们的地方，采矿业等关键行业的熟练工人未经允许不得转岗或入伍。科学家在战争中一直很重要——想想阿基米德和达·芬奇的作品吧，越来越多的政府通过设立专门的研究中心、补贴产业或是向大学提供研究资助，将科学用到战争之中。在希特勒的众多错误之中，有一个就是低估了科学的价值，而德国一度在该领域引领世界。纳粹政权忽视了基础研究，让一些最优秀的科学家加入战争，不仅浪费了他们的专业知识，还总是让他们在战场上丢掉性命。纳粹还驱逐了犹太科学家，其中就包括阿尔伯特·爱因斯坦，结果是流放者将他们的智慧献给了德国的敌方。若非这些难民科学家的努力，同盟国不可能如此迅速地研制出原子弹。或者，有一种令人毛骨悚然的可能性是，除了种族政策之外，希特勒也已经掌握了这项技术。用于研制原子弹的"曼哈顿计划"是将科学用于军事目的的独一无二的伟大例子，但战争确实刺激了各国对大量新武器和新技术的研究。特别是英国和美国，二者召集了数百位科学家参与从雷达到火箭的各个项目。有史以来第一次，被称为"运筹学"的研究被用来计算特定设备或策略的功效、成本和收益。

英国食品部发明了一种用于蛋的喷雾干燥装置，与强大的新武器相比，这种装置乍一看显得微不足道。第一次世界大战中，一位英国工程师炸毁了罗马尼亚的油井，从而阻断了向同盟国输出石油，这样的英勇事迹为战争的历史留下了一个有趣的注脚。然而，这两个现象都指向了现代战争的另一个重要部分：提供资源，以此来供养或维持己方的战事；通过破坏、直接攻击或封锁等方式阻止对方获得资源。德国将领埃尔温·隆美尔[1]说："一支军队要经得起战争的考验，首要的条件就是要有足够的武器、汽油和弹药储备。事实上，这场战斗是由军需官在射击开始前就已经进行和决定了的。"拿破仑试图阻止不列颠群岛和欧洲大陆之间的贸易，迫使英国结束敌对行动；英国人则以他们一向喜欢的海军封锁战略作为回应，且在第一次世界大战中又对德国试了一回。没有了诸如食品或天然磷酸盐等在制作化肥时至关重要的产品，德国的经济状况越来越难以维持战争。德国也做出了回应，针对使用英国港口的英国船只和中立船只进行无限制的潜艇战，就像它在第二次世界大战中做的那样。尽管德国对其占领的比利时大肆掠夺，而后又在1918年通过与俄国的和平得到了乌克兰的小麦和矿产，以此弥补了在需求方面的部分短缺，但它在资源方面永远无法与协约国相匹敌。在1941年太平洋战争爆发之前，美国官方下达禁令，禁止将金属和石油出口给日本，这些产品都是日本十分依赖的。尽管日本人选择打响战争并企图在一段时间内扫除摆在他们面前的所有抵抗力量，但从长远来看，他们也耗尽了自己的资源——因为美国的轰炸机、驱逐舰和潜艇击沉日本船只的速度远远超过了这些船只补充的速度。

食物一直是战争中的一个关键前线资源。围攻的军队指望"饥饿"为他们带来帮助，迫使驻军投降。正如拿破仑说的那样，军队要填饱肚子才能前进，阻止他们获取食物一直是战争中的一种策略。就像罗马将领费比乌斯·马克西姆斯通过扰乱食物补给线来削弱汉尼拔军队的实力那样，俄国人则采取焦土政策，摧毁自己的庄稼和牲畜，以此来对抗拿

---

1. 埃尔温·隆美尔（德语：Erwin Rommel，1891—1944），纳粹德国著名陆军将领、军事家、战术家、理论家。在二战时期担任进攻法国的第七坦克师师长，且在北非战场指挥德意联军。

破仑、希特勒等侵略者。随着战争的覆盖范围越来越广，在维持战争方面，喂饱本国的后方民众变得至关重要。到第一次世界大战结束时，许多德国人，特别是城市里较贫穷的阶层正在忍饥挨饿，绝望的家庭主妇们敲打着空空的锅碗瓢盆上街游行。后来，德国最高指挥部将这种行为定义为"背后捅刀子"的一部分，认为这使德国部队无法继续战斗。造成粮食短缺的部分原因是英国的封锁行为，但这也是德国政府的低效计划和无效配给造成的结果。在两次世界大战中，英国成功地提高了粮食产量，确保了更公平的分配。在第二次世界大战期间，英国人在牧场和公园进行耕种，使可耕地数量翻了一番。他们以牺牲畜牧业为代价，把重点放在小麦、土豆等农作物上，提高了英国人饮食中本土食品的比例。严格的政府管制行为意味着稀缺的航运被用于肉类、奶酪等高热量食物上，而非糖、坚果或新鲜水果。我父亲曾是加拿大海军的一员，当他首次在英国下船，准备与他英国的岳父岳母见面时，他带了一大把香蕉当作礼物，这是他在船只驶过巴拿马运河时捡到的。火车上同行的乘客们敬畏地看着他，请求只让他们闻闻这些水果的味道就好。然而，就算大多数英国人在整场战争中都见不到一根香蕉或一个橘子，只能吃极少量的糖或黄油，还有一些奇怪的菜肴，他们的饮食也足以令他们保持健康了。

战争，特别是大规模的长期战争，开销巨大，而且代价昂贵得可怕。事实上，在第一次世界大战爆发时，世界上大多数国家，包括欧洲交战国自己都认为随着资金和资源的耗尽，战争一定会在短时间内结束。各国迅速学会了如何管理和征用社会财富，其规模远远超出人们的想象。沃尔特·沙伊德尔估计，在第一次世界大战中，法国、德国或英国等交战国的国内生产总值在全球的所占份额增长了6倍到8倍不等。到第二次世界大战中期，德国将相当于国民生产总值73%的资金用于战争。当和平到来时，各国政府并没有放弃积累的全部权力杠杆，也没有忘记从社会中获取资源带来的教训。税收当然没有回到战前的水平。事实上，1917年以后的俄国，包括它成为苏联后的一段时间里，列宁和他的继任者斯大林组织运行了一种"计划经济"，就像在战争中一样分配资源、指导劳动。

由于有了工业、技术和社会更好的组织方式，即使在和平时期，人们也有可能调动资源，各个欧洲国家发觉自己不得不建造更强大的武装力量，否则就会被邻国甩在后面。到了19世纪末，除了英国得以依靠海洋与强大的海军进行自我保护外，所有大国都实行了和平时期征兵制，迫使适龄参军的年轻人在规定时期内服兵役，而后继续在预备役中服役若干年。这意味着各国都有了庞大的军队，而一旦遇见危机，它们就可以组织起更庞大的军队。因此，保守主义者认为征兵制存在潜在的危险：对来自下层阶级的人进行训练很可能把武器交给革命者。人们也普遍认为，相比强壮的农村农民，来自城市的人更加虚弱，不易忍受困难和纪律。另一个问题是，更庞大的军队需要更多的军官，这意味着新兵的数量必须扩大，其成员构成不再仅限于占据军官阶级几个世纪的地主和贵族阶层。中产阶级的人习惯了舒适的资产阶级生活，他们也许拥有艺术或知识品位，但自然没有受过乡村的体育锻炼，也因此旧式军官会说，不能指望他们分享自己的价值观或愿意为国王和国家服务，死而后已。但事实上，许多这样的担心都是毫无根据的。1914年，法国政府预计，大约20%的预备役士兵在被召回服役时不会到位，但实际上没来报到的只有不到1%。中产阶级的男人非但没有用他们的价值观影响军官团，反而接受了贵族的价值观，而且服兵役往往会使普通士兵更加爱国。第一次世界大战前，一名德国将领敦促军官，要确保他们的士兵成为忠诚的臣民。他说，社会主义思想是一种疾病，一剂良好的军事训练就可以治愈它。如果听说了革命家列昂·托洛茨基——后来布尔什维克红军的缔造者,对军事训练的价值表示认同,这位将领可能并不会感到好笑。托洛茨基说,军队"是一所学校,在那里,党可以逐渐灌输道德上的坚强、自我牺牲和纪律"。

对具有等级制度的组织来说,变革从来不是一件易事,随着时间的推移,军队对诸如征兵制等创新做法持怀疑态度。英国军队一直允许年轻人花钱购买指挥权,不过早在很久之前,大多数欧洲大陆的军队已经因为效率低下放弃了这一做法。它使政府便于筹集资金并可以确保军队得到"正确类型"的人。(英国皇家海军从没觉得让富有的、没受过训练的傻瓜掌管昂贵的船只有何意义,这倒是合情合理的。)最终,这种做法在1871年被废除,因为当时由不称职的军官造成的灾难引发了太多公愤,已经严重到无法被忽视的地步,最臭名昭著的就是克里米亚战争期间,血腥而徒劳的轻骑旅冲锋。新武器往往同样受到怀疑。正如身穿盔甲的骑士们试图忽视弩、长弓和枪使他们过时的事实那样,在19世纪,最初,军官阶层的许多人十分轻视新的武器和战术,拒绝考虑应对之策。陆军元帅加尼特·沃尔斯利[1]爵士是一位令人敬畏的英裔爱尔兰人,在贯穿帝国的冲突中都有他服役的身影,他还在1895年至1901年间担任英国军队的总司令,并反对使用战壕,理由是部队会不那么情愿爬出战壕发动进攻。1903年,法国战争学院的一名教员、年轻的斐迪南·福煦[2]上校用简单的数学证明,两个进攻营对一个守势营需要发射两倍的子弹,所以赢得胜利需要的只是进攻方的数量是防守方的两

---

1. 加尼特·沃尔斯利(Garnet Wolseley,1833—1913),第一代沃尔斯利子爵,英国陆军将领。曾在缅甸、克里米亚半岛、印度、中国、非洲等多个地区领兵作战。于1895年获任英国陆军总司令,统辖全英陆军至1900年。
2. 斐迪南·福煦(法文:Ferdinand Foch,1851—1929),法兰西第三共和国时期军事家、统帅。

倍。在第一次世界大战中，作为协约国的最高指挥官，斐迪南·福煦打算对飞机置之不理，他说："所有这些都是运动而已。"

在那场战争之前（有时是很久之后），军队中的许多人继续把骑兵视为打仗的主要组成部分。1907年的《英国骑兵手册》说，必须接受这样一个原则，即步枪虽然有效，但不能取代马匹的速度、冲锋的吸引力和冰冷钢铁的恐怖所产生的效果。19世纪90年代，英国骑兵总督察认为，与那些悲观主义者所认为的相反，无烟火药给冲锋骑兵带来了优势。确实，新的火药有助于隐藏士兵，他们的武器不再散发浓烟，但由于如今的战场已经不再像曾经那样笼罩着雾气，骑马者一路猛冲的景象，势必会挫伤守军的士气。绝大多数骑兵军官来自拥有土地的上层阶级，他们鄙视那些他们眼中的技术人员。在奥地利的军队中，骑兵把炮兵中的军官贬为"火药犹太人"，甚至炮兵军官自己也认为，骑术比技术专长更加重要。在骑兵抛弃他们的马匹，换上受人鄙视的新坦克和装甲车之前，很多人和很多马丢了性命。

反智主义是令军界许多人引以为豪的一件事。英国陆军参谋学院不顾高级军官的反对，在早期每年培养了少数军官。当一个时髦英国兵团的士兵想要申请时，他的军官同伴说："好吧，那我给你一个建议，不要告诉你的军官同僚，否则你会很不招人喜欢的。"霍拉斯·史密斯-多伦在第一次世界大战中成为英国最具战斗力的将军之一，他对自己在学院的时光记忆犹新："我在那里度过了两年，每一分钟都很享受。我不认为那里教了我们多少，但我们可以做大量的运动，也没有太多的工作。"他从未费心去找图书馆，但仍能通过期末考试。

然而尽管他们气势汹汹地吆喝，欧洲军队还是非常不安地意识到战争和他们周围的世界正在发生变化。他们亲眼看到了新国防力量的涌现，因为他们向欧洲和世界上发生重大冲突的地方派遣了观察员。如果他们抵制新技术，他们就会持更加开放的态度接受发展中的心理学。一方面是为了解决硬件带来的挑战；另一方面是因为他们招收了具有一定学历的新兵，对待他们的方式必须与对待文盲农民不同。应该如何激励士兵，这个问题当然可以追溯到和战争本身同样久远的时期，但在过去的两个世纪里，针对它的研究变得更加系统。军方请来了心理学家帮助他们找到最好的新兵，在训练和战斗中对他们进行测试，并试图了解人类在压力下的行为。不幸的是，在第一次世界大战之前，心理和动机常被视为对战场上增强的火力的解毒剂。正如路易斯·格朗迈松——这一时期法国卓越的军事理论家之一，在其关于步兵训练的经典著作中说的那样："我们被告知，心理因素在战斗中至关重要。但这并不是全部；准确地说，没有其他因素——纵观武器、机动性等，能通过激起道德反应来产生间接影响……人心是一切战争问题的出发点。"士兵们接受了如何在战斗中使用刺刀的训练，理由是这样可以使他们在面对敌人时有正确的决断力。与第一次世界大战杀戮场上的机枪和毒气做斗争，仅靠自己的决心和勇气是远远不够的。

尽管现代军队可能更愿意保持不融入社会阶层的状态，但它们也同样不得不考虑到社会中更广泛的社会和政治变化。战争或战争准备工作对社会提出了更高的要求，迫使社会发生变化，但这从来不是一个单向的过程。人民不是无能的乌合之众，只会等待某只强有力的大手来塑造他们；他们拥有思想和价值观，这些也塑造了军队的发展及其与社会的关系。正如我们所看到的，在19世纪和20世纪，民族主义助长了战争，使公民具有帮助自己国家的义务，但与此同时，公民开始对他们的政府的政策和决定产生更大兴趣，并主张他们有权制定或改变这些政策。

选举权的扩大是一个渐进的过程，首先是针对男性的——德国从

1871年成为一个国家时就拥有了男性普选权，在第一次世界大战之后，大多数女性获得了普选权，这些发展鼓励选民们留心他们的政府在做什么。免费公共教育、日益增长的识字率以及发行量巨大的廉价报纸的出现，意味着公众知晓新闻的机会大大增加，他们可了解的甚至远远超出了国家边界。而电报的出现——到1914年时，它已经像今天的互联网一样把世界联系在了一起，意味着国内民众在时刻关注着战争和国际危机事件的发生。在1853年至1856年的克里米亚战争中，一种新型的记者出现了，那就是战地记者。在这些记者之中，威廉·霍华德·拉塞尔[1]为《泰晤士报》所做的报道令英国公众既着迷又惊骇。英国人第一次意识到自己的军队有多么无能，他们的士兵受到了多么恶劣的对待。随后的公众抗议给军队带来了急需的变革，并为弗洛伦斯·南丁格尔及其同事改善军队医院和士兵总体健康的工作铺平了道路。

报纸和出版商意识到，战争很有利于销售。例如，在普法战争中，《伦敦每日新闻》的发行量增加了两倍。在世纪之交，时年24岁、雄心勃勃的温斯顿·丘吉尔在报道南非战争时一举成名并发了一笔财。战地记者和摄影师，如欧内斯特·海明威、爱德华·R.默罗、罗伯特·卡帕、迈克尔·赫尔、玛丽·科尔文等人已经成为现代的英雄。让人们见识到战争的恐怖会对国内产生重大影响，电视、电影和现在的社交媒体极大地增加了这样的机会。越南战争时，美国政府在舆论战中失败了，因为电视网络的晚间新闻和印刷品报道说服了大部分公众，使他们认为越战是既不正义又不光彩的。战争结束后，美国著名军事思想家哈里·萨默斯上校访问了河内。在与一位越南上校的谈话中，他说道："你要知道，你从未在战场上打败过我们。"过了一会儿，越南上

---

1. 威廉·霍华德·拉塞尔（William Howard Russell，1820—1907），《泰晤士报》记者，也是首位知名战地记者，新闻史学认为他的出现象征着专业记者的成熟。

校回答说："或许如此，但这也无关紧要。"民主国家的领导人总会对
下次选举加以留心，因此在延续不受欢迎的战争时遇到的困难格外多，
法国人在他们的中南半岛战争中发现了这一点。即使是苏联，也为20
世纪八九十年代在阿富汗既不成功且不受欢迎的战争付出了高昂的政治
代价。

公众舆论也可以起到反作用，将政府推向其并不想要的立场和战
争。海军和陆军联盟、退伍军人协会和国防工业在激起公众对增加军费
开支的要求方面展现出了高超的技巧。艾森豪威尔总统在1961年的告
别演说中警告说："在政府层面，我们必须保持警惕，防止军工联合体
获得无法证明其正当性的势力，不论它是否追求此势力。"作为一名将
军，艾森豪威尔总统知道他在说些什么。19世纪90年代，英国和德国
在南太平洋萨摩亚群岛的问题上处于对抗状态，这都要归因于公众舆论
的影响，尽管外交官和政治领导人实际上愿意促成一项协议。一位德国
外交官抱怨说："尽管我们大多数的酒馆政治家都不知道萨摩亚是一
条鱼、一只鸟，还是一个外国王后，但他们大声地说，管它是什么，
它曾是德国的，就必须永远属于德国。"1884年，查理·乔治·戈登
将军被英国政府派往喀土穆，营救因当地苏丹人马赫迪[1]领导的反抗埃
及暴乱而困在那里的埃及军队。首相威廉·尤尔特·格拉德斯通本不太
愿意参与其中，但舆论把这位奇怪的、有点疯狂的戈登当成了英雄，格
拉德斯通则受到了来自舆论的压力。尽管戈登接到了严格的指示，要求
他一完成任务就立即离开，但他不听命令，选择留下来，徒劳地试图镇
压苏丹人。结果他和他的小型部队被困在了喀土穆。戈登以他招摇的虔
诚、显而易见的无知和对自己是上帝派来拯救苏丹（无论用暴政还是宗

---

1. 19世纪，埃及总督征服了苏丹，在此进行残酷掠夺。1881年6月，马赫迪领导苏丹人民反
抗英、埃殖民统治，在1885年1月攻克喀土穆，建立国家。——编者注

教，或二者兼而有之）的坚定信念，巧妙地改变了喀土穆对他不利的舆论，这都要多亏他用电报发出的信件（至少到马赫迪的部队切断其联系前）。由于格拉德斯通对戈登感到震怒，他拖延了派遣一支成本高昂的部队前去救援的计划；然而，当全国各地的牧师为戈登祈祷时，当媒体谈论英国的耻辱并问"要戈登还是格拉德斯通"时，甚至当维多利亚女王也介入时，格拉德斯通被迫让步了。"戈登将军处于危险之中，你一定要设法救他。"她对陆军大臣说。他派了一支远征军，但到达时，戈登已经战死两天了。1896年，保守党政府派遣了一支远征军为戈登报仇，成千上万的苏丹人在随后的冲突中丧生，而英国最终也要对苏丹问题负责任。

政府和军队也学会了操纵舆论。在第一次和第二次世界大战中，参战各方都小心翼翼地控制着战地记者，以免过于现实的战斗画面削弱公众的士气。尽管美国军方允许记者在越南临时访问，但最终得出的结论是决不能再犯这样的错误。在与伊拉克的两次战争中，媒体都受到了严格的控制和管理。美国人可能从英国人的1982年福克兰岛战争中上了一课，当时的英国国防部不遗余力地阻止来自南大西洋的新闻，即使是无关痛痒的那些也一样。

这些年来，海军检阅、部队游行、军乐队演奏、战斗机表演等各种令人眼花缭乱的特技飞行表演都让公众感到愉快，因为人们会通过这些表演让公众为自己的军队感到骄傲，并愿意为此提供经费。当提尔皮茨上将在1914年之前着手建造德国的大舰队时，他最先采取的步骤之一就是建立一个专门负责新闻和军事事务的办公室。在接下来的几十年里，该小组游说了议会议员，组织了几十次公开演讲，分发了数千份传单，以确保每艘新战舰都在公众的喝彩声中下水。当英国通过建造"无畏"战舰来应对德国海军的挑战时，英国皇家海军发挥了自己的作用，通过获得公众支持赢得了必要的资金。1909年，在一场由海军开支和社会开支增加而引发的危机中，皇家海军把船只带到了伦敦的泰晤士河并举行了为期一周的焰火、模拟格斗和特殊的儿童节目表演，吸引了400万人的目光。

如今，在印度和巴基斯坦之间旧干道上的一个过境点上，每晚，高踢腿、重跺脚、跳旋转舞的两国士兵像机器人一样降下并折叠他们的国旗，这种荒谬的场面吸引了越来越多欢呼的人群，也成了YouTube（全球最大的视频网站，俗称"油管"）的大热门。这肯定是一种无害的乐趣吧，不然呢？这两个国家都拥有核武器，有着长期的冲突和相互猜疑的历史。而军国主义，无论它意味着把军队提升到社会中最高贵、最优秀的地位，还是把遵守军纪等军事价值观渗透到平民世界，都可能给民主社会带来麻烦。特别是在巴基斯坦，军队被视为国家的堡垒和保护者，基本上不受平民的控制和监督。在印度、克什米尔、阿富汗和中亚等有争议的领土上，三军情报局（ISI）为其恐怖组织提供了支持和资助，但它这么做却并不是为了这些国家或巴基斯坦自身的利益。还有消息称，巴基斯坦的某些将军已经将核技术出售给朝鲜。试图牵制军方的平民领袖很快就会下台，如果幸运的话，他们会被流放。在印度和巴基斯坦，平民政治都带有军事色彩，一些政党赞助准军事组织，其成员身穿制服，举旗游行，手持棍棒威胁对手。至于印度人民党，它看起来更像是由准军事组织印度民族卫队（RSS）赞助的。

第一次世界大战对欧洲社会产生了深远的影响，尤其是在战争结束后很长一段时间内，战时的价值观和组织仍得以延续。曾经的士兵组成了准军事团体，在某些情况下，例如波罗的海的德国"自由军团"或爱尔兰的"黑棕部队"，仍继续开展着小规模的战争，直到20世纪20年代中期之前，它们一直困扰着欧洲。德国的右翼份子满怀对"1914年精神"的怀旧情绪，人们相信，为了共同事业而奋斗的德意志民族已经消除了所有分歧。退伍老兵穿着军装游行，新的法西斯拥有自己的军装和队形，毫无疑问地服从他们的领导人，出征去打败他们的敌人。一名意大利法西斯分子说："对我们来说，战争永远不会结束。我们只是用内部敌人取代外部敌人。"

战争会在社会上留下军国主义的痕迹，但军国主义也会导致战争。19世纪的欧洲发出了一个警告：在长期和平的时期，当军队开始认为自己比整个社会更为优越，其中最优秀、最勇敢的那部分人则肩负着保护国家的特殊甚至神圣的使命，当军事价值观压倒平民价值观时，会有什么事情发生。在德国，一个有进取心的小骗子威廉·福格特在无意中揭露了军国主义对德国社会的影响，并对之嘲讽了一番。他穿着破旧的制服，在柏林对一批士兵行使指挥权并把他们带到了附近的克珀尼克镇；他在那里过得很愉快，他逮捕了市政府官员并获得了一大笔钱。尽管克珀尼克上尉最终被发现并被送进监狱，但他在许多反军国主义的德国人和德国的敌人那里成了一个民间英雄，并在讲述自己的经历时过着不错的生活。

然而他的故事强调的只是被德国军队占领的特殊地方。它只回答了德国皇帝及其官员的问题，他对任何来自议会的质询都很反感。尽管军方的史里芬计划促使德国致力于对法国和俄国的两条战线的战争并入侵比利时（而此前德国已承诺尊重比利时的中立地位），但德国总理特奥巴登·冯·贝特曼·霍尔维格直到1912年才了解这一点。当时他唯一的反应是，如果军方认为这一战略是必要的，那么他会尽他所能在外交上为其提供帮助。他对军队的崇敬程度如此之深，以至于当他第一次以总理的身份去议会时，穿的是他的上校军装。但后来，整个欧洲的统治阶级及其继承人都更加频繁地穿着制服现身了。说来也怪，德国皇帝威廉陶醉于他的收藏品，他对英国海军上将的制服感到特别自豪。大多数国家的小男孩都穿着军装上学并同军校学员一起学习行军，而小女孩则经常穿着仿制海员制服的连衣裙。随着年龄的增长，他们可以加入像英国童子军这样的组织，目的是让男孩们为他们的国王和国家服务；对女孩来说，她们则可以加入像英国女童军这样的组织，成为好妻子、好母亲和好护士。

军方自然了解，他们自己有着相当大的自由选择权。英国军队比大多数军队更容易受到平民的监督和控制，尽管如此，英国军队在与法国的一系列会谈中近乎做出承诺，一旦法国与德国开战，英国军队将会为法国提供援助。在德雷福斯事件中，总参谋部唯一的犹太上尉被错误地定罪为向德国出售法国的机密，但多年来军队一直拒绝重审此案。1913年，当德国士兵在阿尔萨斯的扎伯恩镇违反法律[1]，对平民做出恶劣行径时，军队的最高指挥部在皇帝的全力支持下拒绝承认有任何错事发生。最后，特奥巴登·冯·贝特曼·霍尔维格虽然了解了全部事态，但他仍走到议会为军队进行辩护。尽管，19世纪中叶，决斗在英国已经不再流行，但在欧洲大陆，甚至在法兰西共和国，军事当局都会为之撑腰，依然鼓励这种做法，理由是它可以鼓励军官们保持良好的战斗精神。第一次世界大战前夕，普鲁士战争部长冯·法尔肯海恩将军向总理抗议说："决斗的根源已在我们的荣誉准则之中深深扎根并继续成长。这一荣誉守则是宝贵的，对军官团来说，是不可替代的财富。"

战争常被看作一场规模宏大的决斗，对国家而言，荣耀与耻辱的语言也发生了转变。战斗是光荣的，投降是耻辱的，只有通过另一场战争才能消除这种耻辱。有一种观念由来已久，即战争不仅是理所当然的，

---

1. 指萨本事件。1913年10月，一名德国军官放任手下羞辱阿尔萨斯人，引发后者的示威抗议，但示威行动却遭军队镇压。——编者注

对于社会也是必不可少的，它是对人民及其国家的考验。例如，古罗马人就认为，一个共同的敌人对他们是有利的。正如古罗马历史学家撒路斯提乌斯在谈到罗马与迦太基的斗争时所说的："公民之间没有为荣誉或权力而发生冲突，对敌人的恐惧维护了国家的良好道德。"在今天的罗马，我们仍能发现这样的观念。美国前总统小布什在2006年的一次采访中说："战争是可怕的，但它在某种程度上揭示了美国人的核心思想，他们为了保护自己的灵魂，不屈不挠地自愿投入战斗之中。"19世纪，人们引入科学来解释战争带来的好处，特别是对达尔文的进化论进行了改编。社会达尔文主义[1]断言，各个人类社会在进化时的情况就仿佛它们是众多独立的物种，战争则是此过程中一个重要甚至必不可少的部分。这是对达尔文的误解，实际上并不科学。然而所谓"适者生存"决定着人类社会的命运，或者说每个社会都可能有一个掠夺者或天敌，这样的观点带来了巨大且持续施加的影响（其中当然也包括希特勒和他的党羽），也在现今继续影响着激进的边缘势力。

从值得收藏的带有伟大军事英雄照片的香烟卡片到男孩们的杂志，流行文化强化了战争和武装力量的特殊氛围和地位以及军事价值观对一个强大的社会的重要性。1913年，《新英国男孩》杂志的编辑自豪地将该杂志描述为"基本上可以说是一份由男人制作、为有男子气概的小伙子准备的报纸"。他说："毋庸置疑，其中充满了崇高的理想——热爱家乡和祖国，对于帝国之伟大的强烈感知，爱国主义和良好的同志关系，纯洁的身心，还有道德和身体上的勇气，以及对任何不真实、琐碎、卑鄙或残忍的东西的蔑视。"团队游戏灌输了正确的男子气概和团队价值观。童子军的创始人罗伯特·巴登-鲍威尔相信他们的训练有助

---

1. 19世纪后期所流行的将自然界的进化理论运用到人类社会的一种学说。——编者注

于培养领导能力和迅速做出决定的能力。他可能十分同意越战期间一名美国中学教练的观点，这名教练告诉一名学生他需要认真上体育课："你在这里接受的训练会让你在越南比那些呆子更有优势。"事实上，在维多利亚时代，战争常常被视为一种特别高尚的运动形式。颇有影响力的编辑和爱德华时代的书信体作家亨利·纽波特爵士在他的诗歌《生命的火炬》中以一场板球比赛作为开头，比赛中，年轻的击球手被敦促拼尽全力为他的球队赢得胜利，并在苏丹的沙滩上以鲜血作为终结，而如今这名男孩是一名军官，用"加油！加油！玩游戏吧！"召集大家。

士兵曾和狗、乞丐一同被禁止进入小酒馆，但如今在这种地方，至少很多时候，人们都对他们抱着崇敬之情。鲁德亚德·吉卜林[1]巧妙地捕捉到了那些普通士兵的声音，他对英国到底发生了多大的变化深表怀疑，因英国从未高度重视过自己的军队：

> 我去酒馆买一品脱[2]啤酒，
> 酒馆老板站起来说："我们不卖给士兵。"
> 吧台后的女孩们疯狂地咯咯笑。
> 我又走到街上，对自己说：
> 哦，都说"汤米这个""汤米那个""汤米走开"；
> 但乐队开始演奏时却说："谢谢你，阿特金斯先生。"
> 乐队开始演奏了，我的孩子们，乐队开始演奏了。

---

1. 约瑟夫·鲁德亚德·吉卜林（Joseph Rudyard Kipling, 1865—1936），英国作家、诗人，曾获1907年诺贝尔文学奖。代表作有《丛林故事》《老虎！老虎！》《吉姆》。
2. 品脱，英美计量体积或容积的单位，用作液量单位时，英制约等于0.57升，美制约等于0.47升。——编者注

哦，乐队开始演奏时却说："谢谢你，阿特金斯先生。"

在英国，海军受到人们的尊敬，是这个国家的盾牌。纽波特另一首著名的诗是关于伊丽莎白时代伟大的船长弗朗西斯·德雷克爵士[1]的，人们大多认为他会在需要之时再次来拯救英国，正如诗的最后一节所承诺的：

德雷克，他待在他的吊床上，一直到伟大的舰队到来（上尉，你睡在下面吗？），

在阵阵枪声中，聆听鼓声，

那是普利茅斯[2]时代的梦想。

在深海上呼唤他，在鼓声中呼唤他，

在你们扬帆迎敌时，呼唤他，

旧贸易展开的地方，旧旗帜在飘扬，

他们将发现他迎面走来，就像很久以前那样！

在对爱国主义令人激动的高呼中存在着一种恐惧，这样的恐惧在其他时代肯定也存在，那就是如果战争的考验到来，社会可能无力面对它。19世纪末的发达国家和今天的一些国家一样，担心现代人在道德和身体上都比祖先脆弱。当英国人要求志愿者参加南非战争时，当局和大部分英国公众都对这些人差劲的身体素质感到震惊。无论是因为城市

---

1. 弗朗西斯·德雷克爵士（Sir Francis Drake，约1543—1596），英国探险家、著名海盗，据说他是麦哲伦之后第二位完成环球航海的探险家。英国有首童谣《德雷克之鼓》（*Drake's drum*），大意是说如果英国蒙难，只要德雷克的鼓声响起，他就一定会回来为英国解难。
2. 临着英吉利海峡的英国主要商港和军港。——编者注

化、过多的舒适度、太少像样的食物或新鲜空气，抑或是因为错误的教育，现代国家能制造出保卫自己的战士吗？威廉·巴尔克是德国领先的战术指南的作者，他宣称现代人正在丧失自己的身体和精神力量："生活水平的稳步提高往往会增强自我保护的本能，削弱自我牺牲的精神。"1905年，一名年轻的保守派人士埃利奥特·埃文斯·米尔斯出版了一本危言耸听的小册子，题为《大英帝国的衰落和失败》。他谈论的主题包括"城市生活对乡村生活的超越及其对英国人民的信仰和健康造成的灾难性影响""苛捐杂税和市政奢侈"和"英国人无力保卫自己和帝国"，他还经常提到罗马帝国的衰败和灭亡。（日本人购买了一份特别版本给他们自己的学校使用。）第一代沃尔斯利子爵加尼特·沃尔斯利也不喜欢英国社会的变化，他认为如今的人过于重视芭蕾舞演员和歌剧演员，这是一个坏迹象。男性似乎越来越没有男子气概，而女性则越来越没有女人味。在法国，人们普遍对生育率的下降感到担心。一位著名的德国知识分子对一位法国记者说："一个男人不想当兵、女人不想生育的民族是失去了活力的民族，注定要被更年轻、更具活力的民族所统治。"军方计划在1914年前进行简短的决定性战争，其中的原因之一是，军方和许多平民领袖都担心，现代社会会在长期的战争中分崩离析。

事实上，这样的担心在很大程度上是错误的。有关第一次世界大战的一大主要谜团是，为何士兵和平民可以忍受这场战事如此之久。俄国，这个列强中最脆弱的国家，一直坚持到1917年，其余国家则蹒跚而行直到1918年。诚然，的确存在着兵变和个人抵抗行动，但欧洲的陆军和海军却再次团结在一起。对此有一种解释，或许是军事价值观已经缓慢地渗透进了平民社会之中，使许多欧洲人为战争做好了心理准备。此外人们还怀揣着一种希望（尽管在未来回望时会发现，这不过是个悲剧的错误），他们希望战争成为各项事宜的伟大裁决者，或许可以为以后带来更加平静的日子。即将到来的风暴——空气中的沉重、突然而至的闪电、雷声和短暂而凶猛的暴雨，将带来紧随其后的新鲜空气和蓝天。

第**5**章

打造战士

但真正可以称得上勇敢的人，是那些最懂得生活中甜蜜和可怕的含义，而后毫不犹豫地走上前去迎接即将到来的一切的人。

——伯里克利

两次不同的战斗。按空间划分，一次在欧洲，另一次在美国；按时间划分，两者大约相距400年。第一次战斗几乎没有用到枪，任何尺寸的枪支都没有，但在第二次战斗中，士兵们有了自己的枪支和野战炮。在两次战斗中，士兵们都有刀和剑，而且两次战斗中都有骑马战士参战。这两次战争都是内战的一部分，其结局都对历史产生了影响；同时，两次战争都创下了流血的纪录。我们很想知道，双方是如何走到公开冲突这一步的。我们还想知道，战斗（参战的几乎都是男人）是如何开展的。他们是如何站在那里，一小时又一小时地面对死亡的。或者，他们是如何让死亡的命运降临到他人身上的，有时在远处用箭或枪，但通常是近距离的肉搏战。

1461年3月29日，当天是棕枝主日[1]，两支军队在一场暴风雪中相遇在位于约克[2]古城东南方向约10英里处的陶顿小村庄外。这场战役是一系列复杂的王朝政治斗争中的一场，被称为"玫瑰战争"。战争关乎哪支贵族家族将会统治英格兰，是约克还是兰开斯特[3]；但是除此以外，像通常情况下的战争一样还涉及许多其他问题，包括普通英国人的不满、国家应该建立怎样的政府的分歧等。那天大约有5万名弓箭手、步兵和骑马的骑士参加了战斗，按报道的话说，他们一直打到奔流的河水被鲜血染红为止。最后约克一方的增援军到达，兰开斯特一方溃败而逃。许多人被胜利的约克族人砍杀，倒在了后来被因此称作"血腥草地"的地方；其他许多人则在恐慌中踩死了战友，还有更多人淹死在附近的河里。

在莎士比亚的一部历史剧中，有一位落败的国王——亨利六世，他将这场战争与大自然不断变化的命运相比较：

这一仗打得好像破晓时分白天和黑夜交战一样，快要消散的乌云还在抗拒着逐渐展开的曙色；这时分，牧羊人吹暖自己的指头，说不出究竟是白天还是黑夜。

这一仗好似大海一般，时而涌向这边，时而涌向那边；一会儿潮势胜过风势，海水涌了上来，一会儿风势压倒潮势，海水又退了下去。时而是潮水占了优势，时而是风力当了主人。

这交战双方，也是时而此方得利，时而彼方领先，彼此面对面，胸

---

1. 棕枝主日，Palm Sunday，复活节前的星期日。——编者注
2. 约克（York），英国英格兰东北部的城市。
3. 约克家族代表经济发达的南方封建主和新贵族，其家徽为白玫瑰；兰开斯特家族代表北方大贵族，其家徽为红玫瑰。1485年兰开斯特家族远亲亨利·都铎夺得王位。——编者注

碰胸，逞胜争强，可谁也不能把谁击败。

这场恶斗就形成两不相下的僵局。[1]

亨利逃往法国，胜利的爱德华四世登上王位，直到1470年，战争命运中的另一次变化使亨利再次归来——虽然这次归来是短暂的。尽管今天的大多数人都不太清楚玫瑰战争的细节，但陶顿之战却成为英国有史以来最血腥、规模最大的一场战争。据估计，可能有多达2.8万人死亡，还有更多人在战斗结束后受伤或被处决。考虑到当时英国的人口有200万左右，而现在大约有5600万，同样比例的死亡人数放在今天将是78.4万左右。

4个世纪后，在1862年9月17日一个温暖的秋日，在远离陶顿的一个大陆上，又有5万名士兵在北美马里兰州西部的安蒂特姆河附近发起了战斗。南方军队从8月开始进攻，闯入弗吉尼亚州并赢得了一连串胜利。北方军队处于守卫状态，他们的领导人显然无力保护自己的领土。9月初，罗伯特·E.李将军率领他的南方军队北上马里兰州，这样他便能威胁东南部的华盛顿，以及北部的宾夕法尼亚。在美丽的马里兰州乡村，丘陵起伏，森林密布，河流纵横，北方军队缓慢地向李发起挑战，他们的人数有3.8万人，超过了李的1.2万人，但李显然没有到寡不敌众的程度。最后由于北方军队的失误，李侥幸取胜了。

从日出开始，战斗在一条由北向南的宽阔战线上展开，与陶顿不同的是，我们拥有当天目击者的记录。威斯康星州第六志愿步兵团的一名少校描述了在玉米地与南方军的第一次交锋："我们跳过栅栏，向前推进，装弹，开火，一边前进一边喊叫。我们兴奋得歇斯底里，迫不及待

---

1. 出自《亨利六世·下篇》的第五场，朱生豪译。——编者注

地往前冲锋，不顾及生命，除了胜利，不顾及任何事。"叛军——他这么称呼他们——为了生命逃之夭夭了。"他们中的很多人在翻越收费公路上的高柱和围栏时被射杀了。"在其他地方，当北方军猛烈开火时，南方军在一条凹陷的小巷里坚持了4个小时。最后，幸存者们说，"血腥小巷"里的死者像地毯一样铺了满地，鲜血如河流般流淌。在伯恩赛德桥边，一小群来自佐治亚州的神枪手拖住了一支规模比自己大得多的北方军队，一直打到他们耗尽弹药开始用刺刀冲锋为止。这位北方军的将领选择了谨慎而非激进，他让后备队后退，让李将军及其部队得以在一天结束之际，井然有序地撤退。

1500名至2700名士兵死亡，据估计还有7700名至9000名南方军士兵受伤。北方军大约有2000人死亡，将近1万人受伤。北方军的将领约瑟夫·胡克（Joseph Hooker）描述了战斗结束后玉米地里的一幕："在我写下这些话的时候，北方的每一根玉米茎和大部分的田地都像被刀割过一样。"他接着说："死者排成一排，就像他们在几分钟前排成一排一样。目睹那样血腥、那样悲惨的战场景象从来都不是幸事。"安蒂特姆会战是美国在内战乃至打过的所有战争中最血腥的一场战争。对于北方军来说，虽然这并非明确的胜利信号，但它打消了南方军攻取马里兰州，或许还有华盛顿的企图。在此之后，林肯总统发表了他的《解放宣言》，其带来的结果可能也在某种程度上让英国不承认南部联邦。

然而，尽管南方的情绪在安蒂特姆会战之后十分沮丧，但其总统杰弗逊·戴维斯却说："我们已经调动了最大的力量，敌人才刚刚开始施展威力。"即便如此，南部联邦仍然持续战斗了两年半。早期的英国内战则持续了24年。

究竟是什么让男人（往往不是女人）即便在战役或事业看上去不乐观的情况下，还会卷入冲突并持续战斗呢？为何战斗能展现人性中最高尚和最卑鄙的一面？正如我们都对战争既着迷又厌恶一样，我们也对那些战斗的人——战士，持有同样的情绪。我们对他们既钦佩又恐惧，同时很想知道我们自己能否像他们那样做。我们感到困惑，究竟是什么令战士变得勇敢？如第二次世界大战中一位在中国的日本士兵所说的一般："即使在凝望中国死者之时，我也没有'顿悟'（satori）——我强迫自己看着他们，一直到觉得自己再也无法忍受为止。我仍然无法回答那个问题，即一个人的勇气究竟从何而来？""人们可以因无知而勇敢，"伯里克利在为伯罗奔尼撒战争中牺牲的雅典人发表的伟大葬礼演说中这样说，"当他们停下来思考时，他们就开始害怕。但真正可以称得上勇敢的人，是那些最懂得生活中甜蜜和可怕的含义，而后毫不犹豫地走上前去迎接即将到来的一切的人。"关于战争的诸多讽刺之一是，值得人们为之活着的东西也值得人们为之而死。

　　不论是否勇敢，个体参加战斗的原因都与包括国家在内的集体相同：为了利益，为了保卫自己，或是出于思想和情感的原因。我们还可以进一步拆分它们。人们列出了战斗的原因，尽管这份清单并不详尽：因为他们别无选择；保护他们的亲人或国家；出于荣誉感；害怕他们的长官；赢得他们尊重的人的认可；炫耀；测试自己；强奸和掠夺；为了荣誉；为了事业；为了他们的同志；为了领先于世界。在和平时期，参军的志愿者可能根本不想打仗，而是想见识世界或学习一门有用的手艺。英国军方曾经遭到严厉的批评，因为他们在征兵海报上展示热带海滩、滑雪场、教室，却没有暗示报名者可能会被要求冒着生命危险参加战斗。最近，有一名美国逃兵在申请加拿大的难民身份，他说这是因为当时他不知道参军可能会牵涉到打仗。

　　强大的国家——它们中至少有一部分是通过军事力量变强大的——往往简单地认为臣民是属于自己的，任何逃避这一义务的企图都等同于叛国。腓特烈大帝的父亲——普鲁士国王腓特烈·威廉一世，曾派人为他心爱的波茨坦巨人团寻找高大的士兵。在许多社会中，奴隶或战俘在面对战争时会被迫服役（斯巴达从不信任奴隶，只有自由人才能在其军队中服役。在伯罗奔尼撒战争中，斯巴达曾提出，让奴隶通过志愿服兵役来换取人身自由，但所有这样做的人立即被处决了，因为斯巴达想借此除掉这种危险的主动行为）。16世纪，基督教奴隶曾为奥斯曼帝国的伟大舰队划船，奥斯曼帝国的精英禁卫军队伍中也挤满了基督教男孩，他们被从各自家中抓来并被迫皈依伊斯兰教。就像之前的古罗马军团一样，禁卫军最终成为制造和破坏统治者的人，这种状况一直延续到1826年，在一支更现代化的新军队和枪支的帮助下，苏丹最终将他们摧毁。

现代战争将整个社会卷入其中，并且需要的是受过教育的士兵，不过在此之前，欧洲列强倾向于利用社会中最无足轻重的成员来填充自己的军队。莎士比亚笔下的大流氓福斯塔夫刚被哈尔王子任命为队长，他在游行中展示自己五花八门的新兵。王子大惊失色："我从来没见过这样可怜相的流氓。"福斯塔夫毫不介意地说："咄，咄！供枪挑，像这样的人也就行了；都是些炮灰，都是些炮灰；叫他们填填地坑，倒是再好没有的。咄，朋友，人都是要死的，人都是要死的。"[1]在18世纪的欧洲，罪犯甚至杀人犯常常会被给予一个选择——是被处决还是加入军队，但这基本不能被称为"选择"。贫穷或没有朋友的人只好被抓兵队抓到陆军或海军中服役。有时，正如法夸尔[2]的戏剧《招兵军官》表演

---

1. 哈尔王子与福斯塔夫的对话出自《亨利四世·上篇》第二场，朱生豪译。——编者注
2. 乔治·法夸尔（George Farguhar，1678—1707），英国喜剧作家，生于北爱尔兰伦敦德里，曾就读于都柏林三一学院。作品有《爱情与瓶子》《恩爱夫妻》《驿站马车》《招兵军官》等。

的那样，年轻人被灌得酩酊大醉，直到签字为止。有一个传说（甚至可能是真的）称，英国酒吧里的酒杯都是玻璃底，为的是让饮酒者可以确保无人往其中悄悄投硬币——接受"国王的先令"实际上等同于签署了参军合同。

对本国统治者来说，好的农民或熟练的工匠更有价值。腓特烈大帝说，他的普通士兵都是社会渣滓："懒汉、浪子、纵欲者、暴徒、不负责的儿子……"惠灵顿公爵称他的士兵为"土地上的败类"，即使在法国大革命后，这些人也在旧的方式下被召集入伍。当他们回到自己的土地上时，坟墓也没有标记。和平到来之际，许多英国人自豪地戴着被称为"滑铁卢牙"的假牙，这些假牙是战场上的拾荒者从死者身上取下的。1822年，一家伦敦报纸刊登了一篇文章，内容是在拿破仑战争的战场上，人们如何搜寻骨头——人和动物的骨头。数百万蒲式耳[1]的骨头被运到赫尔市，而后送入约克郡的碎骨机中，在那里强大的蒸汽动力机器使它们变成了粉末。"在这种情况下，它们被卖给农民，用来给土地施肥。"

即使最糟糕的战争也可能成为一种逃避。法国外籍军团一向以不强求告知真实姓名或不询问申请参军者的经历而闻名。第二次世界大战后，法国外籍军团招募了一些有法国名字的人，他们讲德语或意大利语，似乎颇为了解军事事务。贫穷一贯是人们参军的原因，不论是过去还是现在。如今，美国军队还会在贫穷的农村和城市地区大量招募新兵。在近代早期的欧洲，数量众多的雇佣兵都来自贫穷的地区，比如苏格兰、瑞士或爱尔兰，这种情况绝非偶然。服兵役或多或少地提供了固定的工资和食物，使他们拥有尽可能多的东西，如钱和女人。对那些极

---

1. 英语bushel的音译，英、美干量体积计量单位。1英蒲式耳约为36.37升，1美蒲式耳约为35.24升。——编者注

其坚定和幸运的人来说，战争为他们提供了一个提升社会地位的契机。在17世纪三十年战争中，最为臭名昭著的人物之一是恩斯特·冯·曼斯菲尔德，一位德国伯爵的私生子。他在替哈布斯堡王朝及神圣罗马帝国作战时脱颖而出，为了奖赏他，皇帝将他的身份合法化。虽然他仍然是一个天主教徒，但已将注意力转向了新教事业，部分原因似乎是他觉得哈布斯堡王室对他并不好，但也有个原因是他认为自己可能会获得更多的金钱和土地。一个世纪后，起初只是一名普通海员的塞缪尔·格雷格[1]由于在海战中的勇敢和成就，最终成为叶卡捷琳娜大帝最喜爱的海军上将之一。他精美的陵墓位于塔林大教堂，是女皇特别委托建造的。

　　战争还提供了另一种逃避的可能，那便是逃避平凡和无聊。在文艺复兴时期的欧洲，上流社会的年轻人会为了好玩而向某支军队提供服务。"我一直都是，"一个年轻的英国人自豪地说，"一个冒险家，由我自己负责……"他从未接受过某个公司的命令，也没有拿过薪水，因为他想随心所欲、来去自由。本杰明·哈里斯[2]曾在拿破仑战争中为英国人作战，他结束了在伦敦当店主的日子，成为一名步枪手、一名普通士兵。"就我自己而言，"他在回忆录中写道，"我只能说，在服役期间，我比以往任何时候都更享受生活；当我坐在苏豪区[3]里士满大街上的商店里工作时，回首在半岛战场度过的那段时光，我认为那是生命里唯一值得纪念的部分。"

---

1. 塞缪尔·格雷格（Samuel Greig），俄国海军上将，出生于苏格兰，在切什梅会战中脱颖而出。

2. 本杰明·哈里斯（Benjamin Harris），英国出版商、作家。1690年9月25日，本杰明·哈里斯在波士顿发行了美国历史上第一份报纸《国内外公共事件报》（*Public Occurrences Both Foreign and Domestick*）。

3. Soho，位于伦敦西部威斯敏斯特市。——编者注第一次世界大战前，英国著名的自由主义者古奇[1]写道："长期以来，我们对战争的现实产生了免疫，它削弱了我们的想象力。我们对刺激的热爱丝毫不亚于拉丁种族，但我们的生活枯燥乏味；胜利是人人都可理解的事，即便对我们中最卑鄙的那些人也是如此。"欧洲各地的许多年轻人都感受到了这种刺激的吸引力。年轻的法国人欧内斯特·普西卡里[2]已经因他在法国殖民地——非洲的历险经历而成了英雄，他厌恶和平主义，认为和平主义正在削弱法国。当欧洲的紧张局势加剧，他在战争前夕出版的一本名叫《呼唤武器》的书中对他描述的情况表达出热切的期待，他这样说道："走向武力大丰收的过程中，一种无法言表的恩典使我们沉醉……"他在次年8月被杀害。鲁伯特·布鲁克[3]，这位前途无量的年轻英国诗人说他渴望着"某种剧变"。他在战争爆发时便匆忙应征入伍，并在1915年去世前写下了一些诗，其中的一首中，他欣喜若狂地说：

> 现在，感谢上帝，他给了我们时间，
>
> 他抓住了我们的青春，将我们从沉睡中唤醒，
>
> 用坚定的手，清澈的眼睛，尖锐的力量，
>
> 如同泳者跃入水中，
>
> 在一个年老、寒冷、疲倦的世界里感到欢喜，

---

1. 乔治·皮博迪·古奇（George Peabody Gooch，1873—1968），毕业于剑桥大学，英国著名历史学家，曾任英国自由党议员、英国历史学会会长。
2. 欧内斯特·普西卡里（Ernest Psichari，1883—1914），法国作家、宗教思想者、士兵。19世纪法国著名哲学家、历史学家、宗教学家欧内斯特·勒南 （Ernest Renan，1823—1892）之孙。
3. 鲁伯特·布鲁克（Rupert Brooke，1887—1915），英国空想主义派诗人，一战时加入了英国海军，一年后病逝。战时创作的优秀诗歌被广为传颂。

离开那些荣誉无法打动的病态的心，离开不健全的男人，离开他们
下流又无趣的歌声，
离开所有爱的小空虚！

即使在和平时期，军队也可以提供诱人的前景——一个安全的世
界，在这个世界中有着明确的规则，而决策是由其他人做出的，至少对
那些低等级的人而言是如此。而且就像巡回马戏团或剧团一样，这个世
界也有着自己的价值观，只不过它往往与普通社会的价值观相悖。伟
大的文艺复兴哲学家伊拉斯谟[1]谴责了"士兵的邪恶生活"，在他的作
品中，他设想了一个修士与士兵交谈的情景。修士抗议了士兵的行为，
因为他抛弃了家人前去当兵，还屠杀了其他基督徒。修士问他："为什
么你如此贫穷？""你问为什么？"士兵回答，"我所得的一切，不管
是来源于报酬、战利品、亵渎、盗窃还是掠夺，我都把它们花在了酒、
嫖娼和掷色子上。"文艺复兴时期的士兵们通过蓄胡须、留头发、戴古
怪的帽子、穿花哨的衣服以及故意显摆超大号的遮阴布来凸显他们与平
民的不同。马基雅弗利评论说，当一个人成为一名士兵时不仅会"换衣
服"，"而且他的态度、礼仪、说话方式和举止都与平民格格不入"。
美国独立战争期间，纽约的居民向英国当局抱怨黑森雇佣兵得到报酬后
的举动："他们大醉三天，我们还得忍受烦人又糟糕的场面——打架斗
殴、击鼓拍掌、彻夜跳舞、玩牌、掷色子和在我们屋檐底下发生的一切
令人厌恶的事。"

想逃离贫困或惩罚会迫使人们参军，而其他人即使在战斗中也会受
到自身文化的鼓励和支持。包括宗教、民族主义在内的价值观和意识形

---

1. 伊拉斯谟（Desiderius Erasmus，约1466—1536），尼德兰人文主义者，有著作《愚人
颂》等。——编者注

态就像激励国家一样激励着个人。对那些在战斗中死去的人来说，宗教
向他们承诺了永生不朽或来世的奖励。20世纪80年代，在伊朗和伊拉
克的长期战争中（1980—1988两伊战争），数千名伊朗志愿者游行穿
过布满地雷的战场，他们相信自己死后会直接进入天堂，因为阿亚图
拉[1]是这么告诉他们的。有些人还随身带了钥匙，据说可以加速进入天
堂。伟大的白俄罗斯作家斯韦特兰娜·亚历山德罗夫娜·阿列克谢耶维
奇曾采访苏联妇女，她们都说自己别无选择，因为祖国遭到了侵略，她
们必须在第二次世界大战期间做志愿服务。布道、书籍、小册子、戏
剧、绘画以及后来的广播、电影和电视都对人们起到了有力的激励作
用，促使他们参战。革命时期的法国到处可见彰显英勇战争精神的画面
和景象。1789年至1799年间，法国涌现了3000多首革命歌曲。在第一
次和第二次世界大战中，大批量制作的海报上写着"你的国家需要你"
或"我希望你成为美国军队的一员"，都在敦促男人们应征入伍并鼓励
平民支持战争。

　　对男人们来说，战争提供了一个让他们考验自己的机会，既可以与
他们的同龄人对比，也可以与他们的长辈对比。1914年以前，德国的
年轻人反复听到老一辈人讲述他们在统一战争中为建设国家所遭受的苦
难和牺牲，年轻人也渴望（或者经常这样说）有机会这样去做；而在德
国的敌国——英国和法国，年轻人同样梦想着英勇保卫自己的祖国，法
国的年轻人希望为1870年至1871年（普法战争）的那次失败复仇。自
愿参加战争的几乎都是年轻人，或者说他们是最先被带去参战的。他们
的身体比长辈更健康、更有韧性，而且尚未建立起同家庭和社区的联
系；一旦这样的联系建立起来，他们可能就不太愿意冒生命危险了。

---

1. 阿拉伯语"Ayatullah"的音译，意为"安拉的征兆"，伊斯兰教什叶派中，有权威且十分
受尊敬者可称"阿亚图拉"。——编者注

　　成为战士的人应该是男性，这样的假设似乎是极为普遍的，不论在何时，在什么文化语境中，都是如此。尽管也有女战士的例子，但参战的绝大多数人都是男性。当战争规则在不同社会不断发展时，妇女、老人、儿童，有时还有牧师，都被归入了"非战士"之列。为何在很大程度上作战的总是男人而非女人，对这个问题的争论和战争自身的起源几乎可以说是同样久远，而且同样地，其解释的角度囊括了从生物学到文化学等各个方面。如果性别差异是平均的，那么男性在力量、体格以及可能的攻击性方面都会表现出更高水平，当而也有很多强大的女性，她们能与男性相匹敌并超越他们。男性比女性拥有更多的睾酮，这可能会令他们更容易变得具有攻击性——尽管科学家们对此还远远没有达成共识。不过也有许多男性是天性温和、不爱打架的。如果绝大多数人都是天生的杀手，那么斯巴达这样的军国主义社会或历史上的军队就不会将那么多时间用在给战士灌输"正确"态度的训练上了。当女人们选择战斗或被迫战斗时，她们可以像男人一样凶猛。

　　中国有一个关于孙子的故事，讲述了他如何为吴王提供有关战争的建议。吴王读了孙子的著作，问他能否让宫女们成为士兵。孙子说可以，于是将操练的口令教给宫女们。他将她们分成几队，给她们长矛并命令她们行军。当孙子下令转身时，她们"咯咯"地笑起来。孙子很有耐心，他说如果将军的号令不清楚，便是他自己的错。他又操练了几遍，让宫女们行军。孙子击鼓下令转身，但再一次地，宫女们没有听从号令，而是"咯咯"地笑了起来。最后，孙子在经过几次尝试后说，将军的号令已经很清楚了，若士兵不服从，这便是队长的错。他下令将负责带队的两个妃子斩首。这两人都是国王的爱妃，国王抗议了。但孙子铁面无情：他已经承诺训练军队，不能听国王的命令饶两人不死。于是两人都被斩首，又有新的队长得到了任命。宫女们默然无声，操练得很好。

　　不同文化中的战争女神——雅典娜、迦梨女神、瓦尔基里[1]，或是关于战士皇后的传说，比如帕尔米拉的泽诺比娅[2]，都是对女性战斗潜力的认可，但同样也将其局限在神圣或反常女性的身上。从1世纪的英国女王布狄卡——她经常被描绘为乘坐双轮战车的形象，到章西女王——她曾在1857年的印度民族起义中率领军队对抗英国人，许多文化中都有关于女战士的故事，有些是传说，有些则是基于事实的。有些人以女性身份参战，但她们中的许多人会把自己伪装成男性，包括参加美国独立战争的黛博拉·桑普森，以及参加美国内战的莉齐·康普顿和弗朗西斯·胡克，每当身份被人发现，她们就不断重新应征入伍。就像电影《卧虎藏龙》《神奇女侠》《杀死比尔》中的女勇士一样，她们也都是例外，被视作超出正常秩序的事物，因为战争是男性的领域。

　　我们一直将阿玛宗女战士视作传奇，但在古希腊人的记载中，她们被放到了小亚细亚的某个地方。希腊人被这些反常女人的故事吸引并颇为惊骇，据说为了更好地拉弓，这些女人割下自己的乳房并将自己年幼的儿子们弄成残废。据说阿玛宗女战士曾在与男人的战斗中获胜，但最终正确的秩序恢复了，她们也被打败。最近的考古证据表明，古希腊人所相信的阿玛宗女战士并不是一个神话。由于考古学家现在能够确认骨骼的性别，许多被认作男战士的东西被重新划归为女性的。那些来自大草原、骑在马背上的游牧武士民族被希腊人称为斯基泰人，即使在战斗中，这些人中的妇女似乎也与男子平起平坐，她们死后会与自己的武器

---

1. 迦梨为印度教所信仰的、手持武器的恐怖女神，瓦尔基里是日耳曼神话体系中的女武神。——编者注
2. 帕尔米拉是叙利亚中部古代阿拉米人的城邦。3世纪，泽诺比娅成为帕尔米拉的女王，她的治理使帕尔米拉成为强国。——编者注

躺在一起。或许有多达37%的斯基泰人的坟墓是属于女战士的。人们还
发现了更晚些时间的维京女战士的坟墓。

　　位于非洲西海岸的达荷美共和国（贝宁共和国的旧称）造就了一群
现代版的阿玛宗女战士，这个国家通过奴隶贸易和高度军事化的社会获
取了财富和权力。维多利亚时期的旅行家理查德·伯顿曾在1863年到
访这里，他将其描述为"一个黑色的小型斯巴达"，并对那里的精英女
兵团感到震惊。据说在18世纪初，一位统治者的军队里男人短缺，于
是他给一队妇女穿上军服，以此欺骗他的敌人。后来，伪装变成了现
实，事实证明这些女性是一支高效的宫廷守卫和战斗部队。她们或许
构成了1/3的国王军队。这些妇女身体强壮，纪律严明，手持滑膛枪和
来复枪。她们被认为是凶残无情、比男人更好的斗士。在19世纪下半
叶，在达荷美的最后一次战斗中，女战士们浴血苦战直到最后。一名法
国海军陆战队员说，她们"以勇气和凶猛著称"，并"以惊人的勇敢"
向法国人的刺刀扑去。

　　我们之所以能记住这样的女战士，是因为她们在历史上非常罕见。
当妇女成为战争的积极参与者时，她们更多的是以情妇或妻子的身份陪
伴她们的男人，或是担当护士、厨师以及食品和性的提供者。16世纪
时，西班牙军队在荷兰拥有400名骑马的妓女，另有400名步行。在美
国南北战争中，伴随着约瑟夫·胡克将军率领的波托马克军队的妇女们
为妓女创造了新词。盎格鲁-撒克逊军队一直对官方妓院的存在感到不
舒服，其中一部分原因来自社会的压力，尽管印度军队就在不远处悄悄
经营着妓院。法国军队很早就理所当然地享有了这些。1953年，在中
南半岛的奠边府被围困时[1]，一支法国军队被越南民族主义者——越南

---

1. 指1953年至1954年的奠边府战役，这是越南在抗法战争中取得决定性胜利的战役。——编
者注

独立同盟会包围，两个由阿尔及利亚和摩洛哥妇女组成的流动妓院与打防御战的人一起被困在其中，最终一起分担了对士兵们的"照料"。通常，在被日本占领的朝鲜和中国，被迫卖淫的妇女们会被委婉地称作"慰安妇"。

在欧洲的早期现代战争中，阵营的追随者们常常会使这些相对小型的力量长出一条长"尾巴"，这些人中同样也可能包括男人。1622年，一支西班牙军队围困了荷兰的小镇贝亨奥普佐姆，一位当地人说："这么一支小军队，有那么多马车、运行李的马、马驹、小贩、男仆、妇女、儿童，是一群人数远远超过军队本身的乌合之众。"当局经常试图限制人数，但在军队能够自己为自己提供补给之前，他们迫不得已只能对私人供应者表示许可。此外，想要阻止绝望的妇女跟随军队几乎是不可能的——如果她们的男人将她们抛弃，她们和孩子就可能死去；如果她们的男人死于战争或疾病，女人则必须尽快找到其他人当丈夫或保护者。

尽管与许多军营追随者的社会阶层不同，但当西班牙人胡安娜·史密斯遇到丈夫哈里时，她也同样是脆弱的，那是在惠灵顿公爵进军西班牙之时。那时，胡安娜14岁，身无分文——她的家族是西班牙贵族，却被法国的侵略和随后的战争毁掉了，除了一个姐姐，她没有其他亲人。哈里是一位英国军官，他性情急躁，不仅在这场战争中急于求成，且迅速而疯狂地爱上了她。嫁给哈里，她得到了一个保护者，至少在他活着的时候是这样。然而在当时对于一个年轻军官来说，这种事不太可能会长久。不过她就这样嫁给了一个新教徒，切断了自己与同胞的联系。最不可思议的是，这段婚姻竟然是既漫长又无比幸福的。胡安娜跟着她的丈夫穿越西班牙，分享了战役的艰辛。当惠灵顿公爵驱车将拿破仑的军队向北逼退时，在维多利亚和滑铁卢的战场上，一旦枪声沉寂，她便四处寻找他。当他在印度和南非作战时，她始终与他在一起，那里的莱迪史密斯城就是以她的名字命名的。

虽然妇女在20世纪就已步入了其他曾一度属于男性的领域，但武装部队却迟迟不能平等地接受她们并让她们投入战斗。这种不情愿，或者更准确地说是抵抗，引来了各种各样的争论：女人天生就是养育者，而非战士；她们出现在战场上可能对纪律不利，因为她们所在部队的男人会试图保护她们；她们的身体和性格都不适合严酷的战争。然而，或许真正要紧的是，男人害怕接纳女人会毁掉他们的舒适区。一名女军官说，美国男性海军陆战队士兵认为，女性的出现将让他们没法再"放屁、打嗝、讲下流笑话、裸体走来走去、交流性经历、摔跤，还有仅仅作为年轻人待在一起"。一位来自美国特种作战部队的队友问一个女同事说："为什么你们女人偏要毁掉我们（男人）最后仅剩的一件好事？"近几十年来，虽然大多数西方军队逐渐将女性编入正规军，但旧观念仍然难以改变。20世纪90年代，俄罗斯海军的一名军官在向第一位被海军学院录取的女学员表达问候时称："单单一个女孩没法毁掉海军。"进入海军陆战队（也许那里是所有军役中最艰难的）的美国女性都遭遇过虐待和性别歧视，甚至还有性虐待。敌意往往来自整个社会。穿制服的女人会被视为性冷淡或卖弄风骚。英国在第一次世界大战中取消了女性制服上的胸袋，因为担心它会引起人们对女装之下曼妙躯体的注意。在第二次世界大战中，有一些流言蜚语指责美国妇女军团的成员比妓女好不了多少。阿列克谢耶维奇采访过的许多女战士都发现，当她们回到家时，没有上过战场的女人竟会指责她们是去前线勾引男人的——"我们知道你在那里做了什么！"

女战士们也始终在同一种观念做斗争，即她们比男人更软弱。在我关于战争的一次里斯讲座中，有一条来自约克的一位年轻女军官的评论引起了我的关注。她是两个小孩的母亲，但她说，当她被派往阿富汗时，她强迫自己不要去想他们。在那里时，她所在的部队都很担心会感染炭疽[1]，于是他们全体接受了注射，与此同时，他们警告说这可能会让女性不孕。又来了，她说。她完全没去想这种事。礼堂里鸦雀无声。

20世纪，大规模战争意味着必须允许妇女参军，但通常情况下，她们被分配到的角色都与战斗无关，比如担任护士或办事员，负责驾驶车辆或摆渡飞机。英国人发现，女性新兵擅长审阅航空摄影之类的细致的工作，但就像一位军官所说的，那是因为她们在精细的针线活这方面很有经验。就连那些把"儿童、厨房、教堂"当作女性正当领域的纳粹分子也发现，他们不得不在第二次世界大战中召唤她们去服役。到1945年，德国武装部队中有50万妇女担任了支援性的角色，而苏联军队中的女性人数可能是这个数字的两倍。苏联政府在和平时期总是乐于谈论男女平等问题（尽管现实情况大不相同），但只是因为在德国入侵期间，苏联男性遭受了毁灭性的损失，女性才得以加入武装部队，其中的许多人是志愿者。当苏联妇女身处前线时，她们既是医务人员，也是战士、高射炮手、德军后方的游击队员、步兵、坦克乘员和飞行员。在苏联空军中有三支全是女子的队伍，其中最著名的一支是轰炸机兵团，德国人给她们起了个外号叫"暗夜女巫"。最开始，苏联男人们觉得她们的存在是让人感到不安的，一方面是因为这些女人中的许多人都太年轻，另一方面是因为她们的存在让他们想起了家。阿列克谢耶维奇曾采访了一名医疗助理，名叫奥尔加，她回忆说："有一次在夜里，我坐在一个防空洞旁，轻轻唱起歌。本来我以为大家都睡着了，没人会听到，但到了早上，指挥官对我说：'我们没睡，太渴望女人的声音

---

1. 由接触病畜的皮毛，吸入带有芽孢型病菌的尘埃，或进食未烹熟的病畜肉类而感染的急性传染病。通常表现为皮肤出现炭疽痈和恶性水肿。——编者注

了……'"起初，一个防空兵团的男司令员说女人适应不了，军事"自古以来就被认为是男人的事"；此外，炮弹太重了，女人扛不动；她们出现在同一个防空洞里会让男人感到不安；每个人都知道，连续坐在金属控制座上几个小时对女人不好；最后，"她们在哪里洗澡、擦干头发"？战争的需要迫使部队里的男女都去适应环境。"我们一起走过一条艰难的路。"一位女士说。德国人往往对俘虏的苏联女兵特别残忍，他们将她们游行示众，展示她们是怎样的怪物，或者直接开枪打死她们。女战士们都在手边准备了两颗子弹，一颗是为了在德国人开枪之前自杀，另一颗是为了防止第一颗子弹失效。

另外大约有2.7万名苏联女性加入游击队与德国人作战，据说在意大利，第二次世界大战期间有3.5万名女性参加游击队，有些人在战斗中被杀害。在南斯拉夫、希腊、波兰和丹麦，很多女性参加了战斗并最终牺牲。法国抵抗运动[1]倾向于对妇女做出限制，让她们担任支援者的角色，部分原因是崇尚自由戴高乐主义的法国人不赞成把枪交给女性。或者，正如一名抵抗运动的男性成员告诉英国人的那样："如果必须用到女性，那么最好用年龄较大的女性……不至于成为诱惑战友的源头……"从1943年开始，难对付的马基游击队首先在法国东南部的山区和丘陵作战，队伍中完全没有女性。1945年以来，女性持续参加了反对外国占领者或本国政府的游击战争，但当战争停止时，她们的贡献往往被淡化或从历史中抹去。1979年，当桑地诺民族解放阵线在尼加拉瓜获胜后，大多数妇女被遣散或转移到只收留妇女的单位去。阿尔及利亚独立战争后，参战的妇女没有得到养老金。

生物学显然不能对长期以来存在的性别差异进行充分解释，而这种

---

1. 指1940年法国贝当政府（维希政权）当政后，由戴高乐领导的名为"自由法国"的抗德运动。——编者注

差异只是在如今才开始零星地、断断续续地发生变化。鉴于战争和社会彼此之间的深刻影响，我们不能忽视的一点是，战争通过哪种方式塑造了我们对男人和女人应有特质的理解。我们知道，文化，即一个社会所珍视的价值观和信仰，有助于使社会保持团结，它对人类的影响与生物学相比是同等重要甚至更为重要的。我们对年轻人抱有什么期望，便会用相应的方式去教育他们。

在人类历史上，战争同男子气概之间存在着紧密的长期关系，我们倾向于把妇女的工作看作是围绕家庭和家展开的。在《伊利亚特》中，赫克托耳与他的妻子安德洛玛刻分别，因为他就要前去和希腊人作战了，他说道：

所以请回家去完成你自己的任务，纺纱杆和织布机，也要让妇女们都同样努力工作。至于战斗，所有在特洛伊出生的男人都会做好的，最重要的就是我。

墨索里尼宣称："战争之于男人，犹如母性之于女人。"法西斯主义者特别迷恋传统的性别角色。维希法国把母亲节作为一个重要节日，并向好母亲颁发奖章。纳粹宣传部长戈培尔认为"应该把男人训练成战士，把女人训练成战士的娱乐品"，在娱乐的事情上，他在自己的生活里就是这样做的。他还堂而皇之地说："如果我们把妇女从公共生活的各个领域里除名，不是为了羞辱她，而是为了让她恢复荣誉。"这种态度甚至在更自由的社会中也没有消失。

如果说男性对女性作为战士的看法是矛盾的，那么女性自己也同样矛盾。一波又一波的女权主义者对有关女性战斗的讨论感到不安，她们更愿意把战争看作男性的事情。琼·贝丝·艾尔西坦是一位哲学家，她同其他人一样，对性别角色和战争的问题进行了探讨，她被《妇女研究国际论坛》的一期特刊所震惊，该刊物旨在鼓励研究女权主义，正如其名字所示。她反思到，这一话题名为"女人和男人的战争"，即鼓励女人放弃。"战争是属于男人的：男人是有组织的暴力的历史创造者。是的，女性也被卷入了——她们被要求去观察、受苦、应对、哀悼、尊重、崇拜、见证、工作。但是对战争的描述和定义是男人在此前做出的，女人则受到了'影响'，她们'大多会做出反应'。"战争对女性有什么影响？虽然有大量针对这个话题的研究，但对身为战士的女性，或是更广泛的性别与战争话题的研究则相对较少。

然而在许多社会中，不管是过去还是现在，人们都告诉男孩要成为"男人"，这其中部分体现了我们与战士相关的各种品质。长大后，他们需要忍受那些引导他们进入成年的仪式——通常是痛苦的仪式。小时候，男孩们会得到玩具武器、小制服或战争游戏。在19世纪的欧洲，征兵制常被称为"男子气概学校"。男人比女人更害怕成为懦夫，在行为上被指责"像个女人"则带有情绪化和软弱的意味。即使在今天的现代社会中，军事训练中的军士和军官也会用"娘娘腔"或"姑娘"称呼新兵，借此让他们感到羞耻。女人与男人并肩作战的情况，可能会破坏人们对于"男人"的理解。一名美国海豹特种部队的军士（座右铭："唯一轻松的一日是昨日。"）说："这些人从小就认为女孩更软弱，更低人一等，他们将所有的身份认同感和男子气概都放在了自己的工作上。所以当这些男人看到女人出现在战场上时会惊慌失措，心想：'天哪，这让我怎么办？'"

女性在塑造男战士的过程中起到了一定的作用。第二次世界大战期间，一位美国妇女在收到男友的来信时说，她确信自己爱上了一个懦夫，因为他在信中承认自己在一场激战中流泪了。美国妇女说"我再也没有给他写信。"就像古希腊的斯巴达母亲，或是第一次世界大战中向到了参军年龄却没穿军服的男人分发白色羽毛的女人一样，女性会敦促男性参加战争，并因他们拒绝参军而羞辱他们。在不同的文化中，女性会通过脱光衣服或露出生殖器来嘲弄男性的懦弱。在智利萨尔瓦多·阿连德的左翼政府执政期间，一些保守派女性反对者会向军方扔玉米，因为他们都是"胆小鬼"，不敢逼他下台。

妇女反对战争，有时的理由是她们创造生命而不愿夺走生命，但她们同样也曾为战争呐喊。20世纪初，一位保加利亚母亲说："别以为我哭是因为我的两个大儿子死了，我哭是因为两个小儿子还没到能帮忙赶走土耳其人的年龄。"19世纪，普鲁士的爱国妇女筹集资金建造战舰。1914年后，激进的女权主义者埃米琳·潘克赫斯特[1]和其女克丽丝塔贝尔·潘克赫斯特摇摆不定，从要求妇女获得投票权变为全心全意地支持战争，包括征募男子入伍。1916年，第一次世界大战中，有一位自称"小母亲"的妇女写的一封信"致和平主义者的信息"的刊登在大规模发行的英国报纸《早报》上，而后被印成小册子，仅在不到一周的时间里就卖出了7万册。她说，英国女性，作为那些为维护帝国荣誉和传统而战的男子的母亲，不能容忍对和平的呼声。"英国种族的女性只有一个温度，那就是白热化。""我们女性，"她接着说，"传递'仅有的儿子'，将他们作为弹药来填补空白。"虽然"温文尔雅"和"胆小"的妇女不想看到战争，但她们承担起了自己的责任。"我们已经把小伙子们从学校接回来了，我们已经把他们的帽子收起来了……"她还自豪地总结说，假如她们的儿子最后没能归来，英国女人也会拥有对他们的美好回忆。

---

1. 埃米琳·潘克赫斯特（Emmeline Pankhurst，1858—1928），英国女权运动代表人物、政治活动家，1889年率先创建了女权联盟，从事女权斗争数十年。

正如弗吉尼亚·伍尔夫[1]在《一间自己的房间》里所写的一样：

几个世纪以来，女性一直充当着魔镜的角色，她们仿佛拥有神奇的魔力，可以将镜中男性的身形成倍放大。如果没有这种力量，地球可能仍是混沌的沼泽和丛林。所有战争的荣耀我们将不会知晓。我们仍然会在羊骨的残骸上刻出鹿的轮廓，用燧石换取羊皮或是任何简单的装饰物，来满足我们纯朴的品味。超人和命运之手根本不可能存在。沙皇和恺撒永远不会戴上皇冠或失去皇冠。无论在文明社会中有何用处，这面魔镜对一切暴力和英雄行为来说都是必不可少的。这就是为什么拿破仑和墨索里尼都如此强调女性是低人一等的，因为若非如此，他们便无法夸大自己。这在一定程度上解释了女性的存在为什么对男性而言是如此必要的。

阿喀琉斯是西方伟大战士的典范，他从小就接受训练以便在将来成为最厉害的杀人机器，当入侵希腊的特洛伊的指挥官阿伽门农羞辱他时，他向母亲海洋女神忒提斯求助，帮他减轻痛苦和愤怒。忒提斯答应为他报仇，并给他提供了一套特殊的盔甲。在现实生活中，有许多与阿喀琉斯相似的例子。朱利安·格伦费尔[2]来自一个古老的英国贵族家庭。第一次世界大战前，他和兄弟比利还有格伦费尔家的两个堂兄弟在家族的大宅里长大，那里的访客包括首相、著名作家、皇室成员和杰出军官。格伦费尔家的人擅长打仗和打猎，这本身就是战争前的准备活

---

1. 弗吉尼亚·伍尔夫（Virginia Woolf, 1882—1941），英国女作家。其注重心理描写的意识流写法对现代西方小说的影响较大。——编者注
2. 朱利安·格伦费尔（Julian Grenfell, 1888—1915），英国士兵，第一次世界大战中的战争诗人。

动，至少对于旧式战争而言是这样的。格伦费尔家的族谱中包括海军上将、将军和一名陆军元帅。他们因勇敢而获得奖章，在英国的对外战争中英勇牺牲。第一次世界大战开始时，身在南非的朱利安不顾一切地想回到欧洲参战。"在这样的时候，被困在这里真是太可怕了，"他写信给母亲德斯伯勒夫人说，"如果这会儿在英国一定很棒！"当他到达西线的战壕时，他给母亲写了许多出色的公开信，在信中讲述了他当兵的经历，以及他对成为懦夫的恐惧和战斗的刺激。德斯伯勒夫人自豪地把这些信分发给自己的朋友们，并说服了《泰晤士报》的编辑，将它们匿名发表。

对惠灵顿公爵来说，最重要的事并非他的军官们能读懂地图或了解枪的原理，而是他们应该勇敢。在1914年之前，英国公立学校、家人和朋友都会教育像格伦费尔及其兄弟那样的中上阶层男孩要学会保持镇静，如果死亡降临，他们必须勇敢地面对。在第一次世界大战和第二次世界大战这样的大型战事中，当身边的每个人都应征入伍，当平民朝没有穿着军服的参军适龄男子投去鄙夷的目光时，不参军的行为几乎是不可想象的。一位英国人说，在第一次世界大战中，带领他走上法国前线的既不是勇气，也不是他自己的积极性："恰恰相反，我是被带上了世界大事件的顶峰，仅此而已。那是软弱，抵抗时代潮流的无力。不，那不是软弱，而是年轻。"

各种文化都需要英雄，而在我们的想象中，最生动的英雄常常是战士，如赫克托耳、阿喀琉斯、成吉思汗、兰斯洛特、罗伯特·布鲁斯、尤利乌斯·恺撒、巴布尔、腓特烈大帝、拿破仑、冯·里希霍芬男爵、杰罗尼莫、狮心王理查德、萨拉丁。《旧约》中充满了伟大战士的故事——约书亚，基甸，大卫。我们都有自己的名单，但英雄是跨越文化边界的。亚历山大大帝在最初入侵亚洲之时，在他认为是阿喀琉斯之墓的地方献上了花圈。拿破仑入侵埃及时梦见了亚历山大，而不幸的拿破仑三世——拿破仑的侄子，也试图模仿他的叔父，在普法战争中指挥自己的军队，却因此为他们招致了色当的灾难。19世纪的欧洲重现了中世纪的魅力，它吸引人的部分原因正是身着盔甲的高贵骑士形象，还有骑士们勇于为自己和夫人的荣誉战至牺牲的事实。一本1889年的奥地利陆军手册写道："对军事荣誉的严格诠释，使得军官团整体变得高贵，并赋予其骑士的特征。"1914年，一位名叫亨特利·戈登的年轻士兵登上了前往法国的船只，他靠在栏杆上，听他的同伴引用莎士比亚的《亨利五世》中的一句话："现在，诸位，为了法国，这项事业对于/即将对于你们而言，与对我们而言同等光荣。"这些在1914年参战的年轻人，无论是来自欧洲的大城市，还是加拿大、澳大利亚的偏远地区，他们从小都会阅读诸如《三个火枪手》和看似没完没了的男孩冒险系列故事，并在这些经典的神话、史诗和伟大的文学作品中长大。

战争可以带来冒险，它自身也一直是一项生意，而且利润常常颇为丰厚。因为他们的武器或租来的枪支而闻名的雇佣军和自由枪骑兵拥有一段古老而不光彩的历史。在13世纪和14世纪，成群结队的武装人员在意大利游荡，他们被繁荣的城邦所雇用，与其邻国进行战斗。有些人是当地人，另一些人则在阿尔卑斯山上漂泊，或许他们是十字军东征或王朝战争中退伍的老兵，除了打仗之外几乎没有什么技能。他们的领导签署了一份合同，会提供一定数量的士兵。这些雇佣军人带着自己的武器和盔甲，通常被支付了多久的钱就战斗多久。如果酬金因为某些原因没有到来，那么他们就完全可以在军事活动中，甚至在整个战役中停止工作并勒索他们的雇主。通常这些军事活动都在干燥的夏季进行，战事结束后，雇佣军人常常在乡间游荡，做什么都随心所欲。就像今天的某个用胸前的文身自吹自擂的帮派首领一样，雇佣军队长会在他的胸甲上自豪地刻上"上帝的敌人，虔信的敌人，和平的敌人"。马基雅弗利痛恨雇佣军，将他们看作政治上高度危险的寄生虫，并敦促意大利统治者建立由平民组成的民兵组织，这些平民将被灌输正确的德行，对自己的城市持有真正的忠诚，同样重要的是，他们有良好的纪律并训练有素。他发现，面临的一个长期挑战是，如何把平民——农民、鞋匠、办公室职员或学校教师——塑造成一个团结的军队，让他们做好准备服从命令并忍受苦难，直面杀戮和被杀戮。

像许多同时代的人一样，马基雅弗利请教了古典作家。"战争的胜利，"备受敬仰的韦格蒂乌斯说，"并不完全取决于人数或单纯的勇气，只有技巧和纪律才能确保胜利。"他接着说，古罗马人征服了世界，因为他们不断地训练自己的军队，他们一直保持着很强的纪律，他们以认真的态度看待战争的艺术：

如果没有这些要素，凭罗马数量并不算多的军队，又有什么机会对付高卢人呢？与德国人的高大身材相比，凭他们的小个头要怎样取得成功呢？西班牙人不仅在人数上，也在体力上超过了我们。我们不仅在财富上，在欺骗和计谋上也总不如非洲人。毫无疑问，在艺术技巧和各种知识方面，希腊人都比我们要高明得多。

在古罗马这样的社会里，盛行的文化已经在一定程度上使年轻人做好了当兵的准备。然而在其他时代、其他地方，无论从象征意义还是实际意义上，平民社会对新兵的影响都必须被彻底切断，才能将他们塑造成优秀的士兵。脱下平民的衣服然后穿上制服，梳着标准化的发型并住在军营里，这些都标志着从一个世界到另一个世界。对家人、朋友或社区的旧忠诚，必须被对兵团、船舰或中队的新忠诚所取代。例如，古罗马军团携带的铜雕、银雕、旗帜，及曾经或胜利或失败的故事，都构成了新的共同身份的一部分。当奥古斯都皇帝找回两只被帕提亚人丢弃的罗马鹰标时，他专门建造了一座神庙来容纳它们，并为它们铸造了一枚硬币。16世纪，令人闻风丧胆的德国兰斯奈特雇佣兵团精心设计了仿宗教仪式来迎接新成员。新兵们在报名前需要通过一扇用戟和长矛做成的拱门，报名程序包括在登记册上签名并领取他们的第一笔工资。随后，他们需要听取严明的纪律守则并宣誓接受。为了让他们保持新鲜的记忆，在绞刑架上——画上的或真实的都有可能——为他们标出了领地；绞刑架也确实会派上用场。

从关禁闭到处决，军事纪律的使用在很大程度上来自人们对惩罚的恐惧。从古希腊人到易洛魁人（北美地区早期居民），军队都会对受罚者采取"夹道攻击"措施，使其在两排夹击他的同伴之间奔跑。普鲁士军官用剑的扁平部分击打他的士兵，西班牙人则用步枪的枪杆。几个世纪以来，英国陆军和海军一直在使用九尾鞭，它的威力足以令人背部开花。杰基·费舍尔[1]后来成为海军上将，可他在13岁第一次遭到鞭打时就晕倒了。虽然足以对士兵做出指控的罪行种类已经发生了改变（如果亵渎神明仍是其中之一的话，大多数西方兵营基本上会保持沉默），但是还有许多仍在时间和空间上显著地保持着一致。不服从命令、丢兵弃甲而逃，都对秩序和团结造成了威胁，在战斗中尤其危险。腓特烈大帝曾说，一个士兵必须比害怕敌人更害怕他的军官。在一个完全不同的时代，一个完全不同的人——俄国革命家利昂·托洛茨基也说过同样的话："一个士兵必须面对选择：前进可能会死，后退一定会死。"从那以后，托洛茨基的红军在战场上用了简单的处决方式，就像第二次世界

---

1. 约翰·阿巴斯诺特·费舍尔（1841—1920），昵称"杰基·费舍尔"，第一费舍尔男爵，英国皇家海军历史上最杰出的改革家和行政长官之一。

大战中的苏联军队一样。

1941年，年轻的美国士兵威廉·麦克尼尔和其他数百万人一起被征召入伍，他们遇到的是另一种同样古老的方式，即军队将个人变成了士兵。在干燥多尘的得克萨斯平原上，他不得不接受没完没了的操练，像一个文盲般高喊口号。"难以想象还有比这更没用的练习。"多年后的今天，麦克尼尔已经是一名杰出的历史学家了，他意识到自己对这个练习的回忆里伴有某种类似于喜爱的感情："长时间、整齐划一的训练动作所引发的情绪是无法完全用语言来形容的。"他回忆说，与战友们一起参加集体仪式会让人感到幸福和愉悦。行军本身就是如此："轻快地行进，按节奏行进，足以让我们对自己感觉良好，对一同行进感到满意，隐约也对整个世界感到满意。"在个人主义盛行的当代社会，我们嘲笑和谴责将人类变成机器人的行为，比如士兵在阅兵式上的正步走，但我们也很欣赏团队精神，这种精神会让八人划艇滑过水面，或是让一个芭蕾舞团在舞台上表演。最终，麦克尼尔写了一本书，讲述了他所说的"肌肉连接"的重要性。训练和纪律共同创造了即使在最艰苦的环境下也能服从命令和执行任务的士兵，就像训练有素的运动员和舞蹈演员。惠灵顿谈到他的"社会败类"时说："我们能从他们身上得到这么多，真是太好了。"

或许我们会对"训练"这一概念予以谴责，它能将人转变成一个更大的机器的一部分，使他们的肌肉形成条件反射；但如果要让他们在战斗中发挥作用，训练则是必要的。例如，就像水手们在船上做的那样，拥有一个明确的任务可以防止恐慌。训练和纪律还使军队能够做出反常的事，也就是自己冒着生命危险夺走别人的生命。当纪律和训练失败，部队失去凝聚力时，他们不仅对敌人的威胁性减少了，还会变得脆弱。在安蒂特姆会战中，刚刚组建一个月的康涅狄格州第16步兵团几乎没有接受任何训练就被派往了战场。他们几乎不知道应如何射击，事实上，他们在上战场的前一天才刚学会如何装弹。第16步兵团的人不知道怎样行军或作为一个整体来行动，这在最好的情况下也很艰难，但在战场上尤其如此，他们的军官既没有权威也没有知识可以指挥他们。当他们的侧翼在高高的玉米茎中被坚韧而有经验的南方士兵袭击时，现场一片混乱。第16步兵团的军官和士兵一样缺乏经验，束手无策。其中一人绝望地对长官说："告诉我们，你想让我们做什么，我们会尽量遵从你。"士兵们惊慌逃窜。一位南方军的士兵描述说，一群被吓坏了的士兵在山脚下"杂乱地蜷缩成一排"，动弹不得。"我们涌向他们，"他说，"子弹齐发，无疑，那是很可怕的处决。"在那天，第16步兵团丧失了25%的力量。

　　军事等级制度、凝聚力和强大的士气也会给军队带来危险。1943年10月，一位军官对他的手下说："你们大多数人会知道，当100具尸体，或是500具、1000具尸体躺在一起时，会是什么样子。看透这一点并保持体面，对我们来说很难，而这是从未被提及也永远不会被提及的光荣一页。" 发表言论的人是海因里希·希姆莱，希特勒忠诚的中尉，也是纳粹军队党卫军的首领，他们制造了骇人听闻的暴行。而他的听众则是占领波兰的德国党卫军军官，他所说的"光荣一页"指的则是灭绝欧洲犹太人的行径。当一些士兵开始享受折磨和杀害无助者的虐待狂式的乐趣时，另一些士兵只是把它当作一项必须完成的工作。

　　强烈的同志意识和服从命令的意愿促使人们共同战斗并学会忍受，但这也会导致有组织、系统性的残忍和邪恶。历史学家克里斯托弗·布朗宁对在波兰屠杀犹太人的德国警察营进行了研究，他将研究成果命名为《平民如何变成屠夫》。他们中的一些人是反犹太主义者，但大多数人似乎只是在服从命令。如果觉得任务太艰巨，他们可以选择调离出

营，最后，在500人中只剩下不到12人。1944年，一支党卫军部队进入
法国小村格拉讷河畔奥拉杜尔并屠杀了他们能找到的所有人：男人、女
人、孩子。之后，他们给出的借口是，这个小镇做出了严重的抵抗行
为。大约642人死亡，尽管党卫军并没有发现任何抵抗活动的证据。后
来，一位党卫军杀手对另一名德国老兵说："作为一名党卫军老兵，我
要对同样是老兵的你说，米勒先生，这没什么。在俄国，我们每天都在
做这样的事情。"自此以后，这个被摧毁的村庄始终空无一人，以此纪
念那段黑暗的时光。尽管如此，我们却不能因为警察营或党卫军中的纳
粹分子都是"普通人"而感到安慰。即使是来自良好的民主政权、拥有
强烈自由主义价值观的军队也可能会犯下暴行；即使是会对这种肆无忌
惮的暴力行为予以谴责的社会也面临着一个长期的挑战——既要使军队
成为杀手，也要使其受到管控。训练新兵克服人类对杀戮的正常恐惧
（否则他们在战争中就很没用），又要对其加以控制使他们不要过火，
这两者之间存在着微妙的平衡。

　　战争有自己的准则，最古老、最久远的准则之一是，在可能的情况
下，投降者和平民应该幸免于难。然而城市被洗劫、战俘被处决、挤满
难民的教堂遭到炮击、农舍被蓄意纵火，我们都知道这样的故事或见
过类似的照片，我们还记得奥拉杜尔、翁迪德尼、南京等名字。任何
一个在越战中幸存下来的美国人都知道，美莱村大屠杀事件是那场战
争里野蛮行为的代表——一群普通的美国士兵在一个村庄里犯下了暴
行。（越南军队也犯下了暴行，但越南迟迟没有承认这一点。）1968
年，驻越南的美国记者听到了一支美国巡逻队冷血地杀害了大约500名
不同年龄的村民的事件。一位勇敢的飞行员在那里尽力营救越南人，
并随后向上级提交了一份报告，但后者什么都没做。越南和华盛顿的
高官都先后试图掩盖此事。1969年，美国最受尊敬的记者之一——迈

克·华莱士采访了参与此事的士兵保罗·米德洛，他坦承自己曾近距离地向无助的平民开枪。"你杀了多少人？"华莱士问。"很难说，"米德洛回答，"因为你只要用自动步枪不停地扫射子弹就行。"他还补充说："可能是10个或15个。""男人、女人和孩子都有？"华莱士问。"是的。"米德洛说。"也有婴儿？"华莱士问。"也有婴儿。"米德洛说。西摩·赫什[1]是第一个揭露这个故事的人，米德洛的母亲接受了他的采访，在谈到儿子时她这样说："我给了他们一个好孩子，他们却给我送回一个杀人犯。"

---

1. 西摩·赫什（Seymour Hersh，1937—   ），出生于美国伊利诺伊州芝加哥市，著名调查报道记者与编辑，普利策奖得主。1969年，西摩报道了越战中美莱村屠杀事件并因此闻名；2004年，他又报道了美军在巴格达中央监狱的非法监禁与刑囚，再度引发社会关注。

第6章

战斗

没人能理解处于战争中的真实感受。人们写了很多书，拍了几百英尺的胶片，说了数千段言语，但这一切都没有展现出真正可怕的画面、糟糕的噪声、气味，以及对被压抑在内心的、让人站起来尖叫的恐惧的担忧。不过在这一切背后，战斗也的确有非常美丽的一面。

——摘自第二次世界大战期间太平洋上一个美国士兵的日记

战争是一个谜，对战斗者和我们这些旁观者来说都是一个谜。它是一个令人不安的谜。战争本应是可恶的，但它也往往很诱人，蕴含着令人神往的价值观。它许诺给人们荣耀，也产生了痛苦和死亡。或许我们这些不是战士的人会对战士心生畏惧，但我们也钦佩甚至热爱他们。我们与他们来自同一个家庭，拥有同样的战斗潜力，我们没法假装自己不清楚这一点。或许澳大利亚作家弗雷德里克·曼宁是对的，他创作的《财富的中部》是最伟大的有关第一次世界大战的小说之一。他在书中写道："战争是由人发动的，而不是由野兽或神。这是一种特殊的人类活动。把它称为危害人类的罪行会使它至少失去一半的意义，因为它也是对罪行的惩罚。"

从最早的洞穴绘画开始，我们就试图用艺术来描绘战争，在日记、信件、回忆录、诗歌、历史、小说和电影中探究战争的复杂本质。然而，我们能在多大程度上依赖这些呢？记忆是容易出错的，而且事件越复杂、越激烈，我们就越难回忆起实际上发生了什么。此外，每一代人在描绘战争时都有属于自己的特定传统，比其他代际的人对某些事情予以更多关注。同样，这还取决于是谁在说话：将军或海军上将可能会从整体的角度看待战斗，普通士兵或海员则只会从自己的视角来看待。在空中或海底作战也与在地面作战大不相同。而且在历史上的大部分时间里，这些记录都是由少数能读会写的人制作和保存的。我们知道马背上的骑士或船尾甲板上的船长的想法或感受，却不了解卑微的步兵或海员的想法或感受。第一次世界大战的开创性表现在许多方面，它也促使大多数战士学会了如何读写。于是我们了解的战斗经历大部分来自这4年的战争。即便如此，大部分在那场战争中出版了作品的作家仍然是受过教育的中上层阶级人士；想听到下层阶级的声音是困难的，尽管也可以通过间接的方式做到这一点，例如，军官可以审查下属的信件，看看他们做出的汇报就知道了。

我们也必须小心谨慎，不要用少数几种记录去概括战争中丰富无比的经历。第一次世界大战后，关于西线战场的形象——泥巴、虱子、老鼠、死亡、徒劳的攻击、冷酷而无能的将军开始主宰人们的记忆，尤其在西欧。在参战者出版的上百部小说、回忆录和诗歌中，只有少数作品针对战争表达了独特而有力的观点，比如罗伯特·格雷夫斯、西格弗里德·萨松的回忆录，英国威尔弗雷德·欧文和萨松的诗歌，法国亨利·巴比塞的作品，德国埃里希·玛丽亚·雷马克的《西线无战事》（此书在当时成为国际畅销书）。然而，其实第一次世界大战与其他许多战争中的士兵根本就没见过战斗，或者只是曾身处安静的前线，那里几乎没有什么行动。战争中有许多不同种类的战场，比如漫长的东线战场、巴尔干半岛、中东、非洲、亚洲或是海上，战争的经历多种多样，描述这些经历的方式也多种多样。所以无论我在这里说了些什么，都只是一个样本而已。

我的例子主要来自陆地战斗。对参与海战和空战的人来说，战争同样激烈，但设身处地为飞行员和水手着想，对我们这些旁观者来说更加困难。我们没法参观天空中的战场，而且，除非我们是潜水员，否则也没法参观海战遗址或海上殉难者的坟墓。的确，战舰甚至早期帆船的船员都曾互相争斗，但随着更好的方向舵和蒸汽机的出现，海战演变成各方船只试图击沉对方的战争。到了20世纪，敌舰经常超出地平线，致使海员们常常难以看见它们。第一次世界大战中的飞行高手们经常能在战斗中看到对方的脸，甚至叫得上对方的名字。他们被下方挣扎于大规模战役中的军队看到，而他们则将自己看作现代版的盔甲骑士，赋予了战争人性化的一面。然而空战的发展速度如此之快，飞行员正在慢慢变得过时，未来的空战将会在机器之间进行。我们的英雄和我们所知道的故事大部分来自陆地战争，史密斯学会在2018年出版的畅销书《改变历史的战役》中列出了从17世纪初到1941年偷袭珍珠港之间的42场战役，其中只有5场是海战。

我们有可能理解或感知与他人战斗和对抗的意义吗？理解或感知战斗的气息、声音和感受，恐惧和死亡的存在，促使士兵进攻的疯狂，战败者的恐慌？即使希望渺茫，我们仍在不断尝试，因为战争既是人类的一部分，也是我们的历史和发展的一部分。而从那么多时间、那么多地方的嘈杂声音中，或许我们可以找出战争的某些特色。死亡的可能性始终存在，尽管不同文化中的战士会以不同的方式面对它。古希腊人知道战争的可怕，但他们的作家却能波澜不惊地描述战争并对遭受的创伤做出冷静的评价，很少因为生命的浪费而悲伤。死亡是发生在战士身上的事。在《伊利亚特》中，被长矛和箭扎入肠子、眼睛、胸膛或腹股沟，受伤的人们在痛苦中死去。正如荷马所说的那样："当他在地上扭动，气喘吁吁/像一条蚯蚓在死亡中伸展，血流如注/将大地浸染成暗红色……"没有天堂在等待他们、安慰他们，他们被带入了黑暗。相比之下，为了补偿地球上的苦难和牺牲，基督教和伊斯兰教则做出了对永生的承诺。

自从战争出现以来，混乱和困惑就始终是它的一部分。战争是人类最有组织性也最容易出错的活动之一。19世纪的普鲁士胜利之父冯·毛奇（老毛奇）说："与敌人初次接触后就没有计划存在了。"在《战争与和平》中，皮埃尔·别祖霍夫困惑地在波罗季诺战场上徘徊。他不知道发生了什么，俄国人和法国人究竟谁赢谁输，正如托尔斯泰所写的那样，不仅是他遇到的军官和士兵们不清楚此事，连双方的将领们也一头雾水。或许将领们在事后撰写的回忆录讲述了一个宏大的、战略有序展开的故事，但现实要远远混乱得多。拿破仑曾希望找到一座山或塔让他能眺望战场，第一次海湾战争[1]中的诺曼·施瓦茨科普夫将军在地表使用电子眼，即使伟大的指挥官们也只能在混乱中窥视，试图对战斗的走向做出判断。在战斗过程中，命令可能来得太晚，也可能无法执行或难以实现，接受命令的人也可能会误解或不服从。因为一个不明确的命令和卡迪根伯爵[2]鲁莽的指令——他想为自己争光，便让英国轻骑兵

---

1. 海湾战争是1991年以美国为首的多国部队为恢复科威特领土完整发动的针对伊拉克的战争。——编者注
2. "卡迪根伯爵"是英国贵族的封号，此处指卡迪根伯爵七世詹姆斯·托马斯·布鲁德内尔（James Thomas Brudenell, 1797—1868），维多利亚时代的英国骑兵将领与政治家。

朝着俄军的枪口冲去，给轻骑军造成了灾难性的后果。在1346年的克雷西战役中，英国军队遭遇了严重寡不敌众的情况，而法国的骑士们则向自己的弓箭手发动攻击[1]，法国国王都无法阻挡他们。一位编年史家的报道称："那些落后的人在赶上前列的人之前是不会停步的。各个领导者看见其他人赶来，也继续前进。所以骄傲和虚荣主宰了一切。每个人都想超越他的同伴。"对于从现代早期到19世纪下半叶的士兵来说，战争简直像在迷雾中一样。朱利安·格伦费尔在1914年初次前往法国，那时战事尚未发展到白热化的阶段，他写信给母亲说，他的部队正在前前后后地行进，远处枪声隆隆，似乎没人知道发生了什么。美国作家蒂姆·奥布莱恩在他著名的小说《士兵的重负》中写道："至少对于普通士兵来说，战争带有一种感觉——一种精神上的质感，就像一团幽灵般的大雾，厚重而永恒。"

迈克尔·霍华德[2]后来成了一名伟大的军事历史学家。1943年秋天，他还是一位年轻的军官，来到了位于那不勒斯南部的萨莱诺，这里是意大利长靴形状的一部分。他在夜间被派遣上山，并在那里初次与德国的人相遇。他和他的小部队在黑暗中迷失了方向，比预计到达的时间晚了些，而且他们在出发时遇到了一些混乱的状况，原本应给予他们支援的掩护炮火提前开炮了。当他和队友躲在石墙后面时，德国子弹在头顶呼啸而过，他回忆说，他觉得自己就像在B级片[3]里扮演英勇的排长："好吧，我想如果由我来扮演大卫·尼文[4]，我就最好扮演得像一些。

---

1. 克雷西战役中，法国的弓箭手为使用落后的十字弓的热那亚人，他们在不敌英国弓箭手的情况下逃跑，被法国骑士军砍杀。——编者注
2. 迈克尔·霍华德（Michael Howard，1941—2019），英国政治家、军事历史学家，毕业于剑桥大学，曾是英国保守党党魁及反对党领袖。
3. B-movie，指拍摄时间较短、品质较低的低成本影片。——编者注
4. 大卫·尼文（David Niven，1910—1983），英国演员。

所以我发出嘘声："好了，跟我来！'"英国人在黑暗中跌跌撞撞地走下斜坡，穿过树林，走过阶梯状的墙体。"后来的一切都变得如此混乱，很难做出清晰的描述。"他写道。但他记得当时自己像个疯子一样大喊大叫，德国的手榴弹和枪支发出闪光，砰砰直响。行动成功了，德军撤退了。第二天清晨，英国人埋葬了德国死者，将他们形容为"萎缩的可怜娃娃"。

许多战士还试图描述他们感受到的压力和紧张，其中掺杂着对死亡的恐惧、遵守命令的需要以及战斗中可能出现的奇怪喜悦。戴维·汤普森是一名来自纽约的士兵，他试图简单概括自己在安蒂特姆会战中的反应。"真相是，"他写道，"当子弹打在树干上，实心炮弹像击碎蛋壳一样击碎头骨时，普通人胸中炽热的激情就会消耗殆尽。"然而当命令下达时，他仍会起身向前走去。"不一会儿，空气中就充满了子弹的'嗖嗖'声和霰弹的轰鸣声。我的精神压力太大了，以至于在那一刻，我想我看到了一种奇异的效果，歌德在他生活中的某个场合也提到了这种效果——整片风景瞬间变成略带红色的样子。"曼宁根据自己在索姆河战役的经历写成一部小说，他在作品中谈到了"一个明亮而又艰难的行动点"。一位苏联女战士在接受阿列克谢耶维奇的采访时说："最可怕的事情当然是第一场战斗，因为你什么都不知道……天空震动，大地震动，你的心脏似乎要爆炸，你的皮肤感觉快要裂开。我从没想过地面可以发出'噼啪'声。万物都在发出'噼啪'声，万物都在隆隆作响。"

有时在战斗过程中，参战者会感受到一种奇怪的平静。意大利人埃米利奥·卢苏的《南部战线的士兵》是一部有关第一次世界大战的优秀回忆录。据他回忆，他曾参加过针对奥地利防线的诸多徒劳无功的攻击中的一场。奥地利人用机枪扫射一座地势开阔的丘陵，迫使意大利人撤下山丘。他写道：

有一分钟左右的时间，一种精神的麻木征服了我，我感到整个身体都沉重而迟缓。也许我受伤了，我心想。但我能感觉到我并未受伤。机关枪的子弹呼啸而过，紧跟在我们身后的部队不停冲来将我吵醒。我立刻重新意识到自己的处境。不是愤怒，不是仇恨，而是彻底的平静，如同在一场争吵中一样，一种无比疲倦的感觉萦绕在我清醒的头脑中。而后，即使这样的疲倦也消退了，我又快速跑动起来。

从参战者的许多叙述中可以了解到一件事，那便是他们的恐惧——当然，恐惧受伤或死亡，但同样恐惧无法经受住战争的考验，恐惧他们变得惊慌失措并做出不好的行为。蒂姆·奥布莱恩曾亲自在越南战争中作战，他写道："人们杀戮，然后死去，因为他们不好意思不这样去做。正是这样的感觉将他们带进了战争，而不是什么积极的东西，不是因为光荣与荣耀的梦想，只不过是为了避免耻辱的脸红。"即使是朱利安·格伦费尔也感到害怕，当他在法国第一次作战后，他就向母亲承认了这一点。他想说他很享受战斗，"但是这太血腥了。我假装自己有点喜欢它，但它并没有什么好处。它只会让一个人变得粗心大意、无所戒备、只顾自己。但当一个人承认这很血腥的时候，他便又恢复正常和冷静了"。在和平的情况下，虽然很难预测谁很勇敢而谁又不是，但训练、纪律以及领导力可以帮助战士们度过最危险的战斗。在葛底斯堡战役中，一座至关重要的小山——"小圆顶"险些落入南方军队之手。在一位大学教授的指挥下，一支寡不敌众的小型军队为北方军拖延了一天时间，在看似不可能的情况下，北方军用刺刀冲锋，将南方军杀得溃不成军。

正如霍华德回忆的那样，有时扮演一个士兵的角色不仅能给别人留下深刻印象，也能为自己留下同样的印象。在另一次袭击中，他与一位年轻的军官同僚躲在战壕里。霍华德说："这就像一部糟糕的美国电影。""是的，"他的同伴回答，"但没那么有趣。"在越南，奥布莱恩的士兵们说话很无情："他们用强硬的词语来表达可怕的温柔。他们会说'涂油''杀掉''点烟''在拉拉链时杀了'。这不是残忍，只是舞台表演而已。"士兵们经常拿死亡开玩笑，为的是能应付它；比如在两次世界大战中，他们会手里拿着香烟，支起敌人的尸体。在英国和阿根廷的福克兰岛（马岛）战争期间，英国驱逐舰"安特里姆号"被阿根廷的飞机击中，燃油泄漏，舰艇存在失火的危险。警报蜂鸣器和钟声响起，船员们四处奔走，在最紧张的时刻，一个司炉突然现身。"停下！"他喊道。从官员到普通海员，所有人都愣住了。他指了指一条通道说："祖鲁人！他们有成千上万人！"说完便消失了。（19世纪有关南非祖鲁战争[1]的电影显然是英国军方的最爱，尽管祖鲁人的表现相当出色。）一位名叫克里斯·帕里的年轻人（未来的海军上将）记得这一刻，因为它缓解了当时的紧张气氛。

长期以来，宗教或仪式在许多不同的文化中始终是战斗的一部分。几个世纪的时间里，士兵们用舞蹈、仪式和祈祷为战斗做准备，佩戴护身符或遵照迷信做法来祈祷平安。19世纪末，义和团认为，他们的军事演习可以使他们不受子弹的伤害，仪式也能在战斗结束时带来净化的作用。当埃涅阿斯劝说他的父亲逃离特洛伊时，他请父亲带上他们最神圣的东西："父亲，把我们国家之神的神圣徽章抱在怀里吧！我刚刚经历了激烈的战斗和屠杀，在我用流水洗干净自己之前，触碰它们是有

---

1. 祖鲁人是南非最大的民族。19世纪，布尔人和英国人先后对南非祖鲁人发动了侵略战争，祖鲁人顽抗多年，但最终因装备落后、与英国实力悬殊，于1887年被英国吞并。——编者注

罪的……"

喝酒和吸毒也可以起到同样的效果，它们帮助士兵准备战斗并在之后应对与之有关的事。英国军队同许多大陆军队一样，也曾给他们的军队喝大量的白兰地或朗姆酒；在越南，美国士兵通过吸毒来减轻恐惧。卢苏在对第一次世界大战的回忆中描述了意大利人是怎样差点被来自奥地利的白兰地烟雾淹没的。为了忍受战争的疯狂，他的战友们也故意喝酒。他看见一名意大利军官试图用手枪顶着自己戴头盔的头并射击。"我借喝酒保护自己。"一个人对他说，"否则我已经在精神病院了。"交战双方都看不见彼此，但他们一直试图杀个不停。"太可怕了！所以我们才一直喝酒，不论哪一方都一样。"如今，现代军队更好地理解了针对压力进行治疗的意义，但在战斗中，压力是不可避免的。

1453年，最后一位拜占庭皇帝徒劳地在被攻破的城墙上徘徊，期望奥斯曼的征服者能杀死自己。诚然，有些士兵也会像他一样寻求死亡，但大多数则积极地避免死亡，或者至少希望死亡是朝他人而非自己来的。战斗中的死亡常常到来得既突然又随机。卢苏在当时身处意大利和斯洛文尼亚（曾是奥匈帝国的一部分）之间的高原上。由于装备不足、领导不善，意大利人被迫多次对奥地利铁路线发动代价高昂的攻击。他记得自己和一位大学朋友坐在一起等待着进攻的新命令。他们一边分享着香烟和一瓶白兰地，一边聊起荷马，想知道若是伟大的特洛伊战士赫克托耳拥有白兰地，他能否对付希腊敌人阿喀琉斯。

"有关战争的事情，我已忘记了许多。"卢苏写道，"但我永远不会忘记那一刻。我看着我的朋友，他一边微笑，一边一口一口地抽着香烟。从敌人的战壕里传出一声枪响。他低下头，嘴唇间还夹着香烟，在他的额头上，一个新形成的红点流出一条细细的血丝。他慢慢地蜷缩起来，倒在了我的脚边。我把他扶起来，发现他已经死了。"

1. 一樽 3 世纪的石棺，它展示了罗马士兵如何战胜装备不够精良的野蛮人（这是对不属于罗马的民族的称呼）。这位雕塑家展示出了罗马人的一个共同观点：他们的成功源于他们的纪律和好战精神。富裕之人被葬于这样的石棺是很常见的，因为罗马就同其他很多社会一样崇尚军事美德和胜利。

2. 一张来自 18 世纪的历史图画展示了努尔哈赤的生活，他是清王朝的奠基者，清王朝则在 1644 至 1911 年期间统治着中国。20 世纪之前，骑兵一直在整个历史上扮演着重要的角色。如图所示，诸如封建欧洲的骑士或蒙古人的骑兵具有一定的灵活性，可以压制、冲散步兵。

3. 阿尔布雷特·丢勒的《天启四骑士》创作于 1498 年，是这位德国艺术家最著名的木刻作品之一。在他用插画展现《启示录》的一系列作品中，这是其中的一部分。它从左到右依次展现了死亡、饥荒、战争和瘟疫的到来。在他的描述中，就像战争中常见的景象那样，四者紧密相连，毫不留情地践踏着无助的平民。

4.《拿破仑穿越阿尔卑斯山》，雅克－路易·大卫创作。大卫为了表现拿破仑在意大利北部击溃奥地利人途中的光荣与英雄主义，他创作了5幅作品，这是其中之一，对于这次旅程，它给出了一个高度理想化的版本。拿破仑就像此次战争前后的领导人一样，懂得政治宣传的力量并召集艺术家和作家为他服务。许多人就像大卫一样愿意为之献出自己的才华。

5. 帕多·乌切罗约于 1438 年创作的《圣罗马诺之战》，它描绘的是佛罗伦萨城邦的军队击败对手锡耶纳的军队。以鲁莽而勇敢著称的佛罗伦萨指挥官尼克·达·特伦提诺在此率领骑兵冲锋。

6. 弗朗西斯科·戈雅创作的《她们像野兽》，是"战争的灾难"版画系列的第 5 幅。这位西班牙画家在 1810 年至 1820 年间创作了一系列版画，展现了西班牙在对抗波旁王朝的大革命、1808 年法国入侵以及后来的半岛战争中遭受的恐怖和残酷折磨。面对侵略者，平民也做出了反抗，图中的西班牙妇女在攻击法国士兵，其中一个妇女将婴儿抱在腰间。

7. 入籍法国的费利克斯·瓦洛顿在第一次世界大战开始时曾自愿为法国而战，但因为年龄问题被拒绝。《凡尔登》（1917 年）展示了法国要塞周围发生的斗争，这里有 60 多万士兵在德军长时间的进攻中丧生，这幅作品是他在 1917 年为前线创作的一系列作品中的一幅。

8. A. Y. 杰克逊创作的《毒气攻击：利文》。加拿大画家杰克逊向一位朋友坦言，西线战场的夜晚有一种古怪的美感。"当毒气形成的云升起时，天空也被火光照亮。"第一次世界大战中，一些政府委托官方战争艺术家进行创作，尽管他们并不总是认同后者对前线的描绘。

9. 凯特·珂勒惠支设计的《悲痛的父母》。这位德国左翼艺术家在 1914 年 10 月失去了她的儿子，她和丈夫终其一生都在悼念儿子，直到他们自己也死去。她在作品中不断重复着"失去"和"哀悼"的主题，并为儿子在比利时的墓地制作了这些雕塑。这两尊雕塑最初相隔甚远，后来被移得离彼此近了一些，但仍各自沉浸在属于它们自己的悲痛之中。

10. 阿尔宾·艾格－利恩茨创作的《无名》。这幅第一次世界大战时期奥地利的战争艺术作品，描绘了现代的工业化战争，其中几乎不存在前现代战争的任何荣耀。阿尔宾·艾格－利恩茨不是一个官方战争艺术家，但他努力在前线进行创作。本画作中，他将战士视作丧失人性的无名人物，他们向着敌人的炮火前进，如同闯入了风暴。

11. 亨利·摩尔创作的《避难所中的人》（1941）。摩尔主要以雕塑作品而闻名，他创作的一系列素描作品则描绘了平民在第二次世界大战饱受煎熬的景象。他的作品大多数使用灰色的阴影，偶尔也会用到柔和的颜色，这幅画不仅捕捉到 1941 年伦敦遭受猛烈轰炸时的灰暗，也捕捉到其中日常生活中潜藏的危险。在这里，人们横七竖八地睡在地下的避难所中。

12. 乔治·格罗兹创作的《戴防毒面具的基督》。同之前的戈雅一样，德国艺术家格罗兹用他的艺术创作对战争进行抨击。这张 1926 年的素描画作是他创作的几张同主题作品中的一张，他用十字架上的基督形象批评了那些从战争中谋取利益的人。他因亵渎神灵而受到审判，后来也遭到纳粹的谴责，被视为堕落的艺术家。

13. 格雷厄姆·萨瑟兰创作的《毁灭, 1941: 伦敦东区某条街道》。萨瑟兰受雇于英国政府，记录了第二次世界大战对不列颠群岛的影响。他的"毁灭"系列展示了纳粹德国空袭各个城市的结果，德国人试图以此摧毁英国人民的能力和意志。这一场景发生在伦敦东区一排遭受了极为严重的袭击，如今已被毁坏的普通房子里。

14. 艾里克·拉斐留斯创作的《赫特福德郡索布里奇沃思的喷火战斗机》。拉斐留斯也是一位英国的战争艺术家，他绘制了海岸防御工事和英国人用来阻挡德国进攻的飞机。在 1940 年的不列颠空战中，画中描绘的喷火战斗机在阻止德国取得空中霸权地位方面发挥了关键作用。

　　战士们可以哀悼死者，但不能因为失去他们而悲痛太久。"人会承受痛苦，因为人对人不可剥夺的怜悯。"弗雷德里克·曼宁写道。但人也会很快遗忘，他接着说，仍然活在这世上也是一种宽慰。"思想和眼睛都转移了焦点。在第一次绝望的哭喊之后，他们又重归平静：'死的是我！'……不，不是我。我不会变成那样的。"

　　对死亡的认识使生命变得更加珍贵。恩斯特·云格尔是经典战争回忆录《钢铁风暴》的作者。1917年，在西线战场的一场战斗中，云格尔所在的部队遭受了损失。据他所说，幸存者被安置在一个村庄里，那里回荡着团聚的欢呼声。"在成功熬过一场战斗之后，或许这样饮酒是一位老战士最美好的回忆之一。即使十二个人中十个已经倒下，剩下的那两个幸存者也一定会在第一天晚上休息时相聚在酒杯前，向他们的同志们默哀祝酒，并开玩笑地谈论他们的共同经历。"第二次世界大战时在缅甸，让乔治·麦克唐纳·弗莱泽十分惊讶或许还有些震惊的事发生了：他们部队中有一人牺牲了，但剩下的士兵却没有一人对这场战争或死者多说些什么。"他们没有表露悲伤、愤怒、明显的解脱感，甚至什么情绪都没有。他们没有震惊或不安的症状，也没有紧张或暴躁的情绪。那天晚上，如果他们表现得比平时更加安静些，好吧，那只不过是因为他们已经筋疲力尽罢了。"然而，让他震惊的事再一次发生了：上床睡觉前，他们在地上铺了一张防潮布并将死者的全部物品放在上面，然后每个人都取走了一件。弗莱泽渐渐明白了，这正是一种对死者表示纪念和尊重的方式。

　　当然，参加战争不仅仅意味着恐惧、死亡或行动，还同样意味着等待、厌倦，意味着对食物、虱子、老鼠、天气和高级军官的抱怨。古罗马士兵在前线给家人写信，心中满是牢骚抱怨，如果不幸身处英格兰北部的哈德良长城之上，他们便会要求家人为他们寄送温暖的衣物。两千

年后，在中国的日本士兵乞求家人给他们寄来袜子和内裤。一张在埃及
发现的莎草纸碎片上写着一位古罗马士兵的抱怨："但你从来没有给我
写信说你的健康状况如何。我很担心你，因为虽然你经常会收到我的信
件，但你却从来没有回信给我，好让我知道……"在第一次世界大战的
战壕里，士兵们可以通过写下发生在他们身上的事情，来找到一种逃避
的方法，或者至少是一种应对现实的办法（而在这场战争中，西线战场
的大多数人是识字的）。法国军队中的罗伯特·多热莱斯曾经是个铁
匠，他说自己对走出平民生活、进入军队一事感到震惊和不知所措。
"世界已经被颠覆，我相信我走的是一条未知的路线，就在我离开的那
天，我已经成了一名战争作家。"制造商们为用于记录前线生活的特殊
钢笔和小笔记本做广告，士兵们创办和阅读的报纸也为就业提供了出
路。据说在美国参战的短短时间内，美国《星条旗报》发表了来自美国
士兵的10万行诗歌。

　　对于正在战斗的人来说，家是遥远的，不仅仅是地理意义上的遥
远。比起和平时期的军事生活，战争甚至更能颠覆人们的时空概念和对
生活的正常期望。如果你是1812年的拿破仑或二战期间的德国军队，
那冬天就是你的敌人；但如果你是保卫祖国的俄国人，那冬天就是你的
朋友了。在战斗之前，时间会被拖得不可思议地长，但在战斗期间，时
间会加速流逝。弗莱泽第一次与日本人在一座小寺庙周围面对面战斗大
概只持续了一分钟，但他在余生中都清晰地记得那些场景和他的感受：
"一种持续的紧张兴奋被偶尔闪现的愤怒、恐怖、兴高采烈、宽慰和
惊喜穿透。"第一次世界大战中，一位在蒙斯战役[1]中作战的英国士兵
说："进行中的战斗是一件令人无比兴奋的事……"在另一方作战的一

---

1. 蒙斯战役是1914年8月发生在比利时与法国边境的战役，英国远征军通过该战摆脱了德军
的追击，成功加入马恩河战役。——编者注

位德国士兵在前进的过程中经历了"一声胜利的呐喊,一种狂野的、超凡脱俗的歌声在我内心涌动,它鼓舞着我、激励着我,充盈在我的所有感官之中。我战胜了恐惧,我征服了我凡俗的肉体"。

战争颠覆了我们认知中的社会的自然秩序和道德。在战争中炸毁建筑物、桥梁或铁路等社会必需的基础设施并谋杀或伤害他人是正确的,也的确是必要的行为。在和平时期,那些诡异怪诞或骇人听闻的事物——未掩埋的尸体或死亡的气味、泥土、老鼠、虱子、脏水或腐烂的食物,只不过是战争的一部分。我们在和平时期所拥有的东西——也许是时髦的衣服或运动器材,则失去了它们的价值,而那些我们从未注视的东西却变得极其重要,例如铁丝剪或爽足粉。奥布莱恩在《士兵的重负》一书中列出了不同士兵的物品清单,虽然这些清单各式各样,但都包括钢盔、止血绷带、驱蚊剂、口粮和水。1919年夏天,加拿大艺术家戴维·米尔恩被派去记录加拿大人参战的西线战场,如今那里一片宁静。在一封给朋友的信中,他列出了仅仅一个洞里包含的内容:罐头食品、炮弹、手榴弹、水瓶、子弹袋、防毒面具、头盔、衣服。就在一年前,被米尔恩称作"大量废物"的东西还曾是士兵们必不可少的装备。

战争改变和扰乱了人们日常生活的模式。在第一次世界大战的西线战场上,夜晚很安全,白天则是危险的。暴晒在阳光下的士兵们尽数落入另一方的监视中。白天是用来休息的,晚上是用来工作的,不论是补充供给、修筑战壕、挖掘隧道,还是突袭无人区。满月不是什么值得欣赏的景象——它是一名敌人。天空中的烟花不是节庆的象征,而是死亡和毁灭的向导。地表景观的含义也发生了变化:河流和运河的作用不再是运输或浇灌庄稼,而是变成在受到攻击时进行防御或设置障碍的东西;山脉、森林、丘陵和山谷是作战计划的一部分,是攻占或防守时的战略目标。法国北部的维米岭距离其下的平原只有200英尺,但在1917

年，为了从德国人手中夺取它，加拿大付出了1万人伤亡的代价[1]。空旷的田野和农场并没有孕育新的生命，却制造了死亡和军械的丰收，并且一如既往如此；霜冻侵蚀着冬天的大地，让那遍布西线战场、尚未爆炸的炸弹露出地表，它们仍有着夺走生命的威力。

诸如咒骂或亵渎等在和平时期不被人们接受的行为，在战争中会成为常态。白拿，或者说在和平时期被称为"偷窃"的行为也是如此。弗莱泽所在的部队曾经被派去帮忙为空投物资卸货，但指挥官在迎接他们时却表现出深深的怀疑，警告他们不要拿走任何东西，这让弗莱泽感觉受到了冒犯。令他吃惊的是，这些人接受了这一切，在漫长而炎热的日子里精力充沛、毫无怨言地工作着。工作结束时，指挥官因他们的勤勉和诚实而对他们表示祝贺，并给了他们几包香烟作为奖励。当他们回到营地时，士兵们在地上铺了一张防潮布，弗莱泽惊讶而钦佩地看着他们，他们将装满糖的水瓶倒空，从衣服上和帽子下面拿出散装茶叶、雪茄、烟草和罐头食品。"当他们完成这一切时，地面看起来就像哈罗德百货的食品大堂。"

性的规范在战争时期也会改变。说起这一点，我们立刻就会想到强奸这种应被控制或毁灭的行为，但在战争时期，性也同样可以是对生命的重新确认。既然知道死亡可能近在咫尺，那和平时期的禁令和限制就变得毫无意义了。一位参加过第二次世界大战的美国士兵说："按照大多数人的标准，我们是不道德的，但我们还很年轻，可能明天就会死去。"与另一个人的情感接触因此变得十分重要，即使是通过付费的性行为来获得。"以前我就注意到了，"第一次世界大战期间，新奥尔良一家妓院的老板这样说，当时整座城市到处都是美国军人，"有关战争

---

1. 指1917年发生在一战中西部战线的维米岭战役，该战役是加拿大军首次独立参战。——编者注

和死亡的想法使人变得淫荡。"她说，这并不是为了图乐子，"而是一种神经衰弱，只有一个女孩和一套玩意才能治疗"。在曼宁的笔下，古怪的事发生了，主人公伯恩被一个为他提供晚餐的法国农家女孩感动了，部分原因是她让自己意识到了生命的有限和孤独："在对死亡不寒而栗的厌恶中，一个人本能地转向了爱，这似乎重申了其存在的完整性。"他还提到，当他在前线时，他不去想女人。正如许多专家所说的那样，男人和女人离战场越近，性就变得越发不重要，这或许是因为他们专注于求生，因为他们太过忙碌、恐惧或是仅仅因为疲惫。

在打破各种禁忌时，在战争带来的覆灭中，可能存在着一种古怪的兴奋感。1917年7月，一位来自西线战场的炮兵军官——年轻的苏格兰人亨特利·戈登写信给母亲，说他在晚上去了一个遭到毁坏的城市伊普尔，刚刚那里又一次遭到了德国人的猛烈轰炸。他说，他在废弃的街道上发现了"一种奇怪的美"，那里还立着几幢房子。其中一幢房子就像一个巨大的娃娃屋，它的正面被撕掉了，露出了里面的房间，一些房间里仍然摆放着家具和一两张挂得歪歪斜斜的图画。当他朝门宁门走去时，他穿过了宏伟的广场，广场上仍屹立着伟大的哥特式杰作——纺织会馆的残垣。"我听说过月光下的泰姬陵，但对我来说，它永远不会像这片废墟那般令人难忘。那里的石头和砖块闪烁着雪白的光芒，巨大的塔楼屹立在那儿，伸出它那参差不齐的炮塔，如同一座巨大的冰山映衬着黑暗的天空。"就在他急匆匆地穿过广场之时，他注意到一座灯柱旁躺着一具皱巴巴的士兵尸体。

到第二次世界大战时，远程轰炸机的使用意味着平民日渐发现自己也是战场的一部分，他们同样经历了那种毁灭的刺激。1940年10月，年轻的加拿大外交官查尔斯·里奇从伦敦市中心的一家电影院走出来。

"看起来，"他在日记中写道，"整个皮卡迪利[1]都着火了。火舌舔着伦敦馆顶部的柱廊。我们冒着炸弹和弹片，一路驱车来到多切斯特[2]，那里似乎到处都是火。"他和他的同伴就像孩子一样兴高采烈。"在这场毁灭的狂欢和危险中弥漫着一种兴奋，但第二天迎来放荡过后的清晨，我被铲玻璃的声音吵醒。"1945年8月6日，一位名叫小仓丰文的日本讲师前往广岛[3]，突然间出现了巨大的闪光。他怔怔地站在那里，巨大的且旋转着的云朵让他惊呆了。他回忆说自己没有办法描述它："古人设想的那些朴素的概念和幻景，无法用来形容在苍穹中上演的这场可怕的云彩和灯光盛会。"他继续朝城市走去，被一种想要体验毁灭的冲动所吸引，后来他将其形容为"有史以来人类所能经历的最伟大的景象"。

解释战争是什么样子的从来不是一件容易的事。想要找到用来解释战争的语言和图像是困难的；同样困难的是，国内的人不想听到现实的战斗生活是什么样的。年轻的苏格兰军官戈登在回忆录中抱怨说，他在休假时回到爱丁堡的家中，络绎不绝的拜访者带着他们"愚蠢"的问题到来，询问前线到底是什么样子的。"很好，谢谢，确实很好。"他回答道，"你还能说什么呢？他们怎么会明白呢？我们现在完全身处不同的世界。"现代战争使不同世界之间的对比显得格外鲜明。在今天，参战者可以从战场归来，去世界各地游走；不过即使是第一次世界大战期间，前线的战士们也很可能今天身在战壕，明天就回到了自己的国家。

令许多作战的人感到不安的是，国内很多人正从战争中获利。例

---

1. 皮卡迪利（piccadilly），英国伦敦的街区。

2. 多切斯特（Dorchester），位于英格兰地区西南部的古镇。——编者注

3. 1945年8月6日，美国在日本广岛投掷了原子弹。小仓丰文为广岛大学的一名教授。——编者注

如，在曼宁的小说或弗莱泽的回忆录中，普通士兵会反复抱怨采矿工人或军工从事人员的高工资，抱怨制造商创造的高利润，或者单纯抱怨普通百姓是如何享受生活的。第一次世界大战期间，另一位年轻的苏格兰军官约翰·里斯（后来他成了里斯勋爵并长期担任英国广播公司的负责人）在伦敦度过了他初次休假中的部分时间。他与哥哥共进晚餐，却享受不来丰盛的食物和奢华的环境。他注意到，有很多人都没穿制服。"不管怎么说，这一切都很不和谐，我脱离了这种生活，并对它感到愤恨。"

在20世纪30年代末的日本侵华战争中，一位日本士兵写道："我很想知道，国内的人在想到日军的胜利时是否会欣喜若狂，他们能否理解胜利背后的无尽痛苦。"埃里希·玛丽亚·雷马克的《西线无战事》是一部小说，但它借鉴了雷马克身为一名德国士兵的经历。书里的主人公保罗·鲍默试图描述战争的真实模样，这个场景正是对一战中无数回忆录和书信的映照。当鲍默休假回家时，他发现自己没法告诉熟人或家人有关战争的任何现状。一方面，他不想让他的父亲或垂死的母亲感到不安；另一方面，其他人想要的那些故事——关于光荣的事迹或即将到来的胜利，他讲不出来。他伤心地想，他就不应该回家。

战争前线与后方民众之间的另一个差异是，民众往往比那些亲身作战的人更痛恨敌人。第二次世界大战中，英国的一项研究表明，相比居住在城市、真正遭受闪电战严重袭击的人，居住在农村地区、没有受到影响的人更希望德国城市遭到报复性的轰炸。针对同一场战争中的美国军人所做的一项调查显示，相比那些已经置身太平洋地区的人来说，没有离开过美国本土的人更倾向于同意彻底消灭日本人。而像恩斯特·云格尔一样，承认自己是"怀着狂暴的怒火"参战并渴望杀戮的参战者则更为罕见。二战中，有的英国军官在谈到敌人时说："事实上，我们把他们视为勇敢的士兵，但我们的工作是打败他们并赢得战争。"在《伊利亚特》中，当阿喀琉斯把一个即将被他杀死的特洛伊人称作"朋友"时，实际上他意识到双方的战士都是在做自己必须做的事。戈登在一战中谈到德国人时写道："他们保卫自己并炮击我们，我们不能因此责怪他们。"他发现自己没法仇恨他们；事实上，他还有些同情他们，因为他们的日子可能过得比英国人更糟。西线战场上的人们自动发起了圣诞休战行为，直到军事当局禁止。这种非正式的"和平共处"协定（例如，让双方不受干扰地收拾尸体）反映了一种感情，即共同的苦难和人性跨越了界限。弗兰克·理查兹的《老兵永生》是罕见的由普通士兵书写的一战记录之一，他本人在1914年便参加了这样的休战行动。士兵们先出来，军官们紧随其后。"我们整天混在一起。"他说。德国人把一桶啤酒送到英国战壕，而英国人则送去浓香干果布丁作为回报。"他们中有个士兵说英语，"理查兹回忆道，"他说在布赖顿工作过几年，他受够了这该死的战争，等战争全都结束时他会很高兴的。我们告诉他，他不是唯一受够了它的人。"

这种同病相怜之感也出现在其他时间和地点的战争中。20世纪30年代末，一位在中国的日本士兵感到非常悲伤，他的指挥官下令，先审讯受伤的中国士兵，然后杀死他们。"虽然他们是我们的敌人，但他们也是人类，有着和世界上其他生物一样的灵魂。为了测试一个人的剑刃，用他们来做无谓的实验真的是很残忍的事。"第二次世界大战期间，一位苏联妇女在一个骑兵军团内担任医疗助理，她回忆起自己在射杀两名德国士兵时的悔恨之情："其中一个是那么英俊的德国年轻人。我感到很遗憾，尽管他是个法西斯分子，还是很遗憾。那种感觉久久缠绕着我。你知道我并不想杀人的。我心中怀有这样的仇恨——为什么他们要来到我们的土地上？但当你自己杀人时，那种感觉很可怕……"一项针对美国士兵的研究被广泛引用，该研究得出结论，只有15%到25%的人准备瞄准敌人并朝他们开火，其余的人要么不开枪，要么瞄得更远。对战争中的德国人和日本人进行的相似研究也显示出大致相同的结论。这些结论自被发现起就一直受到挑战，但不可否认的是，它们使人们对如何将心理学的洞察力和方法融入军事训练感兴趣，为的是使新兵变成在战场上不会退缩的高效杀手。

有时领导者可以改变男女在战斗中的表现，但并非总能如此。亚历山大、尤利乌斯·恺撒、霍雷肖·纳尔逊上将、乔治·巴顿将军和拿破仑似乎都拥有一种非同寻常的能力，可以激励他们的士兵大开杀戒并勇敢地面对死亡。他们中的每一个人都有意识地扮演着领导者的角色，鼓励身边的人创造传奇故事，操纵符号和预兆。当牧师们检查动物的肝脏，想看看它们是否提供了某种预兆时，亚历山大会耍花招，在其中添加"胜利"的标志。在干燥的沙漠中，当有人为他提供一顶装满水的头盔时，他充满戏剧性地将水倒了出来，表示他宁愿和士兵们一起受苦。一位传说中的中国将军得到了一坛御酒，但他却命令人们将酒倒进河中，这样他的士兵就都可以喝到酒水了。为拿破仑所做的政治宣传声称，他在阿尔卑斯山上威风地驰骋，而事实上他只是骑着一头行动缓慢的骡子罢了，这些宣传还称，他在圣伯纳德修道院休息时找到了一本李维的书，他还读了其中一段有关汉尼拔的文章——在他之前，汉尼拔曾到过此地。

伟大的指挥官同样拥有无法解释的魅力，他们似乎拥有超越人性的特质和洞察人类灵魂的能力。身经百战的多米尼克-勒内·旺达姆将军在谈到拿破仑时说："我既不怕上帝也不怕魔鬼，但每次走近他时，我都会像孩子一样发抖。"拿破仑的宿敌惠灵顿公爵曾经说过，这位帝王在战场上的气场与4万人等同。在拿破仑最终被打败之后，他忍受着孤独，被流放到圣赫勒拿岛。当他登上那艘载他的船只时，全体船员和军官立刻为他的魅力倾倒。级别稍低的军官在战场上也有类似的影响力。身上的勇气是很重要的，但有的东西更加重要。在曼宁的小说中，马莱特船长风度翩翩："他给人的印象不是大块头，而是很有力量和速度。他的表情、他的态度、他的行为和说话的方式使人感到，只有巨大的能量才能使他束缚住内心的不羁和破坏的能量。也许这种能量在战争中挣脱了束缚，填饱了它那不可征服的强烈欲望。"他的部下钦佩他的冷漠和勇敢，就像他们钦佩他沿着战壕的顶端行走或是回到无人区取回他留下的烟灰缸的行为那样。一些领导者，比如巴顿将军和蒙哥马利元帅，都是引人注目、大受欢迎的人。而其他人则给人留下了不同的印象，比如乔治·麦克唐纳·弗莱泽在缅甸遇到的斯利姆将军[1]。弗莱泽说，在他见过的男人中，斯利姆是唯一一个"身上散发出一股力量、一种强韧的个性"的人，"我在此后的日子里始终感到困惑，因为它并无明显的来由……"在弗莱泽看来，这并不是因为他的外表，斯利姆更像一个新近被提升为总经理的工头，或者一个农民；也并不是因为他的语言，因为他就那么与部下们坐在一起，简单而朴实地谈论着抗击日本的运动。然而弗莱泽却指出了一种感觉，即斯利姆是可以理解普通士兵的。"我想，这是一种和我们十分亲近的感觉，仿佛他是在和一个通情达理的侄子聊天（他不是毫无理由地被叫作"比尔叔叔"的），那就是他最大的天赋。"

然而，在大多数情况下，那些军官，尤其是那些军衔更高的军官，脱离战争的现实，发出不可能执行的命令，缺乏对当时情况的了解。普通士兵和水手已经颇为隐忍，没有公然对他们表示鄙夷。埃米利奥·卢

---

1. 威廉·斯利姆（William Slim，1891—1970），二战时期缅甸战役中英军的主要将领。——编者注

苏留下了一份生动的记述，描绘对象是第一次世界大战中的一位将领，他一心追逐荣耀，不惜让部队付出任何代价。"你喜欢战争吗？"这位将军问道，他的眼睛像赛车轮子那样疯狂地转动着。当卢苏说他并不是特别喜欢时，这位将军被激怒了，他轻蔑地说："哦，那么看来你喜欢和平喽？喜欢和平！就像那些温顺的家庭主妇一样……"尽管意大利人没有大炮，但这位将军却决心攻击奥地利人，他就真的去那样做了，结果也在意料之中。当他的骡子在悬崖边跳跃，试图把他甩下去时，所有意大利人都无动于衷。最终，一名士兵冲上去救了他，但后来这位士兵却遭到了同伴的殴打，同伴都谴责他是部队的耻辱。

或许抽象的理想十分强大，但若想在战斗中依然维持这些，即使是伟大的领袖也无法做到，或者说他们在维持这些方面从来都不是最重要的力量。战线上的希腊重装步兵，广场上的瑞士人，帆船或航空母舰上的水手们，中队里的飞行员……他们全都相互依赖并为彼此而战。正如古罗马历史学家普鲁塔克所说："人们佩戴头盔、胸铠是基于自己的需求，但他们举起盾牌却是为了整个队伍的人。"一位14世纪的骑兵说，"你是如此爱你的战友，你准备与他同生共死"。士兵们可能会粗暴地对待彼此，但他们同样可以变得出人意料地温柔。"友谊"是个显得过于苍白的词语，"爱"则显得过于浪漫，几个世纪以来，尽管战斗者一直试图表达的东西中都含有这两者的成分。英语中融合得最好的就是"同志情谊"（comradeship），曼宁称其为"友谊从未触及的强烈感情"。在战争中，人们往往只是偶尔聚在了一起，但他们却能发展出如此强烈的依恋之情，甚至会为彼此放弃自己的生命。西格弗里德·萨松憎恶战争，认为这是他那一代人玩的"肮脏把戏"，但为了他的同志，他还是回到了部队中。《西线无战事》中，鲍默在离别后又重新回到朋友们身边时，只是简单地说道："我属于这里。"云格尔记得自己在受伤后回到前线时说："这就像回到了一个家庭的怀抱。"

当法国人被围困在奠边府时，他们企图在中南半岛战胜越南人，不幸的是，要塞的前哨一个接一个倒下，他们的驻军被关进了战俘营。囚犯中有来自法国外籍军团的德国人，于是他们决定自己照顾自己。他们告诉越盟的营长，他们已经看到了光明且决定不再支持法国人。于是他们得到的待遇和配给都大为改善。每天早上，他们都要站着听营长讲课，他会为他们讲述越盟在前一天取得的胜利。德国军团则会欢呼并高唱《国际歌》，这是国际共产主义运动的专用歌曲。然后在某一天，营长宣布，经过艰苦卓绝的战斗，法国外籍军团占领的山丘已被成功夺取。德国囚犯们则保持沉默。"来吧，唱啊！"营长说，"你们在等什么？"德国人看看彼此，然后突然唱起一首可以追溯到拿破仑战争时期的歌："'Ich hatt' einen Kameraden/ Einen bessern findst du nicht……"（我曾有一个同志/你可找不到更好的……）然后他们的所有特权都被剥夺了。

那些参加过战争的人可能会想要忘记战争的恐怖，或者说他们试图这样去做；但是许多老兵也会以怀旧的心态回忆起那种同志情谊和更简单、没有太多选择的生活方式，还有一些人则怀念激动人心的时刻。一战后，一位英国飞行员写道："也许他再也不会低头去看队伍了……再也不会在天空中搜寻德国佬，再也不会向活人射击，再也听不到身后那该死的、短促刺耳的声音，再也见不到地面上的曳光弹，这一切都结束了，成了过去。再也没有了清晨的侦察飞行和难以相处的人，再也没有了狂欢作乐和无与伦比的同志情谊，再也没有了疯狂的兴奋和可怕的恐惧。一切都结束了，生活也变得空虚。"凯瑟琳·毕格罗的电影《拆弹部队》中有一个令人难忘的场景，主人公威廉·詹姆斯是一位拆弹专家，他在伊拉克屡次冒着生命危险工作。在一次任务结束后，他回到家中，妻子让他去超市买些谷类早餐。他盯着一个又一个货架上不同品牌的商品，满心都是困惑。不久之后，他重新入伍。

第一次世界大战后的几年里，弗兰克·理查兹经常与一个朋友在酒吧里见面、交换故事。"我们通常用一首老歌结束我们的夜晚，用一首著名的赞美诗当调子，'老兵永远不死，他们只会凋零'。"20世纪60年代，当表达强烈反战情绪的音乐剧《多可爱的战争！》在伦敦开演时，许多参加过第一次世界大战的人仍然在世。我的一个朋友在某天晚上去了那里，有好几车的老兵都坐在观众席上。他们唱着老曲调，挤满酒吧，愉快地回忆着往事——这可不是左翼导演琼·利特尔伍德和剧组演员所期待的反应。

这种对战争的享受让身处和平社会的平民颇感不安。一次，我为一个教育广播节目采访了一位加拿大将军，在我关掉录音机之后，他谈起了战争中的刺激。他说，这就像在骑一辆速度非常快的摩托车，那种知道自己随时可能坠亡的感觉让人更加兴奋。更加令人不安的是，人们认识到有些战士实际上非常享受那种对另一个人生杀予夺的权力，并以杀戮和破坏为乐。澳大利亚人约恩·卢埃林·伊德里斯在第一次世界大战中当过狙击手，他说他感到"唯一的骄傲是，在正义的战争中，我夺走了一个强壮的生命"。在第二次世界大战中，一位英国飞行员在击落两架德国飞机后发现自己无法入睡："在那之后的几天，我再也没法谈论别的；在几周后的时间里，我再也没法思考其他事情……那是甜蜜而令人非常陶醉的。"云格尔的回忆录令人震惊的一点是，他在陈述自己的情感时没有任何歉意或解释。在一个早期的版本中（后来他进行了修订），他谈到了曾经射杀一个英国人的事："他像刀片一样，'啪'的一声倒下了，一动不动。"他在另一个段落中确实留下了这段话，谈到了他和战友们是如何朝一支英国军队开火的："敌人感到了迷惑，他们像兔子一样到处蹦蹦跳跳，飞扬的尘土像云朵一样浮动在他们之间。"

朱利安·格伦费尔写给母亲的信也同样开诚布公，他在信中毫不掩饰地表示自己在战争中有多么幸运，又拥有多少乐趣："我热爱战争。它就像一场漫无目的的大型野餐。我从来没有感觉这么好、这么快乐过。没有人会抱怨别人很脏。" 战斗的激情"使所有这一切，每个景象、每句话、每个动作都充满活力"。他承认，他在第一次射杀一个人的时候产生了一种奇怪的感觉，"但很快就像在射杀鳄鱼似的，只不过更有趣，因为他会对你进行反击"。就同云格尔一样，他用温和的好奇心观察死亡。"他只是咕哝了一句就倒下了。"他在谈到一个德国人时说。他告诉母亲，他希望战争能持续很长时间。"在这之后，猎野猪将是唯一可以忍受的追求，不然一个人就会无聊至死。"后来他头部中弹，死于1915年5月。他的兄弟和两个堂兄弟也在战争最初几个月就死去了。

英国广播公司的里斯勋爵在20世纪60年代写过一本回忆录，书中讲述了他在第一次世界大战中身为一名年轻英国交通运输员的经历。那时，他很难为这本书找到出版商，因为当时流行的观点是每一个不幸参战的人都厌恶战争，而里斯的回忆与这种观点并不一致。他为自己能待在法国而感到高兴和激动。晚上骑马穿越阿尔芒蒂耶尔时，他的反应是："这一切多古怪啊！真让人激动。骑马让人太兴奋了；就在此时，骑马穿过这个空寂的外国小镇昏暗的街道，而不是在母亲的陪伴下出发前往格拉斯哥参加晚祷。"虽然身为交通运输员意味着他不在前线，可以相对舒适地待在后方营地，但他每次和手下骑马或乘马车经过开阔的地带时，都面临着死亡的可能性。里斯高兴地发现自己对此并不感到恐惧，他把这归结为偶然，而不是他所可能拥有的美德。这很有趣，他写道："当你步行穿过萝卜田地时，你知道自己在任何时刻都会因为最确凿不过的原因而停下步伐。"他想知道自己的基督教信仰是否有帮助：
"我觉得一定有特殊的交通工具，能让我们从脚下崎岖不平的战场到达
远方的青草地和可安歇的水边。"[1]当他因脸部受到重伤而退役时，他
给父母写信说："我真烦得说不出话来。我本来一直过得很好，我喜欢
这份工作和这里的一切。"

他在回忆录中还提到了战争创造的美：夏天的白昼，无人区的野
花，点缀在蓝天上的白色防空炮弹。夜战可能会更加壮观。卢苏描述了
在奥地利的一次炮击："看起来，所有烟火都在那片冷杉林上方爆炸
了，照亮了一座巨大的教堂的柱子和屋檐。"死亡的临近可以让世界变
得更加可爱和珍贵。"你在肮脏的稻田里坐着被枪杀，"奥布莱恩写
道，"但有几秒钟，一切都安静了下来，你抬头看到太阳和几朵蓬松的
白云，巨大的宁静在你的眼球上闪烁——整个世界都被重新安排——虽
然你被一场战争打倒了，但你却从未如此平静过。"书籍和电影是无法
传达这一点的，一位参加过第二次世界大战的苏联女性老兵说："不，
不会的。我开始说话，我自己——也不是这样。没有那么可怕，也没有
那么美丽。你知道战争时的一个清晨能有多美丽吗？在战斗之前……你
看，你知道，这可能是你最后一次看到清晨。地球是如此美丽……还有
空气……还有亲爱的太阳……"

就像战争本身一样，随后而来的和平也会影响着用不同的方式战斗
的人：乡愁、骄傲、对战争的仇恨、遭受创伤后的压力、愤怒、悲伤。
一位美国越战老兵在谈到那场战争时说："这场战争烧掉了他内心的男
孩，留下了一个钢化的男人。"无法知道此时他是否高兴。二战期间曾

---

1. 原文 "green pastures and still waters"，出自《圣经》中大卫的《诗篇》第23篇：
"他使我躺卧在青草地上，领我在可安歇的水边。"（He maketh me lie down in green
pastures; He leadeth me beside the still waters.）

在苏联步兵连担任医疗助理的季娜伊达·瓦西里耶夫纳告诉阿列克谢耶维奇："在战争中，你的灵魂会衰老。"一些退伍老兵根本不忍心谈论他们的战争经历。一位曾在高射炮部队当过中士的妇女告诉阿列克谢维奇："我没法告诉任何人我受伤了和我有脑震荡的事。你说说看，谁还会给你工作？谁还会娶你？我们就像鱼一样沉默。"有时退伍老兵可以和他们的孙辈交谈，也许是因为战争对这些年轻人来说太遥远了，也许是因为孩子们不能真正理解他们所听到的东西的意义。

正如阿列克谢耶维奇所说的："战争，一直以来都是最难解的人类谜题之一。"也许本章最后一句话应该留给伟大的南方军将军罗伯特·爱德华·李。1862年，当他看着北方军队在弗雷德里克斯堡一次又一次做着徒劳而代价高昂的冲锋时说："战争如此可怕，这是件好事，否则我们就会太喜欢它了。"

第7章

平 民

人民一无所得，只能眼睁睁地为战争哭泣。

——菲利普·谢里丹将军

在柏林，4月通常是一个美丽的月份：冬天的寒冷和冰雪已经消失，取而代之的是柔软的绿叶和春日的繁花。每逢这时，柏林人总会前往城市中的各个公园和湖畔庆祝新的季节。但在1945年，他们没有庆祝。苏联军队正在西进，纳粹政权日益瓦解，其中许多主要成员试图自救，奔向西方和南方。到了本月20日，《柏林的女人》一书的匿名作者在她的日记中写道，遥远的苏联枪声已经变成了持续不断的轰鸣，"我们被枪管包围了，圈子一小时比一小时小"。人们在街角不安地闲聊，没有人真正知道发生了什么，但所有人都在恐惧着最坏的事情发生。城里到处都是谣言，有些是假的，比如说美国人、英国人已经和苏联人闹翻了，将与德国达成协议；有些则是真的，比如说当局已经开放了囤积的食品库存。人们冒着枪林弹雨，冲进商店抢夺他们能带走的东西，即使炮弹会逼迫他们潜入避难所。"突然之间，"这位作者写道，

"你会想起现在是春天。丁香香水的气味如云朵般飘过无人看管的花园，飘荡在烧焦的公寓废墟中。"那天晚上，苏联的炮弹持续不断地落下，她和她的邻居挤在地下室的避难所中，想知道苏联军队会在何时到达，又会对这些妇女做些什么。

我们常常把注意力放在战士身上，放在他们的战斗、他们的胜败上，却没有给予那些自愿或不自愿卷入战争的平民以足够关注。正如我们所知道的那样，平民也会成为战争的支持者，会敦促他们的政府或社区发动战争；就像18世纪90年代的法国革命者或是第一次世界大战中的许多人，在那年春天，柏林也有很多人在等待着苏联的到来。就同参战者在他们的著作中经常提到的那样，平民往往比身在前线的人更仇恨敌人。战争并非总对平民不利；无论是分享因胜利得来的战利品，还是寻找更好的赚钱机会、取得成功或打破禁忌，他们都可以从战争中获益。然而平民同样是战争的无辜受害者，他们因战败而付出沉重的代价，遭受了饥饿、杀戮、强奸、奴役、强迫劳动或被大规模地驱逐出境。

正如1945年5月柏林地窖里那场关于苏联军队可能会采取什么行动的谈话所示，普通女性普遍担心会在战争中迎来厄运。纵观历史，在不同时代和不同地方，女性一直都是战士们的奖品，会被掳去给他们当老婆或被当场强奸。"你们可以强奸妇女，"一位法国突击队队长在阿尔及利亚独立战争期间对他的部下说，"但要谨慎行事。"当苏联军队在从纳粹手中解放出来的领土上干出强奸的丑事后，斯大林为之辩护的做法令身经百战的年轻南斯拉夫共产党人米洛万·吉拉斯[1]震惊不已。"想象一下，"苏联的这位领导人说，"一个人从斯大林格勒战斗到贝

---

1. 米洛万·吉拉斯（Milovan Djilas, 1911—1995），南斯拉夫共产党主要领导人之一。

尔格莱德——在他自己那被摧毁的土地上越过1000千米，跨越他的战友和最爱的人的尸体。这样的一个人怎么会有正常人的反应？在经历了那么恐怖的事情后，和一个女人开开玩笑又有什么可怕的？"

据统计，仅在1945年，德国就有成千上万的妇女在短时间内被苏联士兵强奸，其中的一些人甚至遭到了轮奸。柏林一位匿名妇女的日记记录了她和邻居在等待苏联士兵初次到来时的忧虑心情。让柏林人宽慰的是，他们第一次遇到的男人似乎都很友善，有一副和蔼可亲的面孔——毕竟"只是男人嘛"。但随着他们开始喝酒，这种宽慰的心情变成了沮丧和恐惧。苏联当局几乎不去约束他们的士兵，还允许他们大肆抢劫库存的酒精——这有助于士兵们释放可能拥有的任何压抑感。日记的作者设法说服士兵们别碰一个受伤的年轻女孩，但她本人却在那一晚和随后的几天里遭到多次强奸，直到最后找到一位保护人才结束。她甚至发现自己的处境中存在一种"绞刑架幽默"[1]。她注意到，苏联士兵首先会选择更丰满一些的女人，比如当地酿酒师的妻子——在战争期间，她一直设法让自己吃得好。

直到德国共产党开始抱怨他们的妻子和女儿遭到强奸的时候，苏联领导人才意识到，残暴地对待德国人民并不是他们争取社会主义事业成功的有效途径，而且这样做正在损害苏联在其他怀有善意的国家心目中的声誉。1945年8月，苏联占领区指挥官朱可夫元帅说："在德国反法西斯分子看来，这样的行为与其他未经批准的行为给我们造成了非常严重的损害，尤其在战争已经结束的今天，为法西斯针对红军和苏联政府的斗争提供了极大的助力。"

正如这位匿名的柏林妇女所说，对这些实施强奸行为的苏联士兵来

---

1. 绞刑架幽默（gallows humor），指在面临极度危险的状况时表现出来的幽默。

说，他们的动机有这么几个：性释放，一个女人的陪伴，以及象征性地展示他们对她和她所在社会的权力。强奸是苏联人意在羞辱德国妇女和德意志民族的暴力行为。战争中的胜利和失败通常是用性别化的方式来表达的——对男子气概的考验、相应的丧失贞操或被阉割。在古代（甚至在今天也时有发生），被打败的男子可能会遭到阉割或强奸。20世纪90年代，在波斯尼亚有上万名妇女（还有一些男子）遭到强奸，尽管受害者中的大多数是波斯尼亚穆斯林，但各方都参与了这一罪行[1]。强奸妇女——婴儿的孕育者，意味着摧毁一个特定的种族群体。塞尔维亚民族主义武装将妇女关入"强奸营"或妓院，塞尔维亚的参战者则会公开强奸这些妇女，以此恐吓她们并获取情报，并鼓励不是塞尔维亚种族的人逃跑。

在战争中被强奸的妇女不仅要忍受身体和心理上的双重伤害，往往还要承担被自己所属社区否定的额外重负。那些在1945年遭到强奸的德国妇女谈论起她们的共同经历时会感到一些宽慰，但她们却常常在生活中受到男人的折磨。那位柏林匿名女子的未婚夫认为，她提及强奸事件的行为是无耻的，于是抛弃了她。这些妇女要尽最大努力处理发生在她们身上的那些残酷而现实的问题。其中一位妇女说，她只不过是忍下了许多事罢了，"为了能在某种程度上活下去"。

由于女性常常被视作国民的先觉者，因此对她们有可能与敌人厮混在一起的任何行为，社会都会做出野蛮的反应。在法国，解放之后，与德国人有过关系的女性都被剃成光头，公开受辱。在战争期间的德国——纳粹将女性作为妻子和母亲的角色发挥得淋漓尽致，成千上万波

---

1. 1992年至1995年，波斯尼亚和黑塞哥维那的三个主要民族——穆斯林、塞尔维亚族与克罗地亚族之间发生了战争。波黑内战期间，塞尔维亚人针对波斯尼亚穆斯林实行种族清洗政策，大量的波斯尼亚穆斯林妇女被奸淫。——编者注

兰奴隶被带到德国农场工作，他们与当地的妇女发生了性关系，人们也对他们的前景感到格外担忧。"当他们侵犯我们人民的核心，让德国血统的女性受孕并腐化我们的年轻人时，"种族纯洁办公室的负责人说，"我们不可以也不可能袖手旁观。"盖世太保[1]们没有袖手旁观，他们在德国各地以"违禁接触"为罪名，公开地绞杀波兰人。有时连德国女性也要一同受罚。在美丽的小镇埃森纳赫——音乐家约翰·塞巴斯蒂安·巴赫出生的地方，一个女人被要求站在主广场上，与她的波兰情人背靠背地捆绑在一起，她被剃了光头，身前的牌子上写着："我放纵自己和波兰人跑了。"1945年后，有一个苦涩的笑话嘲讽的正是那些与盟军士兵发生关系的女人："打败德国士兵花了6年时间，但只花了5分钟就赢了一个德国女人。"然而她们这么做通常只是为了能活下去。

　　几个世纪以来，很多人都试图想出保护无辜者免受战争蹂躏的办法。许多时候，在许多地方，平民被视为与战士不同的一类人，如何对待每一个人都有其规则；例如，平民不应被视为战士，他们的生命、人员和财产都应幸免于难。然而，在战争引发的狂热中，规则很容易被打破或忽视，如果平民靠近战场或受到围攻，他们将遭受可怕的痛苦。1941年9月，当德军围攻列宁格勒时，该市的人口约有700万；1944年1月战争结束时，175万人成功逃脱，100万人死亡。在通常情况下，弱者们——孩子、老人、穷人会最先死去。有时，用军事战略家那句令人毛骨悚然的话来说，平民是"附带损害"，但他们往往被蓄意针对，成为借以削弱敌人的靶子。20世纪的全面战争给人类开具了一份巨大的账单。在第二次世界大战中，有5000万至8000万平民死亡——我们永远都没法确定这个数字究竟是多少。这个数字的跨度如此之大，部分原

---

1. 盖世太保是德语 "Gestapo" 的音译，意思是 "国家秘密警察"。纳粹德国通过盖世太保来实现对德国及其占领地区的恐怖统治。——编者注

因是，正如以前那样，记录往往没能被保存下来或是遭到了销毁，因为人们对应该将哪些造成死亡的因素计算在内产生了分歧：诸如武器、饥饿和疾病等。

修昔底德曾确凿地指出，在伯罗奔尼撒战争的第16年，当米洛斯岛的人民无条件向雅典投降时，雅典人却"处死了他们俘虏的所有适龄军人，并将妇女和儿童当作奴隶出售"。1937年，在对南京的洗劫中，日军杀害了30万人，强奸了2万人，烧毁了南京1/3的建筑物。在欧洲的第二次世界大战中，德国不仅将战俘当作奴隶劳工来使用——这与它自己签署的公约是背道而驰的，还迫使400万至500万平民为它的战事服务，这些人不仅来自被占领的苏联，也来自波兰、法国，还有意大利和欧洲其他地方。奴工们遭受了饥饿和虐待。那些无法工作的人——"吃闲饭的人"则被蓄意杀害，妇女被绝育或被迫堕胎。斯大林驱逐了各种不属于俄罗斯民族的少数民族，从大约120万伏尔加德意志人（Volga German）[1]——他们的祖先世世代代生活在俄国，到18万克里米亚鞑靼人[2]，理由是他们通敌。战争或来自战争的威胁也同样迫使平民出逃，就如1948年犹太复国主义民兵在巴勒斯坦所做的[3]和20世纪90年代塞尔维亚民兵在波斯尼亚所做的那样。

---

1. 该民族在18世纪便迁入俄国，世代居住于伏尔加河畔。第二次世界大战爆发后，伏尔加德意志人被强行迁往哈萨克斯坦北部和西伯利亚南部。——编者注

2. 克里米亚鞑靼人从18世纪后期开始受俄国统治；在第二次世界大战期间，有一部分鞑靼人在德军营服役，1944年5月，德国人被赶出克里米亚地区后，斯大林以克里米亚鞑靼人勾结纳粹为由，将他们驱逐。——编者注

3. 1948年以色列建国引发了阿拉伯人与以色列人（犹太人）的战争，以色列在战争中获得了许多领土，并将大量的巴勒斯坦人驱逐出境。——编者注

　　我在贝鲁特举办过一场里斯讲座[1]，它促使我再次思考，战争对平民意味着什么。1975—1990年间的内战一度摧毁了黎巴嫩，如今的这座城市显然已经恢复了元气。但如果你仔细观察就会发现，建筑物上的弹痕或市中心假日酒店的废墟都在提醒着人们这段历史的存在。你会在国家博物馆看到它罗马式镶嵌工艺的表面被砸开了一个洞，为的是让狙击手能用枪瞄准那条将外面的各个参战方划界的绿线。我遇到了经历过战争的人，他们告诉我，他们学会了如何分辨不同的枪炮声，学会了在避难所里睡觉，学会了在他们心爱城市的废墟中尽可能继续如常地生活。当有人的家或店铺被炸毁时，他们会对彼此说："Sihtak bil dinya（你的健康胜过世上的一切）。"

　　作为地中海东端的主要海港之一，贝鲁特曾在其五千年的历史中多次经历战争。城市中的居民认为它至少被摧毁和重建了7次。希泰人、腓尼基人、古希腊人和古罗马人、拜占庭人、马穆鲁克人、奥斯曼人以及后来的法国人和叙利亚人都曾觊觎它。第一次十字军东征结束，在1110年，这座城市及其居民被敌人用剑和微缩木塔状武器袭击，而不是火箭和冲锋枪，就像从前和之后经常发生的那样，平民遭受了巨大的苦难。耶路撒冷国王鲍德温领导的十字军从陆地和海洋包围了这座城市，来自友方舰队的任何支援都无法解救大部分穆斯林居民。几年后，有一位编年史家说，两个月来，围攻的部队不断发动进攻，使得守军"无论白天夜晚都得不到哪怕一小时的喘息机会。于是基督徒们接连轮流工作，以难以忍受的劳动量耗尽了敌人的力量"。当这座城市最终沦

---

1. 里斯讲座（Reith Lectures），由英国广播公司（BBC）主办的系列讲座，每年一度，初次设立于1948年，初衷是为了纪念倡导公众传媒理念的英国广播公司第一任总裁约翰·里斯。里斯讲座会邀请不同领域的领军人物，就文化、科学、宗教、政治等话题发表看法并邀请听众共同讨论。

陷时，绝望的市民们向大海逃去，结果遭到了从船上跳下来的基督军队的猛烈攻击。"那些不幸的市民们，"这位编年史家说，"很不巧地被夹在两个敌对集团中间，被这一方和那一方先后围困，被两方之间的利剑所杀。"据说有几千人丧生，最终鲍德温自己也厌倦了屠杀，下令停手。

洗劫城市并强奸和杀害其中的居民有着一段长久却不光彩的历史。有时指挥官试图控制他们的士兵：他们常常命令士兵犯下暴行，或鼓励他们随心所欲地对待平民。当日本军队在1937年侵略中国的城市南京时，日军军官指挥士兵对中国平民进行折磨、杀戮和强奸。一位军官说，最初，新兵们目睹发生的事情时震惊不已，"但他们自己很快就会做起相同的事情"。开展围攻的时间越长或代价越高，一个城镇的公民在投降后就越有可能迎来可怕的命运，因为进攻的士兵们认为抵抗行为延长了他们这些进攻者吃苦头的时间。1579年，当西班牙士兵从荷兰叛军手中夺取马斯特里赫特时，1/3的原住居民遭到屠杀。三十年战争期间，马格德堡[1]的厄运被人们当作证明内战之残酷的例子铭记了几个世纪。1631年3月，当哈布斯堡帝国军队和天主教联盟开始围攻马格德堡时，这个以新教教徒为主的城镇里有大约2.5万名居民。最终马格德堡在那年5月沦陷，帝国军队纵火将其烧毁，1900座建筑中的1700座被摧毁。胡作非为的士兵强奸妇女和少女，大约有2万平民死亡。据次年的人口普查显示，仅有449人仍然居住在该城。

在莎士比亚的《亨利五世》中，英国国王在一次讲话中敦促他的军队继续进攻法国的阿夫勒尔镇，如今这一讲话已成为英国文学中一个珍贵的部分："亲爱的朋友，再一次共赴战场，再冲一次，或者用我们英

---

1. 马格德堡（Magdeburg），位于易北河畔，三十年战争期间，全城3万居民死去2万。

国人的尸体把墙堵起来！"　在英国，这位备受敬仰的勇士国王，其英雄情怀同样受到体育评论员、股市分析师和政界人士的欢迎。不过他们应该读一读亨利的下一篇演讲，那是在两幕之后，一段好笑的插曲过后。他告诉阿夫勒尔城的管理者和市民，如果他的士兵们必须通过打仗才能攻占这个城镇，那么他们将不会手下留情。当阿夫勒尔城的人们从城墙上往下看的时候，他对他们说，投降吧，趁他们还有这个机会。

> 要不然，嘿，只要一眨眼，
>
> 那无法无天的兵丁不管满手血污，
>
> 不管耳边的一阵阵尖声惨叫，
>
> 一把拖住了你们家闺女的秀发往外跑；
>
> 你们的父老乡亲是多么可敬，
>
> 却给一把揪住了银白的胡须——
>
> 高贵的额头，也得对准墙脚撞！
>
> 你们那些赤裸裸的婴孩，被高高地挑在枪尖上，
>
> 底下，发疯的母亲们在疯狂哭号，
>
> 那惨叫声直冲云霄，好比当年希律王大屠杀[1]时的犹太妇女一样。
>
> 你们怎么回答？你们是愿意投降，避免这场惨剧呢，
>
> 还是执迷不悟、自寻死路？[2]

　　战争不会彬彬有礼地到来，也不会让平民选择是否参与其中。将领

---

1. 指《圣经》中希律王屠杀婴儿的故事。犹太希律王担心刚降生的犹太真主耶稣未来会夺取他的王位，下令屠杀2岁以下的男孩。——编者注
2. 出自莎士比亚戏剧《亨利五世》的第三幕。面对久攻不下的阿夫勒尔城，亨利五世发表了旨在鼓舞士兵，劝降城内人民的经典演讲。演讲慷慨激昂，表现了亨利五世对人民的尊重与爱，但也揭示了战争往往给平民带来噩梦的事实。——编者注

们会在自己及其军队撤退之时下令实施焦土政策。在欧洲，第二次世界
大战即将结束的时候，德国最高指挥部对自己的百姓漠不关心，下令保
卫"每一栋公寓、每一幢房子、每一丛篱笆、每一个弹坑，直到耗尽最
后一个人和最后一颗子弹"。1945年3月，德国距离最终的溃败显然只
剩下几星期的时间了。《柏林的女人》一书的作者看着德国军队行军经
过她所在的街区。"发生什么了？"她问道，"你们要去哪里？"一个
人喃喃自语，他们在誓死追随元首。"他们显然不太在意我们。"她
在日记中这样写道。

　　在战争中，所有军队行军都会经过宁静的乡村——即使那些友好的
军队也一样，边走边搜罗可获得的食物。农舍着火，牛被赶走。海军击
沉商船或封锁港口；轰炸机向可能有军事用途的对象投掷炸弹，但其中
通常也包括住宅、学校和医院。平民们必须尽其所能地生存下去，但疾
病和饥饿也可能成为针对他们的杀手之一。16世纪前25年，在意大利
帕维亚的街道上，文艺复兴时期的宏伟建筑巍峨耸立，街上的孩子们却
因饥饿而哭泣。该城的人口从1500年的1.6万人下降到1529年的7000人
以下。一个世纪后的三十年战争中，德国各州人口减少了25%至40%。
其中的一些死亡事件是事出有因，但其中许多都是携带疾病的大部队转
移的副产品，那些本就因食物短缺而变得虚弱的人又遭到了疾病的袭
击。第一次世界大战结束时，致命的流感疫情便袭击了全世界，造成多
达5000万人死亡，它很可能就是部队在大规模向前线转移时迅速蔓延
到全世界的。

　　无论是从平民身上榨取资源，还是迫使敌人迎战，抑或削弱其继续
作战的意志，长期以来，蓄意将平民作为攻击目标一直是战争中的一种
策略。几个世纪以来，欧洲围困敌方的军队都会向被围方索要财宝，以
此让城镇和修道院免遭破坏，居民免遭杀戮。无政府状态的战争常常

为私营企业掠夺平民开辟道路。14世纪，在英法百年战争期间，自称"砸杆"（Smashing Bar）和"铁臂"（Arm of Iron）的私人帮派在法国各地游荡，他们敲诈勒索，实施残忍的行为并进行杀戮，就像黎巴嫩内战中的武装帮派，以及如今利比亚或刚果部分地区的武装帮派一样。1356年至1364年间，法国有450多个地方被迫支付赎金。有时，军队和私人帮派就像黑手党或科萨·诺斯特拉[1]一样，要求人们定期缴纳保护费。在16世纪的德国和荷兰，户主们可以得到一张他们已经付清了费用的证明（德语是"Brandschatzung"，或者说是火灾税），军事当局甚至备有预先打印好的表格，上面留有空白栏，等待被填写上金额和日期。人们如果未能按时缴纳经常性税款，则会遭到"处决"——通常是烧毁村庄，甚至是处决当地人。即使入侵军队会遵守他们自己的规则，平民仍会被视为剥削的对象，日用物资和积蓄会被拿走使用，房子会被侵占，作为士兵的住处。有时军队会尝试为此付款，但他们提供的期票和凭证往往一文不值。

在《伯罗奔尼撒战争史》中，修昔底德描述了斯巴达人在战争第一年对阿提卡城邦的破坏是怎样诱使雅典人从他们的城墙后面出来、为保卫自己的农场而战的。15世纪初，波兰王国及其盟友立陶宛大公国与条顿骑士团之间的领土争端，导致了战争的发生，双方都使用焦土政策，迫使对方因饥饿而屈服。在中世纪的欧洲，骑士团（他们的"骑士准则"在当时备受推崇）使用了"骑行"[2]（chevauchée）这个无辜的词来形容残酷的战术。诚然他们骑马，就如名字所示，但"骑行"的目的却是夺取、烧毁或是夷平他们途经的一切——动物、农作物、建筑物、人。这就是为什么在法国的一些地方，你仍然可以看到加固的农舍

---

1. 科萨·诺斯特拉（Cosa Nostra），意为"我们的事业"，意大利最大的犯罪集团之一。
2. 直译为"骑行"，实则是"骑行劫掠"之意。

和教堂，穷人会在那里避难。并不是说它们总能拯救这些人，而是因为建筑物可能会被冲毁或点燃。"没有炮火的战争，"历史上的亨利五世说，"就像没有芥末的香肠一样毫无价值。"在百年战争期间的1360年，英国人闯入奥利教堂，100名农民遭到屠杀。高贵的战士们利用破坏行动——包括对被他们认为低自己一等的农民和农奴进行攻击，迫使对手离开堡垒，以保卫他们的财产。（而趁火打劫的确是令普通士兵开心的方式。）在百年战争即将开始的时候，英国人开展了一次著名的"骑行"，行动范围达到27英里，所到之处，村庄一片荒芜。一位在战争开始25年后回家的意大利诗人说，他"不得不强迫我自己相信，这是我以前见过的那同一个乡村"。

在《亨利五世》中，法国勃艮第公爵的讲话与莎士比亚剧中的其他人物谈到的战争之荣耀形成了鲜明对比。勃艮第敦促法国和英国两国的国王结束战斗：

假使当着莅会的君主与皇上，我这样问一问：为什么那可怜的和平女神，这个保佑人丁兴旺、丰衣足食和艺术的亲爱的保姆，要一丝不挂，任人宰割，为什么她不该在这世界上最美好的花园里——我们的肥沃的法兰西——抬起她可爱的脸蛋来？

他试图告诉他们人类付出的代价：

就这样，我们所有这许多葡萄园、休耕地、牧场、树篱，不再对人类有任何贡献，全变成了荒草、苦艾的地盘。跟这个一样，家家户户——我们自己和自己的亲子女，只因为再没有那一份悠闲的时光，眼看着荒废了学艺、失去了教养——也就是我们国家丧失了文化、她体面的装潢——人类长得像蛮子一样！人们就跟当兵的那样，除了喝血，什么都不想……

对平民的残暴行为也是为了让他们变得顺从，从而教会他们抵抗是没用的。16世纪90年代，蒂龙叛乱[1]开始了，那时的英国都铎王朝征服了爱尔兰，激起了爱尔兰人民的奋起反抗，英国人对此进行了严厉反制。亚瑟·奇切斯特爵士，这位卡里克弗格斯[2]小镇的无情镇长在给他上级的一封信中吹嘘说，他在贝尔法斯特以西的内伊湖（如今，平静的内伊湖以其中的鳗鱼而闻名，也是观鸟的好去处）附近发动了一次突袭。"我们在邓甘嫩[3]4英里范围内杀人放火，毁灭一切。"他说，他数了数，至少有100人死了，他还放火烧了同样多甚至更多的人。"不论什么阶层和性别的人，我们一概不放过，这在人群中引发了恐慌……"人类从未放弃这样的做法：在1942年的侵华战争中，日本采取了与之相似的"三光政策"——烧光、杀光、抢光；如今，叙利亚政府军也会毁坏反叛的城镇和村庄。

在美国南北战争中，谢尔曼将军对平民实施了大规模报复行动，以阻止他们的攻击。例如，他们会在河上乘坐北方军的军舰开展行动，但就像后来在越南的美国人一样，他开始相信胜利的关键在于切断南部平民在其本土可以提供给南方军队的支持——从情报到食物。正如他在给财政部部长的一封信中说的那样："现在美国政府可以安全地实行适当的规则，即南方所有人都是北方所有人的敌人；他们不仅不友好，而且

---

1. 伊丽莎白女王统治初期，爱尔兰地区多次发生起义。在16世纪90年代，爱尔兰北部的蒂龙伯爵休·奥尼尔掀起了一场意图推翻英国对爱尔兰的统治的战争。——编者注
2. 卡里克弗格斯（Carrickfergus），英国北爱尔兰的海滨小镇。
3. 邓甘嫩（Dungannon），北爱尔兰蒂龙郡的一座城市。——编者注

现在所有能够获得武器的人都把自己当作有组织的兵团或游击队。"谢尔曼把南方的每一个平民都视作敌人，无论男女老少。为了追求胜利，他挑出密西西比、佐治亚和南卡罗来纳州等南部邦联关键州的平民，对他们实施特殊待遇，驱逐选定城镇的居民，放火焚烧建筑物，霸占马匹和牛群，并毁坏庄稼。1864年，他们通过佐治亚州向大海进军，留下了贯穿全州、宽约60英里的废墟。次年，南卡罗来纳州也遭受了同样的命运。

欧洲人是怀着一定的怜悯之心看待美国内战的，他们认为这是美国尚未在文明史上取得明显进步的一个证据。在第一次世界大战前的几十年里，欧洲越来越认为战争仅是世界上那些不发达和不文明的地区会做的事情。在1870年至1871年的普法战争后，欧洲唯一的冲突发生在巴尔干半岛，这可以解释为塞尔维亚、保加利亚、罗马尼亚和希腊等国刚刚摆脱奥斯曼帝国的流毒，因而必须做点什么事情。新成立的卡内基国际和平基金会[1]撰写了一份关于1912年和1913年第一次和第二次巴尔干战争的报告，并评论了参战各方对平民犯下的暴行。"在更加古老的文明中，"报告在提到欧洲其他地方时宽慰地说，"道德和社会的综合力量在法律和制度中得到体现，使法律和制度拥有稳定性，凝聚了公众情绪并有利于安全。"该报告于1914年初夏发表，就在欧洲正准备发动一场战争之际，这场战争显示了它对平民施暴的能力。

20世纪，战争向"全面战争"发展的趋势模糊了前线与后方之间的界限。毕竟，在工厂里制造子弹的女人和发射子弹的士兵都是战争的一部分。民族主义的发展和社会中公民的广泛参与，都为针对敌人的仇恨提供了燃料和理由，在此方面，战士同平民一样；此外，工业、科学

---

1. The Carnegie Endowment for International Peace，1910年由美国"钢铁大王"卡内基捐赠成立的基金会。它致力于研究外交与国防问题，促进国际合作。——编者注

和技术的巨大进步也为上述行为提供了更有利的手段，尽管更加古老的战术，如海军封锁、强行征用房屋供士兵使用、扣押资产、焦土政策等也同样会被用来对付平民。

　　在第一次世界大战后的很长一段时间里，人们都认为德国在比利时的暴行是协约国刻意夸大的宣传。然而事实上，正如历史学家最近所叙述的，其中的许多暴行都是真实发生过的。德国军队的确射杀了无辜的比利时平民，将他们当作人肉盾牌并故意纵火焚烧建筑物。德国也的确掠夺了比利时包括黄金和牲畜在内的大部分财富。在德国和被德国占领的法国北部地区，大约有12万比利时平民被强行带去做苦力，这些地方通常条件恶劣且口粮短缺。德国人并不是唯一犯下虐待平民罪的群体。英国对德国实施的封锁（包括食品在内），至今仍存有争议。年轻的英国历史学家玛丽·考克斯最近的研究表明，对于德国的贫困儿童来说，他们的父母无力为他们购买越来越昂贵的食物，在战争期间和战后不久，英国继续实施封锁，来向德国施压，要求后者同意和平条款，导致这些儿童营养不良，其成长也受到影响。1915年，面对德国的进攻，当俄国军队选择撤退时，他们不仅使用了焦土战术，还迫使不属于俄国人的少数民族离开。大约30万立陶宛人、35万犹太人和75万波兰人被遣送到俄国以东地区。犹太人受到了特别的关注，针对他们的大屠杀在俄国控制的领土上持续上演。当奥地利帝国在1914年入侵塞尔维亚并在1915年再次入侵且获得更大成功时，他们的军队对当地居民做出了残忍的行为。一位外国观察家说，涉嫌帮助塞尔维亚军队的1000多名平民，包括妇女和儿童，遭到了"最残酷的杀害"。在奥斯曼帝国，执政的"团结进步委员会"[1]（俗称"少壮派"）以战争为借口，

---

1. 由奥斯曼土耳其移民在1889年成立的政党组织，也称"青年土耳其党"，1908年之后在奥斯曼土耳其帝国当政。——编者注

对内部的亚美尼亚少数民族施行系统性的种族灭绝行动。有100万至150万人死于处决或是被迫从位于国土东北部的家园出发，穿越沙漠，前往叙利亚。

更好更致命的炸弹，射程更远且威力更大的飞机、潜艇、毒气和原子弹……战争与战争之间的技术进步为更大规模、更远距离的杀戮行为创造了可能性。第一次世界大战结束后，尽管西方政府对庞大的死亡人数感到厌恶，但他们却发现，从空中进行轰炸是一种简单而廉价的方法，可以用来控制难以驯服的平民，尤其是那些他们认为文明程度没有那么高的民族（这种情况经常发生）。英国人在20世纪20年代初对伊拉克和阿富汗的村庄使用了轰炸机，意大利人在1935年入侵埃塞俄比亚时也这样做——墨索里尼的女婿加里亚佐·齐亚诺认为引爆的炸弹看起来就像空中的花朵。在1937年西班牙内战期间，针对平民的空中轰炸终于来到了欧洲，纳粹和法西斯飞行员代表佛朗哥将军的部队摧毁了巴斯克的城镇格尔尼卡，造成数百人死亡。

第二次世界大战开始时，在什么是合法的攻击目标这一问题上仍然存在疑问——至少在同盟国一方是如此。（1939年，当位于鲁尔地区的德国工业可能遭到轰炸时，据说有位英国内阁大臣提出抗议说："但那是私人财产。"）战争的全面性将这些问题一扫而空，尽管在同盟国一方，这些问题从未真正消失。所有交战国都通过轰炸平民来破坏敌人的战斗能力，以此削弱对方继续战斗的意愿。港口、工厂、铁路编组站、石油库、水坝和桥梁都是被袭击的目标，且住房与城市中心同样也是。1940年夏天，赫尔曼·戈林[1]许诺希特勒，他可以通过轰炸英国的

---

1. 赫尔曼·戈林（Hermann Göring，1893—1946），德意志第三帝国的政军领袖之一，在纳粹党内有相当巨大的影响力，担任过德国空军总司令、盖世太保首长、普鲁士邦总理等跨越党政军三部门的诸多重要职务，与希特勒关系较为亲密，曾被指定为接班人。

机场和主要城市（尤其是伦敦）来迫使英国提起和平诉讼。英国轰炸机司令部的总指挥官亚瑟·哈里斯却说，通过轰炸机可以赢得对德国的战争，而至关重要的目标是打击德国人的士气，他还设法以此说服了他的上级们，包括温斯顿·丘吉尔。哈里斯在1943年10月的一份绝密备忘录中说，行动的目的是：

　　摧毁德国城市，杀害德国工人，破坏整个德国的文明社会生活……摧毁房屋、公共设施、交通和生命；造成规模空前的难民问题；对持续并加强的轰炸的恐惧，让国内后方和前线士气低落。这些都是我们轰炸政策的目标。它们并非攻打工厂之企图的副产品。

　　1943年，德国城市汉堡有4万人死亡，其中，许多人死于席卷汉堡的大火，这是同盟国的轰炸造成的；1945年，在德累斯顿[1]或许又有3.5万人死亡。（后者的数字与对袭击目标的选择一样，仍然具有高度的争议性。）同年，美国用燃烧弹轰炸东京（燃烧弹是一种被蓄意选择的武器，因为东京的许多建筑都是木制的），摧毁了42平方公里的建筑，造成8万至10万人死亡，100万人无家可归。作为此次袭击的负责人，柯蒂斯·李梅[2]少将说日本人被"烧焦、煮沸、烤死了"。在纽伦堡审判中，同盟国对纳粹领导人的起诉中没有包括大规模轰炸这一项，这可并非疏忽。

　　在之前的几个世纪中，战士和非战士各自建立了适当的角色，而全

---

1. 德累斯顿是德国东北部易北河畔的城市。1945年2月13日，英国出动轰炸机对德累斯顿轮番投掷燃烧弹，城市化为焦土。——编者注
2. 柯蒂斯·爱默生·李梅（Curtis Emerson LeMay，1906—1990），策划实施了轰炸东京的"李梅火攻"。

面战争则使他们之间的区别变得模糊。拥有制服、等级制度、纪律和规则是为了区分军队和平民。前者有使用武力的权力，而后者没有。但是，当平民拿起武器或抵抗武装侵略者时会发生什么？战争的规则是否适用于他们？这样的平民是否应该受到惩罚——像谢尔曼将军在美国南部所做的那样？控制和管理需要持续付出更大的努力，这些问题正是这些努力中的一部分，但它们也同样指出了平民在战争中日益重要的地位。

在现代之前，平民对战争的支持并不是统治者特别关注的事，但随着民族主义的出现和战争日益增长的复杂性和要求，平民——他们的认可和劳动——在战争所需的付出中所占据的地位越来越重要。诸如拿破仑战争时期的普鲁士爱国妇女协会或成立于19世纪中叶的国际红十字会，这些民间志愿机构都可以照顾军队或战争中的受害者，为士兵家属筹款，为伤员提供医院并配备人员，或是购买债券以资助战争。不管是年轻还是年老的妇女都可以参加工作，从而使男性得以解放并奔赴前线，他们还可以通过自愿监测灯火管制或注意火灾来帮助当局。相反地，当公众或他们中足够多的人不再支持战争时，政府将很难继续战斗下去，就像1917年的俄国、1918年的德国和20世纪六七十年代越战期间的美国。即使战争仍在继续，平民也能用各种方式破坏和削弱他们国家为战争付出的努力。一种极端的做法是直接抵抗，无论是横躺在铁轨上或封锁征兵中心的和平主义者，还是拿起武器反对本国政府或占领军的抵抗者，都是如此。另一种极端做法是表达出对合作的不情愿，比如拒绝购买战争债券或者拒绝加班。第二次世界大战爆发前，当苏联和德国签署了《苏德互不侵犯条约》时，莫斯科下令让世界各地的共产党彻底改变立场，从敌视纳粹德国到攻击民主国家（正是这一点启发乔治·奥威尔写出了《1984》）。在法国，一夜之间，强大的共产党从敦促对德开战转向倡导和平。当政府下令动员时，共产党人在火车站大喊"别走！""和平！和平！"，还有报道称共产党工人破坏了军需品的生产，但这一说法很难证实。

第二次世界大战期间，拥有数百万平民的广袤领土遭到了敌人的侵占。在欧洲，1.8亿人被轴心国意大利、德国及其较弱小的伙伴所统治，而在亚洲，日本统治着超过4.6亿人。一些平民会与征服者合作，他们往往还十分热情。在中国，领头的民族主义者汪精卫同意为日本领导一个傀儡政权，部分原因是他认为，他的国家通过与日本合作可以驱逐西方帝国主义并建立一个"新亚洲"。比利时知识分子亨利·德曼认为，纳粹统治使人们从自由民主中"解脱"出来。在傀儡国家维希法国，统治精英及其支持者看到了一个契机，可以让他们所相信的法国永恒的天主教和保守价值观重新恢复。当德国人要求将法国的犹太人运送到灭绝集中营时，维希政权心甘情愿地配合了。

欧洲和亚洲的轴心国被自己的种族理论蒙蔽了双眼，又被不断增长的战争需求所驱使，于是竭尽所能地从其占领的领土上榨取一切，这种做法引起了平民的强烈反对。强迫劳动、惩罚性税收、滥杀滥伤和蓄意的种族灭绝，促使人们不得不做出明确的选择——要么反抗，要么便可能死亡。随着从亚洲（从菲律宾到中国）到整个欧洲范围内的武装反抗的发展，轴心国采取的镇压措施也变得越来越严厉。日本在中国实行"三光"政策，纳粹对任何存在抵抗活动的地方都进行集体惩罚。在被占领的希腊，一位德国外交官在德国军队屠杀希腊村民后说："这一英勇的行为有着美妙的结果——婴儿死了，但游击队仍然活着。"曾经有些乌克兰人用传统礼物——盐和面包迎接纳粹军队，将他们视作把自己从苏联统治之下拯救出来的救世主，但在纳粹开始杀戮并将奴隶劳工驱逐到西方后，这些乌克兰人也组建了游击队。

　　在第二次世界大战中，抵抗行为可以是拿起枪支或是炸毁铁路，但也同样可以是收听英国广播公司的晚间新闻简报，就像欧洲各地成千上万的人所做的一样——虽然这是足以被判处死刑的罪名。抵抗行为还可以是印刷和分发有关占领和战争情况的信息。在比利时，大约1.2万人参与到分发地下报纸的活动中，他们一共发出了大约300份。在被占领的法国，当新闻短片中出现英国士兵的身影时，观众们都会为之鼓掌；而如果有一个德国人坐在他们身边，他们则会移开。在波兰，一位德国军官抱怨说波兰的孩子们对他总是粗鲁无礼。在被占领的丹麦，大批市民聚集在露天场地中，高唱丹麦民歌。荷兰人种出的花圃是他们国家的代表色。《慕尼黑协定》摧毁了捷克斯洛伐克，而每逢协定的签约纪念日，布拉格的街道上总是空无一人。以上这些做法看似徒劳无功，却有助于维持鲜活的希望。

　　很多个体尽其所能地将本国人民的记忆保存下来并记录当时的恐怖。在萨拉热窝，一位穆斯林图书管理员冒着生命危险，从波黑国家博物馆偷偷带出一本珍贵的、带彩色插图的14世纪犹太手稿，以便它们能从纳粹手中幸免于难。在维尔纳，纳粹逼迫犹太学者将大量被掠夺的犹太文件编入目录，学者尽可能地将这些文件运出去，藏到地板下面和墙壁中。摄影师们无视纳粹的规定，拍摄并保存了犹太人居住区和集中营的照片。1933年，当纳粹在德国掌权时，德累斯顿的一位罗曼语[1]文学教授维克多·克莱普勒决定继续将他的日记写下去。他经常在日记中提到自己的健康状况，反复预言自己将要不久于人世。（他于1960年去世，享年79岁。）克莱普勒自言自语，说自己不是英雄，但如他这般，记录下纳粹对德国社会日益增长的控制与该政权犯下的诸如二战和

---

1. 罗曼语是指欧洲中世纪以来，以通俗拉丁语为基础演化形成的早期各民族语言。——编者注

大屠杀等诸多罪行，这种行为也需要巨大的勇气。"我将继续写作，"他在1942年记录道，"这就是我的英雄主义。我会成为目击者，绝对的目击者！"虽然他的家人皈依了基督教，但纳粹仍将他算作犹太人，不过他还是逃过一劫，因为他娶了一个雅利安人老婆。虽然他周围的管制越来越严，其妻子却仍然获得了可以自由旅行的许可，并勇敢地将一页页日记偷偷带出他们被迫居住的异族婚姻特别住所。还有一位同样勇敢的女性医生朋友，她把这些材料藏起来，一直到战争结束。

在可能的情况下，同盟国会尽力给予武装抵抗运动以鼓励和支持。英国特别行动委员会（British Special Operations Executive）成立于1940年，目的是鼓励欧洲大陆的抵抗者"点燃欧洲"。德国侵略苏联后，欧洲的共产党再次发生逆转，进行了抵抗。虽然纳粹对共产主义进行了镇压，但党的许多工作只是转到了地下，而最后的事实证明，有着稳固的等级制度与自给自足细胞的共产主义组织，在抵抗活动中有着很强的适应性。不论是共产主义的还是非共产主义的抵抗活动，其组织都在逐渐壮大，他们不仅帮助同盟国的飞行员与士兵脱困，还提供了宝贵的情报——包括德军为了阻止同盟国军队登陆而建造的部分"大西洋墙"（Atlantic Wall）的计划，以及轴心国部队的力量、组织和行动的详细信息，这些抵抗组织还对工厂、铁路沿线、电报和电话线开展了破坏活动。不过，那些被占领者抓住的人付出了可怕的代价，无辜的旁观者也常常如此。

令我们这些生活在和平社会中的人震惊的是，对于奇怪而可怕的战争世界，平民和民间社会往往表现出超凡的恢复能力和适应力。人们忍受着在战争之前看似无法忍受的贫困。他们在废墟中生活，根据可以安全外出的时间调整作息并睡在挤满陌生人的庇护所里。他们学会了在没有电和水的情况下生活，学会去接纳平时瞧不上的食物——零碎的肉片、油腻的鱼罐头、无味的土豆、橡子煮的咖啡。内拉·拉斯特在巴罗因弗内斯（Barrow-in-Furness）熬过了第二次世界大战，那里是利物浦以北大约40英里处的一片造船区，也是德国人经常轰炸的目标。她心爱的房子被毁了，但她依然继续生活，整日为妇女志愿服务机构工作，然后用额外的短短几小时安排自己的家庭生活。她养鸡、种蔬菜，尽可能地扩大口粮的配给量，并以此为荣。她经常在日记里吐露自己的沮丧，但为了家人和周围的人，她总是尽量保持愉悦。她提醒自己记住一个荷兰小男孩，他把手指伸进堤坝的洞里，挡住了水。"我必须保证我的堤坝是足够坚固的，否则有时我会沉下去。"

女人变成了伟大的即兴创作者，她们用窗帘做衣服，就像《飘》里的郝思嘉一样。在第二次世界大战中，为了解决丝袜和尼龙袜短缺的问题，英国的妇女们在自己的腿后画上缝合线，使自己看起来就像穿了丝袜一样。她们还做了许多此前从未想过自己有能力做的事情。《柏林的女人》一书的作者认为，女人们将注意力放在诸如排队领取食物等日常生活的细节上，由此获得了力量。她谈到她的邻居时说："对这些妇女来说，眼前的任务就是做香肠，将思绪放在香肠上，可以改变她们对那些可能更重要却更遥远的事情的看法。"她自己也喜欢在苏联人搬出去后洗床单，正如她讽刺地说出的那番话："在穿靴子的客人走后急需做出的一个改变。"

利布萨·弗里茨克罗科来自德国东部一个拥有大量土地的古老家庭，她在1944年与一名军官结下了一段美满的姻缘，后来这位军官上了战场——她不知道他去了哪里，把她、她的母亲和他们的小家庭（包括她未出生的孩子）交由继父照顾。像他们这样的家庭拥有强大的传统，他们珍视的主要价值观与男子气概和军事作风有关。在她身处的世界里，男人们相信秩序、纪律和服从，这在战斗中很有用，但当苏联军队进军、德国战线崩溃，面对他们将要陷入的混乱，这些价值观却无能为力。弗里茨克罗科在她的回忆录《女人的时刻》中描述了她和母亲以及女佣是如何从继父和其他出身高贵的男子手中接手工作的。"当你为了不挨饿而低下头，匍匐着去摘你需要的菠菜时——其中没有任何与荣誉和责任有关的东西，因为他们失败了。这是他们留给我们的任务。"她设法把一小队妇女和她的孩子们安全带到西部的同盟国军区，然后回去寻找她的继父，当时他身在苏区的临时监狱里。她找到他，通过铁丝网告诉他，她有钢丝钳和去西部的火车票。起初他拒绝离开，理由是他作为一个绅士已经和军官承诺自己不会逃跑。只有当她声称不知如何独自一人旅行时，他才同意。不出意外，当他们在西部安全地重新安顿下来时，她发现她无法再接受过去那种依赖、顺从家中男人的关系了。一位在柏林的匿名女子也出现了类似的情况。如今她视男人为更软弱的性别，认为他们可怜而无力："在内心深处，我们女人正在经历一种集体的失望。由男人统治、颂扬强壮的男人的纳粹世界，随着'男人'的神话开始崩溃。"她将战争中的失败视为男性的失败。

战争在颠覆传统的角色与期待上有自己的一套。在文艺复兴时期的欧洲，在被围攻的城市中，人们期待其中的女性也能加入防御大军。1552年至1553年，在意大利城市锡耶纳被围攻的18个月中，从12岁到50岁的女性，不论贫富，都得到了篮子、铁锹或镐。当命令传遍大街小巷时，这些女性要离开她们自己的家去城墙上干活。战争越全面，对女性的劳力与技术的要求越高。第一次世界大战结束时，在英国、加拿大、丹麦、德国、波兰和美国等许多国家，妇女对战争的贡献都成了具有说服力的理由，足以让她们拥有投票权。

在第一次世界大战中的大多数参战国，女性外出参加工作的比例显著上升。战争开始时，女性在英国的工业和运输业中占到了劳动力总数的23%，到1918年则占到了34%。一家英国兵工厂的一位苏格兰女性福利监督员说："威廉二世给了英国女性一个机会，那是她们自己的父亲、兄弟和母亲从未给过她们的。"战前，女人们工作的地方是办公室和工厂，但如今她们获得了曾被视作属于男人的工作。各个地方的女性都抛弃长裙，换上裤子并把头发剪短，因为这样做更安全、更方便。

女性代替男性成为公交车售票员或农场工人。在兵工厂的危险工作中，所谓的"军火商"（Munitionettes）取代了男人的角色。在这些工厂中，许多女孩因为接触化学物质，皮肤变成了亮黄色，英国人称她们为"金丝雀女孩"，有时她们会生出皮肤为同样颜色的婴儿。1915年，军需部设立了福利监督员岗位，这些人都是女性，以此解决女性劳动力的健康和工作环境问题；然而，或许不可避免的是，最终这些女监督员发现自己面对的是顽固的男雇主和工会官员，因为他们不明白为何女性在同样的工作中应该获得与男性相同的报酬。

在两次世界大战中，职业女性，尤其是从事传统上被视为男性职业的女性，在工作中面临着挑战——尤其是来自男性同事的；他们担心付给女性更少工资的行为会成为老板降低或冻结自身工资的借口，并因此明确表示不再需要她们。在伯明翰的一家工厂，上一班的男人们会把车床上的螺母拧松，为的是让接班的女人们放慢速度。在第二次世界大战中，一位英国妇女放弃了理发业而成为一名铆工，当她和男性新兵们一起为第一天的工作报到、等待着被分配工作时，却发现一切是徒劳的。她问工头，她该做些什么，工头回答说："哦，是的！我们忘了这位朋友！"他拿出一把扫帚给她。"给！拿着这个！"他说，"四处转转！"对于此类事件和更公开的性骚扰行为——诸如禁止在工作场所化妆，管理层的反应并不总是特别有用。波音公司将53名女性打发回家，理由是她们的毛衣太紧，这一行为引发了这些女性的强烈抗议。而后波音公司试图为自己辩护，声称这是因为紧身毛衣存在着安全隐患，可能会导致她们被机器夹住。中产阶级的职业往往不再欢迎女性。当英国机械工程师学会在1944年接纳第一位女性正式会员时，其他会员提出了抗议。其中一位写道，女性太过娇弱，无法忍受她们会不可避免遇到的"混战"和粗俗的语言。而且，也许更重要的是，他补充道："专业工程师已经面临太多竞争了，而战后——好吧，'你永远不知道'。"

对很多女性来说，有报酬的工作不过是在她们作为母亲和妻子已经在做的事情上再增加一些罢了，而政府却迟迟没有意识到这一点。在伦敦，女人们推着自己的小孩，举着标语牌在街上游行，标语牌上面写着："孩子要托儿所！母亲为战争工作！"当女性争先恐后地寻找托儿所、购物、照看自己的家庭时，她们中的一些人认为这样的负担难以忍受。英国职业女性的缺勤率是男性的两倍，雇主往往将其主要归因于女性需要在商店关门或所有东西卖完之前赶去购物。食品部的一位官员（笔者猜其是男性）提了一个没什么用的建议："已婚的女战争工作者可以安排邻居或朋友为自己购买食物，这应该在她们的能力范围之内。"进入第二次世界大战时，美国政府敦促女性不要懒惰，应为战争而工作，"直到最近几年，而且主要在美国，妇女才养成了格外喜欢休闲的习惯"。

约瑟芬·冯·米克洛斯出身于贵族家庭，在维也纳大学获得了博士学位，她曾对在新英格兰兵工厂工作的肮脏和无聊大发牢骚，但她也提醒自己："帕坦人[1]也不喜欢他们遭遇的污垢或肮脏。中国、俄罗斯和澳大利亚的士兵经历的任何战斗都不是有趣的，海上的那些男人也是一样。"其他女人则得以首次享受到赚钱的乐趣。二战期间，一位在格拉

---

1. 帕坦人（Pathan），印巴分治以前毗邻阿富汗的部落民族。——编者注

斯哥附近，希灵顿的劳斯莱斯航空发动机工厂工作的苏格兰妇女（在那里工作的女性实际上因为工资低而罢工了）回忆说，战争结束时，她每周获得的收入超过了5英镑："我在屋里拿着一张5英镑的钞票给他们看，我真是高兴极了，我从没见过5英镑的钞票。"但女人们经历的变化并非都是永久的。当男人们从世界大战中归来后，他们又回到了曾经的工作岗位上；事实上，许多雇主都同意那些退伍军人的观点，认为女人只不过是临时的替代品。一切为职业母亲提供的服务，诸如日托中心和托儿所等，也并未持续到战后。

在美国和英国等国，媒体曾悲观地预测，迫使女性走出家门可能会导致不道德行为出现，或许同样糟糕的是，这会使她们失去女人味且过于自信。然而对很多女性来说，能够工作其实是一种自由。她们享受着拥有自己的钱所赋予的自由和工作中的同志情谊。"我非常享受下午4个小时的工作时间。"二战期间，一位在一家英国工厂兼职的妇女说，"我特别渴望来到这里，毕竟作为一个做了15年卷心菜的家庭主妇，我觉得自己走出了笼子，自由了。"她还接着说，"相当多的兼职者都有这样的感受——走出去，见到一些新鲜的面孔——这一切都太不一样了，与掸掸灰尘截然不同。"最后内拉·拉斯特在日记中坦言，她感到了巨大的解脱，既摆脱了她那迟钝的丈夫，又觉得自己在做一些有用的事。当他抱怨茶怎么还没做好，她也不那么"甜美"时，她厉声说："得了吧，谁会想让一个50岁的女人'甜美'呢？何况我这样更舒服！"战争结束时，在英国的胜利阅兵式上，当局试图把陆军女兵安排在童子军的后面，女兵们罢工了。"军队震惊了，"一个人说，"他们不知道该如何处理这种不服从命令的行为，但我们已经下定决心。如果他们不把我们安排在别的地方，我们就回家。"军队让步了，最终，陆军女兵跟在辅助领土服务队（Auxiliary Territorial Service）的女性后面。

　　战争会对平民造成怎样的影响，这既取决于他们身在何处，也取决于他们是谁。有钱和有权的人可以用钱财与人脉换取不服兵役的待遇，还可以购买包括食物和酒在内的稀缺品和奢侈品。在被占领的巴黎，可可·香奈儿有能力与英俊的德国情人在丽兹饭店度过一段非常愉快的战争时光。列宁格勒的居民遇上了一场不一样的战争：食物极其短缺，甚至出现了人吃人的事件，最后有很多人遇难了。美国军人在通往柏林、罗马和东京的道路上战斗和牺牲，但他们的家乡美国却变得日渐繁荣。

　　美国和加拿大等同盟国将开支用于战争，这正是约翰·梅纳德·凯恩斯在大萧条后倡导的做法。通过自由消费和放弃被奉为神明的平衡预算，政府让经济重新运转了起来。战争对资源和战争物资的贪得无厌，既创造了新的商业，也刺激了现有的商业。后来，《卫报》驻华盛顿的记者阿利斯泰尔·库克因其著名的BBC系列节目《来自美国的信》（*Letter from America*）而闻名于世，他说服编辑，在1941年珍珠港事件刚刚发生后，派他去美国进行一次公路旅行。他访问了许多著名的城市，比如新奥尔良——在那里，安德鲁·希金斯[1]的新工厂和快速增长的劳动力正在制造数千艘登陆艇；他还访问了印第安纳州一个不起眼的小镇，名叫查尔斯镇。战前，这个小镇的人口是939，镇上有两座教堂、几家商店和一个牛排馆。1940年，联邦政府决定在那里建一座炸药厂。库克到访时，全国各地有1.5万人来到此地成为居民。他们在租来的房间和拖车里居住，想尽可能住得好些；查尔斯镇也有了新的道路、桥梁和警察。在英国、美国和加拿大等国，工人们能利用新得来的重要地位争取更高的工资和更好的福利。即使在和平时期，苏联也是以

---

1. 美国工程师，二战期间在新奥尔良市设计制造水陆两栖登陆器。——编者注

战争标准来组织经济活动的，虽然工人们同样重要，但他们的权力却小得多。此外，德国的进军迫使苏联仓促地将工业转移到内陆，许多工人不得不住在帐篷里，在漫长而寒冷的冬天，长时间在没有暖气的工厂里工作。战争结束后，苏联逐步重建遭到严重破坏的基础设施，但冷战的新要求则意味着苏联的生产仍需以备战为目标；而改善工人权力、允许工人拥有行动自由或提供大量消费品等问题尚无法得到回应。

随着和平的到来，战争的痛苦记忆开始消退，平民也能体验到战士对战争中同志关系的深刻怀念。维拉·布里顿[1]终生都是战争的反对者，她曾非常动情地描写自己在第一次世界大战中遭受的创伤，然而她也会写下这样的文字："每当我想起今天的战争，它都不像夏天，而像冬天；它总像冬天一样寒冷、黑暗，令人不适，同时带有一种断断续续、令人兴奋的温暖，使我们在这三种情形下毫无理智地感到欢欣鼓舞。对我来说，它的永恒象征是那插在瓶口的蜡烛，小小的火焰……"

---

1. 维拉·布里顿（Vera Brittain, 1893—1970），英国护士、作家、编剧、女权主义者、社会主义者、反战主义者。其代表作《青春誓言》回顾了她在一战期间的经历，讲述了她坚持反战主义的心路历程。

第 **8** 章

控制不可控之事

在我看来，为战争制定规则是件有趣的事。这不是一场游戏。文明的战争和其他战争有什么区别？

————潘乔·比利亚[1]

1827年，一位年轻的德国人移民美国，由此开始了一段动荡的职业生涯，其中包括为普鲁士军队对抗拿破仑，以及被关进监狱的几段时间——因为他的自由主义观点中有针对普鲁士王室的、坚决而公开的敌意。弗朗茨·利伯是一位理想主义者、诗人、哲学家和健身爱好者，他的圈子很广，有很多朋友，包括杰里米·边沁、亚历克西斯·德·托克维尔、约翰·斯图尔特·穆勒和丹尼尔·韦伯斯特。在这个新的国家，他成为一位杰出的知识分子和教育家，主编了第一版《美国百科全书》

---

1. 潘乔·比利亚（Pancho Villa，1878—1923），也叫弗朗西斯科·比利亚，1910—1917年墨西哥资产阶级革命中著名的农民领袖，墨西哥民族英雄。1910年在奇瓦瓦州领导起义，成为推翻波费里奥·迪亚斯政权的主力之一。1913年与萨帕塔联合推翻乌埃尔塔的独裁统治。1923年被暗杀。

并最终成为哥伦比亚大学有史以来第一位政治学领域（"政治学"这个术语和学科是他协助创建的）的美国教授。

南北战争爆发时，利伯是联邦军的坚定支持者，但同很多人一样，他自己的家庭被拆散了。一个儿子为了南方美利坚诸州同盟战斗牺牲，另一个在联邦军队中受了重伤。虽然利伯成为忠诚出版协会（Loyal Publication Society）的负责人，但他仍继续自己的个人写作，越来越关注战争双方应该如何对待彼此的问题。他勇敢地指出，南方军的战俘应被视为战士而非叛徒，军人应遵守战争习惯法。他说，这样做既合乎道德，又合乎情理。1862年，利伯写信给当时的联邦军总司令亨利·哈勒克，提议为联邦士兵起草一部行为准则，他说："当公路上的一个劫匪要我交出钱包时，在手无寸铁的情况下，我认为将钱包给他是一种权宜之计，我当然认识那个劫匪，这不过是承认事实而已。"最终的成果（即《利伯法典》）由林肯总统以"总命令100号"的形式发布，在编纂现代战争法方面，这是一份关键的文件，此后诸如《日内瓦公约》[1]等许多文件都是在此基础上展开的。

仅仅10多年后，在维也纳，贝尔塔·冯·苏特纳[2]在一个富裕家庭找到了一份家庭教师的工作，她是一个身无分文但很漂亮的年轻女子，来自一个古老的贵族家庭。这富贵之家的儿子疯狂地爱上了她，这种事倒是颇为常见，或许她也爱上了他。不出所料，双方父母都反对这桩婚事，于是这对年轻夫妇私奔了，最后他们来到了刚被俄国征服的高加索。冯·苏特纳的丈夫尝试了一个又一个方案，从失败的木材生意，到

---

1. 全称为《关于保护战争受难者的日内瓦公约》，指1949年8月12日在瑞士日内瓦签订的4个公约。——编者注

2. 贝尔塔·冯·苏特纳（Bertha Von Suttner, 1843—1914），奥地利女作家。于1905年获诺贝尔和平奖，是第一个获得诺贝尔和平奖的女性，代表作有《放下武器》等。

设计墙纸，最终靠担任骑马教练和法语老师勉强维持生计。后来，他们都为欧洲的媒体写文章，而她成了两人中更加有名的那个。1877年，在俄国和奥斯曼帝国爆发冲突[1]之时，她亲眼见证了战争可能意味着什么，并开始将她充沛的精力越来越多地投入试图废止战争的努力中。冯·苏特纳在丈夫的追随下向西迁移并成了名人，她将自己的时间和写作生涯都献给了争取和平的事业。1889年，冯·苏特纳最为著名的小说《放下武器》出版。"信念坚定，但缺乏天赋。"托尔斯泰这样评价她。尽管该书写得过于用力且有着不太现实的情节，但她的作品所传达的强烈反战信念却在欧洲引发了回响，他们对工业革命和民族主义的发展所释放出的巨大破坏力有了越来越清晰的认识。冯·苏特纳面见了包括西奥多·罗斯福在内的许多政治家，请求他们结束战争，她还与瑞典实业家阿尔弗雷德·诺贝尔发展出牢固的伙伴关系。

作为一位工程师和发明者，诺贝尔开发出了用于采矿的新型强力炸药。然而，世界各地的武装部队很快就发现了这些炸药有潜力用来制作更好、更致命的武器。随着自身财富的增长，诺贝尔的内疚感也在增长。他说，他希望自己能研制出一种"拥有可怕的威力，能制造大规模破坏"的武器，这样人们便会不太想要发动战争了。冯·苏特纳劝他，不如资助一个和平奖，她还游说诺贝尔将奖项颁给她，因为她花钱大手大脚。她和诺贝尔以及许多志同道合的盟友的共同目标就是彻底消除战争。

人类为限制、控制或最终消除战争进行了长期的斗争，利伯和冯·苏特纳代表的正是其中相互重叠的两部分，一个并不一定排斥另一个。即使像冯·苏特纳这样的和平主义者也为战争法的制定和实施付出

---

1. 指1877年至1878年俄国与奥斯曼土耳其为夺取黑海和巴尔干地区的霸权而进行的战争。——编者注

了努力，并希望有一天人类会意识到暴力将不会在他们的人生中占据一席之地。在位于波罗的海沿岸的和平城市哥尼斯堡[1]，伊曼努尔·康德[2]对战争进行了大量思考，他认为，在达成彻底摆脱战争这一目标的漫长而艰难的道路上，建立国际公认的战争法是需要迈出的一步，而人类自身的失误可能会使这个理想状态最终无法达成。

1913 年，约翰·里德[3]在墨西哥叛军领导人潘乔·比利亚身边待了 4 个月，当时，这位年轻的哈佛大学毕业生已因激进的"扒粪记者"而出名。里德碰巧给潘乔·比利亚看了一本小册子，里面有 1907 年海牙会议[4]商定通过的最新战争规则。里德在报道中说，比利亚花了几小时仔细研究了它，"他对这事非常感兴趣，也觉得很有趣"。比利亚想知道更多关于这次会议的情况，还想知道是否有墨西哥代表出席了会议。不过最重要的是，他觉得这一切尝试都是荒诞的："在我看来，为战争制定规则是件有趣的事。这不是一场游戏。文明的战争和其他战争有什么区别？"

比利亚指出了我们思考战争时面临的几个悖论中的一个。当某件事的目标是统治（即使并非要彻底消灭敌人），手段是暴力，我们何谈对此事的控制和管理呢？然而这并未阻止我们在数千年的时间里对此反复尝试。就同蚂蚁筑巢一样，我们费力地筑造起一个被各方大致认可的结构，却眼看着它被战争沉重的脚步踢得四分五裂。我们继续迎难而上，

---

1. 位于普鲁士东部的城市，即今俄罗斯加里宁格勒，是康德的故乡。——编者注
2. 伊曼努尔·康德（Immanuel Kant，1724—1804），德国哲学家、作家，德国古典唯心主义创始人，其学说深深影响着近代西方哲学，开启了德国古典哲学和康德主义等诸多流派。
3. 约翰·里德（John Reed，1887—1920），美国左翼新闻记者、诗人、政论家，美国共产党创始人之一。
4. 1907 年荷兰海牙再次召开和平会议，此次会议除审定了 1899 年通过的 3 个公约外，又通过了 10 个新公约。这些有关战争、中立、和平解决争端的国际法规统称"海牙公约"。——编者注

想要重建被我们称作"战争法"的东西。它们是一定程度上的公约和规范，在特定的时间和地点被广泛接受，足以产生制约的效果。有时希腊城邦会以相似的模式在平原上作战，尽管周围的群山为他们开展不同方式的战争提供了可能，士兵们通常会在太阳下山时停止战斗，一方会被宣布成为胜利者。阿兹特克人拥有高度程式化的"鲜花"[1]战争方式，就像近代新几内亚的高地人或巴西雨林中的雅诺马马人那样。认为有些事情存在禁忌或尚未"完成"，这种心理障碍带来的感觉可能会在与敌人面对面时变得格外强大。

　　消极的战争观认为，所有试图控制战争并为之辩护的企图都是徒劳和无意义的。正如马基雅弗利所说的那样："战争都是在必要时进行的。"然而，即使那些强大又无情的人也曾寻找某种理由或借口为发动战争的行为辩解。公元前1046年，中国北方的周武王征服了邻国商，他声称商朝的统治者是压迫臣民的酒鬼。因此，上天助周，撤回了授予商君的权力，将其交到了周武王的手中。《旧约》中充满了以色列人以正义之名与敌人战斗的内容。上帝对扫罗王说，他必须灭绝亚玛力人[2]，"无论男女老幼"。《出埃及记》说，上帝自己就是一个"战士"。古希腊和古罗马的将领们通常都有宗教顾问，他们会在参战前查看战争的预兆，看看神明是否会许诺他们获胜。尤利乌斯·恺撒即使对众神也很无情，他说："我想让这些预兆什么样，它们就会是什么样。"侵略者将宗教当作一种借口，但事实上，他们对宗教的呼吁却表明，一方面他们对宗教的力量是既尊重又忧虑的，另一方面他们有必要

---

1. 代指用于献祭的、人血染红的鲜花。阿兹特克人会以"鲜花战争"的形式俘虏敌方的士兵充当祭品。

2. 扫罗王是以色列进入王国时代的第一位君主。在《旧约》中，上帝让扫罗王将游牧民族亚玛力人赶尽杀绝，但扫罗王最后没有完成任务。——编者注

对自己正在做的事情做出合理辩护。

从最初的几个世纪开始，基督教会就清楚正义战争和非正义战争之间存在着区别，但对两者都持反对态度。基督教会不允许神职人员参加战斗，参加过战争的非神职人员必须在彻底回归教派之前进行忏悔。然而在1095年，教皇乌尔班二世对异教徒发动了战争，这次战争既是正义的，又有益于那些参战者的灵魂。他在克莱蒙教堂的一次会议上发表了一篇鼓舞人心的布道，呼吁欧洲的封建骑士们收复圣城耶路撒冷。这是上帝的旨意，他这样说，听众则用大喊声表示赞同。他承诺将拯救那些响应此次号召的人的灵魂，只要他们的动机是纯洁的。会议颁布的法令指出："不为荣誉或金钱，但凡为此献身、前往耶路撒冷解放天主教会的人，可以此旅程代替所有忏悔。"在第一次十字军东征和其后的那些征伐中，十字军战士立下誓言，并在仪式上得到了被祝福过的十字架。他们被允诺既可获得精神上的好处，以此免除他们的罪过，还可获得更多世俗的好处——教会将保护他们的家庭和财产，他们将获得诉讼豁免，并被免除债务利息。一个至高无上的目标却衍生出最卑鄙的残忍行径，这并非第一次，也不是最后一次，就像十字军东征时那些不幸的欧洲犹太人即将发现的那样。当第一次十字军东征行动缓慢向东进发时，在途中，成员们袭击了毫无防备的犹太社区，因为他们坚信自己是在朝上帝的敌人发动圣战。据一位编年史家报道，十字军在莱茵河畔的美因茨杀死了包括男人、女人和孩子在内的大约700名犹太人。"在这次对犹太人的残忍屠杀中，"这位编年史家说，"有几人得以逃脱，另有几人出于恐惧而非对基督教信仰的热爱接受了洗礼。"

在替战争辩护时，宗教从未令人完全满意，因为神明并不总能指出明确的方向——神谕的模棱两可是出了名的，符号也很难解释。在地中海四周的古典世界里，思想家们在思考战争的事情时，开启了一个将法律、伦理和道德从宗教中断断续续分离出来的过程。对古希腊人和古罗马人来说，正义的战争是为了纠正错误或伤害而进行的。此外，伟大的古罗马演说家和作家西塞罗认为，只有维持和平的一切手段都被用尽时，才能允许战争发生。他说："解决冲突的方式有两种，一种是通过辩论，另一种是通过武力。因为前者是人类应该在意的，后者则是野兽在意的，所以只有在无法运用前者的情况下，人们才应该诉诸后者。"战争本身应尽可能减少残忍的行为，并以和平为目标而进行。成长于伯罗奔尼撒战争时期的柏拉图认为，战争应该在双方最终不得不重新协调的情况下进行。他的学生亚里士多德通过引入"自然法"的概念——人类可以利用理性自我实现——为将战争从宗教领域转移到世俗世界之中的讨论打开了一扇更宽阔的大门。

　　4世纪至5世纪，尽管具有巨大影响力的奥古斯丁[1]并没有在大部分著作中谈论战争，但他依然不情愿地承认了战争是人类生存境况中的一部分。他接受了古希腊和古罗马的观点，即战争只应发生在需要纠正错误的时候，或是用来防御准备利用武力达到非正义目标的敌人。

　　事实上，几个世纪后，奥古斯丁和同样具有影响力的托马斯·阿奎那[2]在一场战争中发现了一些积极和救赎的东西，它们强调了道德的存在。（但由谁来决定什么是有损道德或具威胁性的事物则是另一回事。例如在第一次世界大战中，各方都声称他们要保护自己，以免受到不道德敌人的侵害。）奥古斯丁还提出了一项重要的但书[3]，即只有合法的当

---

1. 奥古斯丁（Aurelius Augustinus，354—430），古罗马基督教思想家，教父哲学的主要代表，著有《忏悔录》《上帝之城》等。——编者注
2. 托马斯·阿奎那（Thomas Aquinas，约1225—1274），中世纪意大利基督教神学家，经院哲学的集大成者，其哲学和神学体系被称为托马斯主义。著有《神学大全》《反异教大全》等。——编者注
3. 通常指法律条文中用以规定例外情况或附加一定条件的文字。——编者注

权者才能发动战争。（然而，究竟什么是合法的当权者，这一直是另一个从未真正消失的难题。是独裁政权或组织吗？就像 Daesh一样，或是用更常见的名字Islamic State[1]来称呼它？）奥古斯丁写道："什么引起了战争、是谁发起了战争，这些都会造成很大不同。"奥古斯丁和他的古代前辈们一样，在判断战争是否正义时，也将战争的目标考虑在内。"正如人们经常重复说的那样，和平，即战争的终结。"

克劳塞维茨坚持认为，战争的目标应是"推翻敌人"。战争的影响力，外加社会发动全面战争的能力日益增强，常常致使各国忽视谈判解决的机会。各国之所以继续战斗下去，仅仅因为可以这样去做。第一次海湾战争后，萨达姆·侯赛因放弃了他的大规模杀伤性武器，也不再对邻国构成威胁；为了中东的和平，去侵略伊拉克并在2003年推翻萨达姆政权真的有必要吗？迈克尔·沃尔泽[2]的《正义与非正义战争》是现代论辩中的一个关键文本，他说："战争的许多目标可以在不摧毁和不打垮敌人的情况下实现。我们需要寻求战争的合法目标，这些目标都可以被正当地追求，它们也是对正义战争的限制。一旦达成这些目标，或者一旦在政治上达成了这些目标，战斗就应当停止。在这个目的之外让士兵送命毫无必要，强迫他们冒着送命的危险去打仗是一种与侵略相似的罪行。"一个经验之谈是，使用的所有手段都应与目的相符。换言之，如果目标，像是一块有争议的领土或一个道歉，已经得到解决，就没有必要继续消灭敌人了。

---

1. Daesh、Islamic State皆指"伊斯兰国"，全称为"伊拉克和大叙利亚伊斯兰国"，一个活跃在伊拉克和叙利亚的极端恐怖组织。
2. 迈克尔·沃尔泽（Michael Walzer），20世纪及当今西方最重要的思想家与政治哲学家之一，先后任哈佛大学、普林斯顿大学与普林斯顿高等研究院教授，研究领域涵盖战争伦理、分配正义、政治义务、身份认同、政治哲学方法论、社会批评理论以及社群主义和自由主义的论战等诸多方面，提出了众多独创性的见解。

虽然不同文化对于何时作战和如何作战有着不同理解，但西方在现代战争中开创了许多先河，在制定国际法律和规则方面发挥了重要作用。这些法律和规则被学者们称为 "ius ad bellum" 和 "ius in bello"——第一类是关于战争的发起与理由的法律，第二类是关于战争行为的法律。世界其他地区则根据自己的传统，采纳了这些做法并做出调整。例如，当封建骑士仍在互相残杀对方的农民，将被围困在城镇的居民置于刀剑之下时，伊斯兰学者则长期以来一直在制定应如何对待战争中的妇女和儿童的规则。

这些被提出的问题并不容易得到解决，人们已经为之争论了几个世纪，一直持续至今日。是什么造就了正义战争？谁有权力发动战争？而又是怎样的原则——如果真的存在原则的话，应该用来指导战争怎样进行和结束？什么时候可以袭击平民？在什么时候、该怎么做？应该如何对待战俘或被征服的民族？

即使认为自己正在取得进展，我们仍身处一个矛盾的迷宫之中。为什么我们试图宣布某些武器是非法的，却将其他一些视作合法的，即使两者的功能都是杀戮和致残？用火箭弹或火焰喷射器杀人被认为是可以容忍的，但自从第一次世界大战之后，毒气或生物战就被公认是不可接受的，甚至那些使用它们的人也不例外。在伊拉克，萨达姆·侯赛因用毒气毒死自己的人民，但他要么否认此事，要么就声称需要对此负责的是伊朗人。只要战争存在，人类就始终在争论什么是被允许的、什么是不被允许的。而每当我们仿佛离答案越来越近的时候，那些貌似明确的东西就会在更仔细的检查中消失，或者引出更多问题。

国际社会普遍接受的一个原则是，为获取利益或统治他人而发动战争是非法的，但自卫不是。然而，跟随古典世界和奥古斯丁、阿奎那等中世纪思想家的步伐，我们倾向于认为，战争应该是所有其他选择都用尽后的终极手段。17世纪，被法兰西的亨利四世亲切地称为"荷兰的奇迹"的荷兰学者胡果·格劳秀斯[1]，他成功地将这样一个观点引入人们的视线：只有在目的是保护自己的情况下，由国家而非私人力量发动的战争才是正义的。这在实践中意味着互相敌对的国家可以各自声称其正在发动一场正义的战争。此外，我们已经开始相信，诉诸战争的那些政府应该有理由认为自己会获胜，否则自己将白白牺牲人民的生命。一些专家还补充说，胜利的国家不应该过分羞辱失败的国家。

　　尽管这些原则听起来很有道理，但经过更细致的审视，我们会发现它们提出了另外一些问题供哲学家、伦理学家和其他人思考。当一个国家感觉可能在未来受到威胁，于是决定在没有直接威胁的情况下发动预防性战争，那么这是一场正义战争吗？这是德国最高指挥部在1914年做出的推理，因为他们预计在未来3年可能出现一个挑战——也或者压根不会出现。如果对伤害的反应促使一场战争拥有了正义，那么谁来判定从一开始即存在着伤害、伤害有多大，且战争是唯一可能的补救措施呢？早在哈布斯堡家族的继承人弗兰茨·斐迪南大公在波斯尼亚遇刺身亡之前，奥匈帝国就一直在寻找借口摧毁棘手的邻国塞尔维亚了。虽然奥匈帝国向波斯尼亚派出了一个调查委员会，但它未能确定暗杀者与塞尔维亚政府之间的明确界限。然而，它决意通过发动战争（这一当时的时代语言）来报复塞尔维亚对其荣誉的侮辱，并向塞尔维亚发出了一个根本无法接受的最后通牒。即便如此，如果各个大国能团结起来，就像在之前的巴尔干危机中那样，或许塞尔维亚可能接受大部分条件并提出一个解决方案。但事实并非如此，欧洲和整个世界陷入了一场大战。

　　自格劳秀斯的时代之后，"正义战争"的含义逐渐扩大。17世纪

---

1. 胡果·格劳秀斯（Hugo Grotius, 1583—1645），出生于荷兰，国际法的鼻祖，亦为基督教护教学者。

三十年战争结束时，《威斯特发里亚和约》的签订确立了国家之间互不干涉内政的原则；全球化——自由主义思想的传播和现代通信所推动的国际公共观点的发展，催生了武装人道主义干预的想法并证明了其合理性，以此保护手无寸铁的人民和少数群体免受本国政府的伤害。19世纪50年代，俄国沙皇尼古拉斯一世挑起了与奥斯曼帝国的战争，他声称此举是为了保护那里的基督教徒免受不公正与残忍的对待。（从衰败的奥斯曼帝国手中夺取领土，让俄国通过奥斯曼控制的海峡，从黑海进入地中海，这种愿景也是一个因素。）在21世纪，英美联军入侵伊拉克是建立在人道主义理由之上的，就像最近美国对叙利亚内战的干预，虽然不太成功。人道主义干预和保护权等新学说提出了由谁决定什么是正义的新问题，并对干预国的动机与目标提出了怀疑。批评人士（其中许多并非来自西方国家）认为，西方列强只不过使用了时髦的新说辞，以此掩盖他们对世界上其他国家根深蒂固的帝国主义态度。拉罗什富科[1]公爵曾说："伪善，是恶行对美德的褒奖。"

　　西方的"双标"确实有着可耻的长久历史，列强自己遵守一套规则，却让眼中不太"文明"的他者遵守另一套规则。随着一系列协议的确立，战争法变得越来越正式化，那些不了解战争法或未被要求签署它们的民族——主要是欧洲之外的国家，则无法得到法律的保护。第一次世界大战前，那些"文明"的国家签署了关于如何对待战俘的《日内瓦公约》或是限制武器的《海牙公约》，这些国家相当清楚，这些条约只适用于它们自己。当日本进入现代化时期并成为一个太平洋大国时，它被纳入了"文明"国家的圈子。一位日本外交官说："至少在科学屠杀方面，我们和你们是平等的，而且马上就可以作为文明人进入你们的议

---

1. 拉罗什富科（La Rochefoucauld, 1613—1680），法国伦理学家、作家，著有《回忆录》《箴言集》。

席了。"连发步枪、机关枪以及第一次世界大战后的新飞机，使用了这些武器的"科学屠杀"则是非洲、亚洲、菲律宾、美国西部或中东等"不文明"地区所遭遇的。西方法律专家、政界人士和军方自满地认为，比幸运的欧洲人或美国人处在更早期发展阶段的人只能理解强硬的手段。1914年的《英国军事法手册》指出，战争法只能用于两个文明国家之间的冲突。"它们不适用于文明和非文明国家之间的战争，"手册写道，"其地位由文明的指挥官决定，且在特殊情况下，这些正义与人道主义规则也是适用的。"20世纪战争法逐渐普及，但我们尚未将其完善，所有人都享有同样的生命权和尊严，国际法不能区别对待。

　　战争行为在不断发展，对它们进行规范的法律却与国内社会承认的法典不同。更确切地说，它们是一种纲要，如同沃尔泽所说，它们是"专业准则、法律规范、宗教和哲学原则，以及影响我们对军事行为判断的互惠协议。"几个世纪以来，诸如有关中立国待遇的正式国际协定，已与职业士兵的荣誉规范、有关战俘待遇的不成文古老习俗，还有对人类生命之神圣与尊严的共识交织在一起，建立了一个帮助我们理解战争的网络，这个网络看起来很强大——至少在战争到来之前是如此。

　　在交换战俘或赎金方面的习俗公约可能具有接近法律的力量，特别是在交战各方拥有共同文化的情况下。几个世纪以来，在欧洲的战争中，军官不会受到限制——他们都是绅士，让他们口头承诺不逃跑就足够了。1813年，惠灵顿在维多利亚之战中战胜法国人后，英国官员邀请被他们打败的法国对手来自己的军队食堂用餐。（但其盟友西班牙的军官们却没有这么好的待遇，因为英国人很鄙视他们。）"军官的荣耀"这一概念一直延续到20世纪，就像1937年让·雷诺阿[1]那部令人惊

---

1. 让·雷诺阿（Jean Renoir, 1894—1979），法国导演、编剧、制片人、作家。

叹的电影《大幻影》所展示的那样。那位法国军官保证，他不会试图逃到一战监狱的德国指挥官那里去的（但实际上他去了）。19世纪，两国双边协定中曾出现的习俗或主题（例如法国和西班牙在1675年签订的一项协议，对不同类别士兵的赎金做出了规定）在历次《日内瓦公约》中得到了详细的阐述，成为新发展的国际法体系中的一部分。国际红十字会担负起了监督战俘待遇的责任，以确保他们获得商定好的数量的食物与医疗照顾，并负责转交战俘的信件和包裹。

1914年圣诞节休战期间，战壕的部分地区停火，敌对双方来到无人区互相祝酒、唱圣诞颂歌或踢足球，这种做法至少可以回溯到中世纪时宗教节日休战的传统。古希腊人在奥林匹克运动会期间不打仗，而其中最好战的斯巴达人在某些神圣的日子也不打仗。如何宣战或要求停火，这些做法一直有着悠久的传统。1941年，当日本袭击珍珠港时，各个报纸的头条新闻上都写着"耻辱"和"背叛"的字眼，因为日本并未提前宣战（当日本在1904年打破惯例，出其不意地攻击俄国在远东的港口时[1]，西方报纸十分钦佩它的无畏；但当时的日本是英国的盟友，被普遍认为是一个受人钦佩的现代化国家）。1945年日本投降时，天皇是通过广播宣布这一行为的，但在亚洲各地，日本军队使用了历史悠久的竖白旗方式向其盟国传达投降信息，在今日，这种做法仍会不时被使用。然而自1945年至今，在难以捉摸的时尚潮流转变中，宣战的做法已经彻底失宠。

试图控制各种战术和武器的使用，这方面的历史或许和战争本身一样古老。古希腊人规定适用于近距离作战的武器为可被接受的武器。历史学家波里比阿在公元前2世纪写道，古希腊人达成了一项协议，"既

---

1. 指1904年2月8日，日本不宣而战，偷袭停泊在中国旅顺港的俄国舰队。——编者注

不使用秘密武器，也不使用远程武器，认为这是一场真正具有决定性意义的近距离肉搏战"。在中世纪，英诺森二世试图禁止十字弓的使用，罗杰·培根则试图将如何制造火药的秘密掩埋。

讽刺的是，在制定适用于所有国家的战争法方面，最富有成效的时期其实是在1914年之前的几十年里。这反映了19世纪的乐观情绪，即人类正在进步，也反映了人类的黑暗面可能会得到控制，其中就包括战争。虽然世界上的宗教或哲学家的工作已经为此奠定了几个世纪的基础，但两套主要规则在当时迅速形成。第一套规则是重新尝试控制战争。1856年的《巴黎宣言》[1]规定了交战方何时可以使用海上封锁，确立了从敌舰或中立舰上夺取可能用于战争的货物的规则（尽管它没有界定违禁品的含义）；1868年的《圣彼得堡宣言》则禁止使用爆炸性子弹。这些条约标志着国际关系的一种创新，因为它们既不是国家间的双边或多边条约，也不是1815年维也纳会议[2]上那种各个大国首先达成随后强加给小国的条约。各国被邀请支持一系列提案，这些宣言和后续有关战争的国际协定乐观地假定了一套各国人民的共同价值观和共同目标。

1898年，军备竞赛正愈演愈烈，年轻的新任沙皇尼古拉斯二世向世界各个列强发出公开邀请，要求他们共同为限制军备竞赛做出努力。第二年，大约26个国家在海牙举行会议，致力于进一步规范战争行为。尽管当时达成的武器协议有些虎头蛇尾——仅仅禁止了窒息性气体、达姆弹[3]（它会造成开裂的外伤）和从气球中投掷炸弹的做法，但

---

1. 即1856年4月由英、法、俄等7国在巴黎签署的《关于海战的巴黎宣言》，是国际上首次正式编纂的对战时海上作战手段和方法进行限制的规则。——编者注
2. 1814年至1815年，俄、普、英、奥等大国在维也纳召开的为结束反拿破仑战争的分赃会议。1815年通过《最后议定书》，大国重新瓜分了欧洲和殖民地领土。——编者注
3. 也称"膨胀弹"，是一种弹头尖端去掉被甲，铅心外露的枪弹，由英军19世纪末在印度达姆地方的兵工厂制造而得名。——编者注

其他规定仍呈现出鼓舞人心的迹象，包括有关用人道方式对待战俘和设立常设仲裁法院的协定。和平活动家们仍然希望，至少世界上的文明地区将会远离战争。1907年，第二次海牙会议（这次有44个国家参加）对先前的协议做了一些小修改，并试图对海上战争进行管制，例如禁止某些种类的水下地雷，它们对海军和商船造成了越发严重的威胁。1909年，《伦敦宣言》最终为违禁品提供了一个有效的定义。由于当时英国人改变了策略，拒绝接受他们协助起草的一份声明，因此这份声明就停留在了纸面上。然而，在海牙会议上始发的倡议从未消失。随着新型武器——轰炸机、化学武器和生物武器、更致命的地雷，还有核武器的出现，世界各国准备继续做出努力，限制或禁止使用这些武器。个别国家仍然选择无视或不批准它们不喜欢的条款，就像英国和其他国家曾经做的那样。

"海牙公约"已经成为一种描述战争规则的简写方式，就像用"日内瓦"为其他主要系列的公约命名那样。这些公约也起源于19世纪，但在此情况下是为了保护战争的受害者，包括战士与平民。1859年，身穿白色夏装的瑞士年轻商人亨利·迪南[1]在意大利北部索尔费里诺的战场上踉跄而行，正是在那里，法国及其撒丁岛盟友刚刚在意大利统一战争的一场决定性战役中击败了奥地利人。这场战争的原因可能是光荣的，而结果是可怕的。经过改进的新武器造成了大约3万人伤亡。正如后来迪南写的那样，没有任何一支作战的军队为躺在死者中间的伤员做出哪怕最基本的照料，"他们无助地躺在裸露的土地上，躺在自己的血泊中"。对此，迪南震惊而恐惧，他加入了当地志愿者的行列，试图给受伤的人送水、包扎伤口，并用粗糙的简易担架将他们抬出战场。

---

1. 让·亨利·迪南（Jean Henri Dunant，1828—1910），瑞士商人、人道主义者，获第一届诺贝尔和平奖，红十字国际委员会创始人，被尊称为"红十字会之父"。

迪南逐渐坚信，那天是上帝把他带到战场上的。在随后出版的《索尔费里诺追忆》一书中，他描绘了战争的苦难，并呼吁世界各地的志愿者协会及其政府向所有参战士兵提供医疗援助，无论他们属于哪一方。他的工作对整个欧洲的公众舆论产生了巨大影响，多亏当时现代通信得到发展，许多人日渐意识到士兵受到的待遇有多么恶劣。迪南也在瑞士国内得到了支持，作为一个中立国家，瑞士完全有能力在对立的双方中保持公正的姿态。1863年，在关系密切的支援人员的帮助下，他成立了"伤兵救护国际委员会"（后改名为"红十字国际委员会"），该委员会立即采取行动，邀请欧洲列强派代表参加在日内瓦举行的一次会议。一年后，在第二次会议上，16个国家的代表签署了《改善战地武装部队伤者病者境遇之日内瓦公约》。战场上或附近的志愿者将受到一个标志的保护，那就是红十字，它也是瑞士国旗颜色的反转版本。（后来，在许多国家，这个标志被加入了红色新月或红色钻石的元素，可能因为在这些地方，红十字看起来太像基督教的十字架了。）国际红十字会已经发展成一个强大的非政府组织。从那时起，越来越多的国家签署了后续的《日内瓦公约》，这些公约扩展、丰富了其最初的使命，将平民和战士都纳入其中。

将平民与战士区别开并尽可能使之幸免于难，这样的想法可以追溯到很久以前的历史。古印度的一篇文章列出了一个清单："那些旁观却不参与的人，那些备受悲伤折磨的人……那些睡着、口渴、疲乏、走在路上、手头有未完成的任务或是精通美术的人。"12世纪时，伟大的犹太学者迈蒙尼德（Maimonides）制定了一些规则用来制止损耗较大的破坏行为，例如不得破坏果树，或是规定一座城市只能从三面围困，要让想逃跑的人能够逃跑。虽然妇女在战争中经常被当作战利品，但她们也同样被挑选出来接受特殊待遇。《旧约·申命记》中说，作为一个胜利的男人，若你喜欢一个作为战俘的女人，你可以将她带走，让她成为你的妻子。但是经文也继续说道："如果以后你不喜欢她，那你应让她随意离去，决不能将她卖钱，也不能以她为奴。"

当利伯在美国内战期间写下那本著名的法典时，他既借鉴了犹太基督教道德，也借鉴了长久以来欧洲战事中被接受的做法。"在公开战争中拿起武器互相攻击的人们，不会因此放弃成为有道德的人，放弃对彼此和上帝负责。"他写道。因此，在战争中造成不必要的痛苦，报复、伤害或残害手无寸铁的人，使用严刑逼供，都是不被允许的。他禁止强暴，但有趣的是，在惩罚"与间谍或战争叛徒有关"的罪行时，他没有对性别进行区分。

然而利伯也承认，在他着手处理的现代战争中，破坏手段比以往更加强大，平民和战士之间的分界线已经模糊；而且他自己甚至想将这个分界线弄得更模糊一些。"现代文明国家理解的军事必要性，"他在法典第14条中说，"在于采取一些必不可少的措施确保战争结束，而这些措施根据现代战争法和战争惯例都是合法的。"接着他列举了一系列可以被合法销毁的物品，从人到财产。他认为，这种"允许一切破坏财产，阻碍交通、旅行或通信的方式和渠道，并允许一切从敌人手中截留食物或生活资料的行为"是必要的。实际上，与克劳塞维茨的观点相呼应的是，他认为必须在发动战争时达到极限（他指出此举有着积极的一面，可能使战争因此结束得更快）。平民无法总是被幸免的："永远不要忘记，与敌人交战的总是整个国家……"

利伯的法典对遗留在占领区的敌军部队，以及那些有组织地攻击占领军、被他称作"武装潜行者"和"战争叛乱者"的群体进行了区分。前者适用于战争规则，例如，如果遭到俘获，他们理应受到同任何其他战俘一样的对待；后者则与普通罪犯一样，可以将他们处死。尽管他的法典被广泛地传播，但它却并未解决一项事宜，即如何对待那些拿起武器保卫自己和领土免遭侵略的平民。他们是战争法下的战士还是别的什么？随着民族主义和全面战争的蔓延，在过去的两个世纪里，这个问题变得越发重要。18世纪时，欧洲各国政府和精英们将战争视为专业士兵的阵地，到了19世纪初，他们开始将平民视为战争事业的一部分和一种资源。1807年，拿破仑的军队轻而易举地打败了西班牙正规军，但他们却发现，自己陷入了与西班牙叛军一系列令人疲乏的持久战斗之中。这场"小小的战争"——游击战——促使西班牙成为拿破仑所称的"溃疡"。在普鲁士，当本应无敌的普鲁士军队在无能的国王率领下败给拿破仑之时，爱国者们提到了"国家紧急状态"一词，并自发组织起来抵抗法国人。1812年，当拿破仑入侵俄国时，民众自发地进行反抗，地主们则在逃离前用焦土政策摧毁了自己的财产。面对这种民间抵抗行为，军方的反应十分冷酷，他们指出平民是没有义务当兵的，他们在占领区的抵抗行为也是非法的，自此以后，他们常常提出这样的意见。在西班牙，法国人拒绝将游击队称为士兵，而是称其为"土匪和强盗"。

19世纪后期，普鲁士人的祖先曾经反抗过拿破仑的侵略，当法国人在1870年至1871年的普法战争中做了同样的事情时，普鲁士人愤怒地做出反应。法国的阿尔萨斯省和洛林省遭到占领，不久后就将不再属于法国，在两省的部分地区，德军的布告被人们撕毁，落单的德国士兵遭到了袭击。当法国战俘游行经过之时，围观的群众高唱《马赛曲》。而那些在法国自发组织起武装军队的义勇军则被德国占领者认为没有任何权力，常常被立即枪毙。由于预先考虑到两次世界大战中将会发生的事，有些社区常常遭到严厉的报复，因为被怀疑窝藏了义勇军。后来有一部德国通俗小说将这些义勇军描绘成懦弱、奸诈且或许最该死的、无组织纪律的模样。基于义勇军在法国的经历，后来德国军队仍坚持对义勇军使用针对平民抵抗行动的最严酷的措施；军队的战术手册上建议道："闲言少叙，义勇军应被吊死在下一棵最好的树上。"

在海牙举行的两次国际会议提出了一些我们至今仍在辩论的问题。何时平民对侵略军和占领军发动攻击是合法的？这些军队可以如何应对？谁可以算作士兵，因此理应受到《日内瓦公约》和其他公约的待遇？谁又仅仅是罪犯或叛徒？在海牙，德国人对平民战士做出尽可能狭窄的定义，坚持认为只有那些穿着明显可辨的制服的部队才是合法的军队，而抵抗行为只有在侵略发生时才被允许，占领时则不被允许。而在谈到最后一句话的含义时，德国人突然想要尽可能广泛地定义了，他们认为只要侵略军的正规部队在附近但不一定能被看见，这样就足够了。也许英国人想到了拿破仑战争期间西班牙游击战争的成功案例，而法国人和一些更小的国家都有着"全民皆兵"的革命传统，面对侵略时，他们想为市民的自发起义留下空间。1899年的海牙会议达成了一项妥协：禁止对平民进行集体惩罚，但犯下"非法战争行为"的敌方个人可能会受到惩罚。1907年的会议更清楚地阐明了什么是公认的抵抗力量：其成员必须有组织；凭制服或徽章做出区分；公开携带武器，并根据战争法作战。

美国慈善家安德鲁·卡内基把自己的大部分财产都献给了和平事业，对他来说，在保护平民方面取得的进展显然已经足够。他在1905年的一次演讲中说，如今非战士在战争中得以幸免于难，战俘也得到了很好的照顾："如果人类没有忙于攻击战争妖怪的心脏，他们至少已经在忙着拔掉它的毒牙了。"他预计，在"神圣的进化法则"下，情况只会变得更好。

就像1914年以前的许多人一样，卡内基的态度过于乐观。与之前更早时期的情况一样，旨在遏制战争的法律和公约织成了一片网络，但战争的迫切需求却将网络撕出了洞。无论是在比利时的德国人、在塞尔维亚的奥地利人，还是在加利西亚的俄国人，第一次世界大战期间，占领者都恐吓当地居民并制造了暴行。20世纪20年代初，英国人在伊拉克的行动中使用了新工具——空中力量，用来轰炸叛乱地区，从而使其屈服。还有20世纪30年代，意大利和德国的空军在西班牙内战期间的行动，或是1937年后日本人在中国的行动都表明，尽管国际社会可能对针对平民的袭击，特别是针对平民抵抗行动的袭击予以强烈谴责，但大国在实行袭击时却完全无视国际协定。

　　第二次世界大战中，德国人、意大利人和日本人对平民的野蛮报复使这一问题再次突显，而在战争期间和战争之后，法律也取得了真正的进步。1942年，协约国在《针对战争罪行的处罚》（*Punishment for War Crimes*）的报告中附上宣言，将占领国劫持人质或处决平民的行为定义为战争罪。1945年以来，一个新的战争和战士的类别进入了国际词汇之中——民族解放战争。阿尔及利亚的民族解放阵线的成员是罪犯（如法国人所认为的那样）还是士兵？在关于游击队的旧规定中，游击队员必须身穿某种形式的制服或佩戴某种显眼的徽章；但解放战争也会用到游击队，就像毛泽东所说的，游击队必须活动于人民之中，犹如鱼游于水中一样。伪装成普通平民的战士是否受到了战争法的保护？在中南半岛的长期斗争中，法国军方的观点是残酷而清晰的。他们的平叛训练学校墙上写着这样一句格言："永远不要忘记，敌人不会按照法国军队的规则打这场仗。"那么在这种平叛战争中，以某种共同利益的名义折磨敌人的俘虏，这样的行为是没问题的还是属于某种战争罪和反人类罪呢？所谓的反恐战争也在今天提出了类似的问题。《日内瓦公约》是否适用于美国在伊拉克阿布格莱布监狱关押的囚犯，是否适用于古巴关塔那摩监狱关押的囚犯？此外，所谓的"强化审讯技巧"（这是奥威尔在《1984》中的委婉说法）是否侵犯了囚犯的人权？美国司法部在2003年的一份备忘录中指出，美国审讯人员所做的事是得到允许的；美国法院和公众则对此持不同意见。如今，辩论仍将继续下去。

制定法律是一回事，执行法律又是另一回事。各国都有警察、法院和监狱，违法者会受到审判和惩罚。到目前为止，国际秩序仅仅达成了这样一种制度的开端，而近代历史上则满是这样的案例：当一些国家应遵循战争法时，它们却违背法律并认为自己可以逃脱惩罚。在1939年之前，德国签署了关于对待战俘的各种协议。在西方，纳粹也确实同那些他们认为与自己平等的种族，如英国人或法国人，一道遵守这些协议。然而在东方，德国军队与波兰人或俄罗斯人打交道时，在纳粹的意识形态中，他们都是劣等民族，于是德国人便放任自己任意对囚犯做出残暴的行为或进行杀戮。即使是民主政体也发现，当失败迫在眉睫或胜利遥不可及时，改变规则是诱人甚至是必要的。毕竟，在一只手被绑在背后的情况下打架是很危险的。英国和美国克服了最初的不情愿，在第二次世界大战中对平民实施了大规模轰炸，试图促使战争更快结束，以挽救本国公民的生命。这样做对吗？这仍是个会引发强烈争议的问题。

判断谁是发动非正义战争的罪魁祸首，又该如何应对这样的人，这些问题十分棘手，且仍在不断增加。1815年，当列强忙于对付拿破仑时，他们并不认为这是违反国际法的行为。他们只知道自己想让拿破仑走投无路，从而使他不能像从前那样从厄尔巴岛逃走，使欧洲再次陷入混乱。普鲁士人认为最简单的办法就是暗杀拿破仑，但英国人对此持保留意见。也许他们希望法国人会亲自审判他们的前任统治者，理由是在拿破仑回到法国后，曾对新的合法的波旁统治者予以藐视；然而法国政府却对此无动于衷，这一点也不令人意外。英国人转而宣称，拿破仑是一个可以被无限关押的战犯，因为很明显，他是永远不会停下发动战争的脚步的。为了强化一个站不住脚的法律论点，英国议会通过了一项法案，声称对他的监禁是"维护欧洲安宁的必要条件"。让所有人（当然除拿破仑本人及其剩下的忠实支持者之外）松了一口气的是，英国人坚定地把他转移到了大西洋南部偏远的圣赫勒拿岛，最后他在那里去世。

100年后，针对如何处理那些应对战争负责的人，列强再次进行了思考，现在他们有了一套更为完善的设想。战争应如何进行，与此相关的各种国际规则与武器协定的编纂促使这样一种设想诞生了——也许没有比这更强劲的设想了，即国际社会应以全人类的名义严肃地应对非正义战争和非正义的战争行为。例如，在1915年，英国和法国联合向奥斯曼政府发表了一项声明，宣布奥斯曼政府将对其屠杀亚美尼亚人的"反人道罪和反文明罪"负责。当一战结束时，公众和协约国一方的许多领导人都提出要求，应有某人或某事为欧洲发生的灾难受到惩罚。在巴黎和会之前和开会期间，主导的政治家们将很长一段时间用在辩论上，辩论内容是：在战败一方的领导人和军队中，谁应为发动战争和战争过程中的罪行受到审判。最明确的罪人是德国的威廉二世，很可能还有他的一些顾问。（奥匈帝国已经不复存在[1]，帝国的老皇帝弗朗茨·约瑟夫一世早已在维也纳的皇家墓穴与他的祖先会合了。）在巴黎和会开始之前，法国、意大利和英国已达成设立一个国际法庭的协议。"正义，"它们的协议上写着，"要求皇帝及其主要帮凶为他们的罪行受到审判和惩罚，他们带着恶毒的目的设计并发动了战争，该对战争期间人们所遭受的无法估量的痛苦负责。"美国反对成立国际法庭的行径就如它在今天仍继续反对国际刑事法院一样，然而，在人们猜测威廉二世被判有罪后可能流放何方时，美国总统托马斯·伍德罗·威尔逊的确

---

1. 1918年，奥匈帝国解体，分裂成奥地利、匈牙利、捷克斯洛伐克三个国家，剩下一部分领土被归还或瓜分。——编者注

也参与了进来。美国人觉得，百慕大离美国太近了，会让他们感到不舒服，劳合·乔治[1]则提议送他去福克兰群岛。最后威廉二世继续留在了荷兰，因为他在战争结束时便流亡到那里避难，而荷兰拒绝将他交出。协约国强烈要求审判和惩罚那些犯下战争罪的人，据说名单上有1000多起战争罪都是德国犯下的，德国政府被迫在莱比锡举行了几次对德国军官的审判后，这些罪名逐渐消失了。

两次世界大战期间，人类就像以前常做的那样，吸取了他们认为已经成为过去的教训，为控制甚至废除战争一次次做出新的尝试。1925年的《日内瓦议定书》禁止了化学武器和生物武器的交易，1929年的另一项公约则彻底禁止了在战争中使用化学武器和生物武器，还有一份签署于1928年的公约则充实了管理战俘的规则。于1921年至1922年召开的华盛顿海军会议曾一度成功地为太平洋地区的海军竞赛降温，并在那里建立了新的安全保障。1930年的伦敦海军会议将《华盛顿海军条约》[2]的有效期一直延续到1936年，那时的日本和意大利都拒绝签署延期协议。20世纪20年代，新的国际联盟一直在为更为全面的裁军谈判会议而努力，最终，这场会议于1932年在日内瓦举行。但令人始料未及的是，德国新任总理阿道夫·希特勒将他的国家从谈判会议和国际联盟中撤出，裁军谈判会议也因此陷入了无能为力且无足轻重的境地。

第二次世界大战的规模和破坏性促使人们在推动控制战争的国际制度方面做出新的尝试。丘吉尔和富兰克林·德兰诺·罗斯福总统于

---

1. 戴维·劳合·乔治（David Lloyd George，1863—1945），英国自由党政治家，在1916年12月7日出任英国首相，于1916年至1922年领导战时内阁。2002年，劳合·乔治入选BBC评选的"最伟大的100名英国人"。
2. 1921年至1922年召开的华盛顿会议期间，英、美、日、法、意五国签署了《华盛顿海军条约》；1930年，五国又召开了伦敦海军会议，通过了有效期至1936年12月31日的《限制和裁减海军军备的国际条约》，作为对华盛顿会议五国海军条约的补充。

1941年在纽芬兰海岸签署了《大西洋宪章》，对持久和平充满期待，因为届时所有国家都可以免受侵略的威胁。次年，包括苏联在内的同盟国签署了《联合国家宣言》，承诺各国将并肩作战打败敌人，并对《大西洋宪章》的原则表示支持。

同盟国在展望未来的同时，也思考着应如何惩罚那些应对战争负有责任的人。它们在当时与后来达成共识，认为德国、日本和意大利是发动战争的罪魁祸首，并且与第一次世界大战不同的是，指控其领导人的法律依据都已存在于战前的各种公约和协定中。同盟国也掌握了敌人在战争中犯下暴行的证据，尽管在战事结束之前，死亡集中营和被占领土上的平民以及战俘经历的一切恐怖尚未彻底昭然于世。另外，苏联曾纵容希特勒瓜分欧洲的中心，如今却站在道德高尚的一方。同样可以指出的是，同盟国也违反了法律，犯下了罪行，它们对平民采取了潜艇战和大规模轰炸。尽管纽伦堡和东京的特别法庭对德国和日本领导人进行的审判尚存在缺陷，但它们仍能将战争罪罪犯绳之以法。被告遭到了违反国际协议并触犯战争法的指控，而在德国的案件中，被告还被指控了一项新罪名——"反人道罪"。审判还开启了一个重要的先例，即声称受审者所做的一切只不过是在服从命令，但这一辩护站不住脚。

新联合国的一个委员会后来制定了《纽伦堡原则》，它涵盖了反和平罪、战争罪和反人道罪等内容。1950年大会的一项决议确认了这些内容，为国际法的扩展奠定了基础。关于人权的新表述和协议也强化了这样一个论点，即战争不能成为武装部队剥夺人类同胞基本权利的借口，例如被非法关押或遭受酷刑的借口。当然，就同一直以来的那样，挑战仍来自对它的执行。自1945年以来，美国通过国际制裁的方式或依靠联合国、"北约"部队等来维持和平，努力发展国际法和国际法院，以此审判诸如塞尔维亚的斯洛博丹·米洛舍维奇[1]等，但这种措施只有在各国希望生效时才会起效。国际刑事法院是为了惩罚非正义战争与其他危害人类的罪行而设立的，当这个世界上最强大的国家在世界各地非法关押囚犯，或是不接受国际刑事法院的管辖时，其他国家就会纷纷效仿。

　　正如人们在几个世纪以来所努力的那样，我们仍然希望，我们不仅能控制战争并减轻战争的影响，还能彻底废止战争。在欧洲的中世纪时期，除十字军东征的神圣事业外，教会不断试图强制推行"上帝的和平"（Peace of God），并宣布战争是非法的行为。从10世纪到12世纪，主教们都会号召当地贵族加入议会，让他们在议会中立下誓言：不掠夺当地的教堂和修道院，不伤害手无寸铁的牧师，也不偷盗农民的财物。这项清单随着时间的推移而变得越来越长，犯罪活动包括袭击商人、进出教堂的人，甚至是拔除葡萄藤。11世纪时，教会同样试图禁止人们在某些日子里打斗，例如，从星期三的晚祷结束到下周一日出时，或是在基督教历法中的神圣节日期间，诸如复活节和圣诞节。可以理解的是，民众对教会的这些措施充满热情，但贵族与他们的随从却坚持自己的违法行为，即使面临被开除教籍的危险。法国南部的勒皮主教在990年采取了更有效的行动，他要求当地贵族宣誓维护和平，而且要归还他们从穷人和教会那里拿走的东西。在对方拒绝时，他召集了他之前隐藏起来的军队，照编年史家说的"在上帝的帮助下"，贵族们最终决定宣誓。教会还试图将贵族的暴力引向外部的十字军东征，甚至取得了一定成功。尽管就像中世纪的教会一样，各种宗教在战争方面的记录好坏参半，但某些教派的反战积极分子做的贡献更多一些。拿破仑战

---

1. 米洛舍维奇（1941—2006），曾为塞尔维亚共和国总统和南斯拉夫联盟共和国总统。2001年被捕入狱。——编者注

争之后，英国的持异议者和基督教福音派创立了"促进永久与普世和平协会""贵格会""门诺派"，直到今日，这些组织始终活跃在反战活动中。

其他人则把希望寄托在理性而非宗教上。15世纪的著名诗人、思想家克里斯蒂娜·德皮桑曾写道，如果一位王子感到委屈，他应该召集一个"智者大集会……他不仅要召集他自己领域内的人，而且为了不让别人怀疑他会失败，他还要召集一些不站队的外国人士、资深政治家、法律顾问等人"。康德在其《论永久和平：一项哲学性规划》中，希望"人性的扭曲之材"会在条条和平之路上变得越来越直。19世纪，随着物质进步的迹象愈发显著，特别是在欧洲和美洲，对人类道德本性也将发生类似转变的希望也涌现出来。不屈不挠的十字军战士贝尔塔·冯·苏特纳写道："和平，是文明进步带来的必然情况……可以从数学方面肯定的是，在几个世纪的时间里，好战精神将逐渐衰落。"（一个多世纪后，史蒂芬·平克在《人性中的善良天使：暴力为什么会减少》一书中表达了同样的希望。）同等显著的武器进步和军事的发展为人们思考摆脱战争的办法增加了动力。19世纪，伟大的英国法学家亨利·梅因爵士说："战争似乎和人类一样古老，但和平是现代的发明。"的确，即便在当时的欧洲，战争也依然存在，但越来越多的大国会诉诸仲裁来解决争端。在1794年至1914年共有约300起仲裁案件出现，其中一半以上出现在1890年至1914年，这似乎体现了一种明显的趋势。此外，代议制政府的扩张和选举权的扩大似乎实现了康德的愿望，康德希望政府是建立在人民的许可之上，在共识的基础上运作的，并且在与其他国家打交道时也遵循同样的原则（20世纪，所谓的民主和平理论假设民主国家之间不会相互争斗，这一观点仍然强劲地扼制着我们的想象力，尽管历史已经为我们提供了某些案例，证明了某些颇为民主的国家之间仍会互相争斗，例如第一次世界大战中的德国和英国）。到了1914年，许多欧洲人开始觉得战争已经成为过去，只有文化水平低的那些人才会争战。奥地利作家斯蒂芬·茨威格在回忆童年的情景时说："人们宁愿相信鬼魂和女巫，也不再相信野蛮行为可能故态复萌，比如欧洲国家之间的战争。"

反战的经济学论据似乎也很充分。英国记者诺曼·安杰尔在其大受欢迎的《大幻想》（*The Great Illusion*）一书中指出，战争不再具有经济上的意义。在过去，各个国家为了争夺战利品而彼此争战；在现代世界，它们则通过贸易和投资的方式，以更低的成本获得所需。20世纪早期的国家在经济上非常依赖彼此，以至于战争会对它们中最强的国家造成伤害。而这样的相互依赖是应该受到鼓励的，自由贸易不仅对所有人都有好处，还带来了货物。就像19世纪早期伟大的英国激进分子理查德·科布登所说，自由贸易就像保持地球稳定的地心引力，"将人们聚集在一起，抛开种族、信仰和语言的对立，用永恒和平的纽带将我们团结在一起"。第二次世界大战结束时建立的布雷顿森林体系（以美元为中心的世界货币体系），以及美国在冷战结束后为降低国际贸易壁垒、国际投资壁垒所付出的努力，都带来了类似的希望。

1914年以前，世界同样被其他方式连在了一起，一个是旅游——19世纪后半叶出现了大规模旅游和大规模移民行动；一个是国际组织的发展——从红十字国际委员会到各国议会联盟。20世纪初，伯尔尼有一个国际和平局，同样还有和平十字军东征与和平请愿（peace petitions）。在海牙举办的两次裁军会议吸引了大批观察员，其中包括冯·苏特纳和俄国金融家伊凡·布洛赫。前者住的酒店为她悬挂了一面白旗；后者则将他对战争的大量研究报告四处分发，这些报告向人们展示了，一旦先进的国家参战，情况将会变得多么疯狂。"未来不会再有战争，"他对他的英国出版商说，"因为已经不可能出现战争了，如今显而易见的是，战争意味着自杀。"

尽管当时尚未有几个国家给予女性投票权，但女性在和平运动中的身影越来越活跃，在第一次世界大战后也是如此。在20世纪20年代和30年代的英国，拥有7.2万名成员的女性合作协会（Women's Co-operative Guild）是国际妇女争取和平与自由联盟（Women's International League for Peace and Freedom，WILPF）的坚定支持者，而女性在誓言和平联盟（Peace Pledge Union）中也很活跃。最终，国际妇女争取和平与自由联盟在50个不同的国家设立了分会。第二次世界大战后，女性和平活动家们在20世纪50年代和60年代参与了核裁军运动（CND），并在20世纪80年代组织了属于女性自己的示威游行，以此抗议美国在英国部署巡航导弹，最引人注目的抗议发生在伯克郡的格林汉康蒙。在北爱尔兰，贝蒂·威廉斯和梅雷亚德·科里根[1]曾目睹教派的暴力，于是她们在20世纪70年代成立了"和平人民组织"。二人在1976年荣获诺贝尔和平奖。不过我们永远都要记住，其他女性则一直为战争摇旗呐喊。

虽然政治家们并不总喜欢这样，但从19世纪开始，他们不得不应付国际舆论的问题，以及随着许多国家的选举权日渐扩大，国内选民越来越多的情况。当沙皇尼古拉斯二世建议在海牙召开第一次裁军会议时，各位国家元首和部长并不是特别热情。"会议喜剧。"德意志皇帝说；英国国王爱德华七世称这个想法是"我听过的最荒唐和差劲的东西"。公众对此则持不同的看法（例如，在德国，一份支持裁军的请愿

---

1. 贝蒂·威廉斯（Betty Williams，1943—2020）和梅雷亚德·科里根（Mairead Maguire，1944—　）都是北爱尔兰的社会活动家，她们共同创立了"和平人民组织"，该组织致力于解决北爱尔兰问题，维护北爱尔兰和平。因做出重大贡献，两人获1976年诺贝尔和平奖。

书获得了100多万人的签名），于是各国同意派遣代表团前往荷兰。德国代表团则奉命对任何阻碍德国发动战争的措施表示反对，包括代表团中的一位教授，他刚刚写下一本谴责这场和平运动的文章。英国代表团成员包括海军上将"杰基"·费舍尔男爵，当时他正在全面整顿和强化海军力量，拒绝考虑任何可能影响他们在战争中运用封锁行动的举措。美国人对和平表示支持，但却说自己的军事力量太小了，没有必要对其加以限制。

也许托尔斯泰对军备限制的批评是有道理的，他认为军备限制是让人们将注意力从真正的目标（彻底摆脱战争）上转移开的危险做法。在《战争与和平》中，在波罗季诺战役的前夕，主人公安德烈公爵对那些所谓减少战争残酷性的企图进行了反思：

> 但是，在战争中搞名堂就是卑鄙的，还有宽宏大量和其他诸如此类的东西简直令人发指！那种所谓的宽宏大量与同情心和一个千金大小姐的宽宏大量与同情心没有区别——她一看到被屠宰的小牛就难受，因为她心地善良，不能见血——但吃白烩小牛肉时她却津津有味。他们谈论战争的法则、骑士精神、休战旗帜，以及对伤者的人道主义，等等。那都是一派胡言。

或者，正如誓言和平联盟简洁的口号所说的那样："当人们拒绝战斗时，战争就会停止。"

对第一次世界大战的记忆，以及对有可能发生另一场大战的与日俱增的担忧，给予了那些想要废止战争的人新的目标与热情。威尔逊总统曾说，国际联盟是"人类唯一的希望"，世界上的许多人都赞同他的说法。他在1919年7月提交《凡尔赛和约》时对参议院说，一个自由国家组成的组织并入了联盟盟约，"类似刚刚结束的这场侵略和强夺战争将永远不可能发生"。国际联盟为其成员国提供足够的集体安全保障，以阻止外来者的袭击，并以和平的方式解决成员国之间的争端。威尔逊认为，如果成员国拒绝参与讨论或提交仲裁，解决方式就是实施经济制裁。"不，不是战争，而是比战争更加了不得的东西。运用这种经济上的、和平的、安静的、致命的处理方式，就不会有使用武力的必要了。"威尔逊还希望，国际舆论将在孤立和羞辱侵略国方面起到促进作用。

　　当时尽管美国没有加入国际联盟，但它的代表却与日内瓦的联盟机构合作密切，在两次世界大战中间的这些年，公众为终结战争而提供的支持仍然十分强劲。一直到20世纪30年代初，国际联盟在英国拥有了40万名成员，约1150万英国男女（占成年人口的近40%）在1934年至1935年举行的和平投票活动中投下他们的选票，以绝对的多数票为国际联盟和裁军提供了支持。1928年，法国外交部长阿里斯蒂德·白里安与美国国务卿弗兰克·比修斯·凯洛格迈出了当时众人所希望的、标志着人类远离战争的一大步。签署《巴黎非战公约》[1]的国家承诺，放弃将战争作为解决彼此争端的工具。最后有61个国家签署了公约，包括德国、意大利和日本。但正如那些持怀疑论者所指出的问题一样，现实中是没有强行执行这份公约的方法的，而1939年爆发的战争也表明了这些怀疑是正确的。

　　在罗斯福总统的压力下，同盟国在战争期间开始计划建立一个新的机构以取代国际联盟；它们还计划建立一些新的经济组织，希望有助于将世界各国团结在一起，尽可能减少未来战争的危险。1945年4月，就在德国投降之前、太平洋战事仍在继续之时，46个国家相遇在旧金

----

1. 也称《白里安—凯洛格公约》，于1928年8月签订，缔约各国同意只能以和平方式解决一切冲突和争端，具有重大历史意义。——编者注

山，参加了联合国成立大会。它曾许诺要永远废除战争，但最终却没能
实现诺言——这始终都是奢望罢了，但它却促成了一系列军备限制协议
的诞生，并通过维护和平、建设和平的行为及各个机构，诸如世界卫生
组织等的活动，减轻和缓解了战争带来的恶劣影响。

　　第二次世界大战之后，美国和苏联之间的冷战将人类的注意力再次
集中到战争的危险之上，至20世纪60年代，这种情况带来的威胁是，
人类的漫长历史有可能因此而走向终结。诸如《海滨》《奇爱博士》
《浩劫后》等小说、电影和电视节目都用可怕的画面描绘了核战争的影
响及其有多么容易发生在现实中。在某种程度上，它们更多与冷战期间
两个超级大国之间的核平衡状态有关，即相互保证毁灭理论[1]，连同它
那再恰当不过的缩写词 "MAD"，这些都意味着美国和苏联在过去避
免了与对方开战的可能性，虽然有时战争会一触即发。但这并不是说
自1945年以来世界上就不再有战争了：超级大国和一些实力稍弱的大
国开展代理人战争并助长了内战，它们至今仍在那样做。实施暴力并不
一定要倚赖最新的高科技武器，过时的廉价武器也可造成巨大的破坏。
在卢旺达，该国在胡图族民兵开始屠杀图西族之前便进口了足够多的砍
刀，为的是让每3名卢旺达男性中就有1名能拥有新刀。那些砍刀可不
是用来耕种的。当我们环顾世界时，我们需要铭记那场战争与1945年
以来发生的其他所有战争。战争和战争的威胁仍然与我们同在。

---

1. 相互保证毁灭理论（Mutually Assured Destruction, 简称MAD），指对立两方中若有一方
首先使用核武器，则两方都会遭到毁灭的理论。

第 **9** 章

在我们的想象与记忆中的战争

　　在莎士比亚的《亨利五世》第四幕开始时，致辞者说道：

> 唉，老天可怜吧！这一下，我们就要当场出丑啦。
> 这么四五把生锈又迟钝的圆头剑，东倒西歪，
> 在台上吵吵嚷嚷，居然也算是一役阿金库尔战争！
> 可是请坐着，瞧个端详，
> 凭着那怪模样，捉摸原来的形相。

　　在随后的场景中，莎士比亚将为观众带来战争的悲惨与荣耀。战斗的前一晚，忧郁的国王亨利隐瞒了身份，伪装成别人在自己的部队中游荡。一位名叫威廉斯的普通士兵在与朋友聊天，他只是简单地说，自己并不指望他们能活到第二天。亨利试探地问道，如果国王发动战争的理由是正义的，难道他们不乐意和国王站在一起吗？威廉斯说，也许会愿意吧，但那些死去的人会咒骂着死去，会大声呼救或担心他们留下的妻子和孩子。"我恐怕，"他说，"很少有人会在战斗中死得体面……"亨利用一段长长的、理由充分但并不能令人宽慰的讲话回答了他，亨利提到了战争中的责任以及每个士兵应如何洗去良心上的污点，以便能体

面地死去并获得救赎。第二天早晨，亨利的演讲又全然不同了。他告诉他的部下，即将到来的战斗将是他们获取荣耀的机会。亨利提醒他们，这一天也是圣克里斯宾节——克里斯宾和克里斯皮安[1]这对孪生圣徒的节日。

> 凡是度过了今天这一关，能安然无恙回到家乡的人，提起这一天时都将肃然起立；每当听到"克里斯宾"这名字，精神都将为之一振。
>
> ....
>
> 而克里斯宾节，从今天直到世界末日，
>
> 永远不会随便过去，
>
> 在这个节日里行动的我们也永不会被人们忘记。
>
> 我们，是少数几个人，幸运的少数几个人，我们，是一支兄弟的队伍……

在1944年的诺曼底登陆日，东约克郡兵团的一名连长在他的部队接近剑滩时，通过登陆艇的扩音器向士兵们朗读了亨利那段激动人心的讲话中的一部分，而当第一特勤大队的指挥官洛瓦特勋爵走下舰艇时，他的私人风笛手比尔·米林则一边与他一起涉水走向海滩，一边演奏着《高地少年》和《群岛之路》。那些伟大的指挥官——亚历山大、恺撒大帝、拿破仑、麦克阿瑟、蒙哥马利，他们都拥有伟大的演员所拥有的那种能力，可以让士兵们感觉他们的指挥官是了解他们、关心他们的，并且能直接同他们对话。指挥官们理解莎士比亚所说的话，即战争就

---

1. 4世纪，克里斯宾兄弟二人因传教由罗马来到法国，以做鞋匠为生，被发现后殉道。后世将10月25日定为"圣克里斯宾节"来纪念二人。——编者注

是一种戏剧，戏剧性的姿态发挥了它们的作用。奥斯曼帝国为了保卫
达达尼尔海峡，在15世纪制作了巨型大炮，汉尼拔带到意大利的大象
和莫卧儿人在印度使用的大象，还有冷战中双方研制出的核弹，其实这
些都是为了恐吓敌人的，就像实际发生的战争也是为了恐吓敌人一样。
2003年，美国联军对伊拉克的侵略被称为"威慑行动"。我们将艺术
运用到战争之中，但我们是如何思考和发动战争的，反过来又受到我们
对它的艺术表现的影响。

戏剧、诗歌、小说、绘画、雕塑、照片、音乐和电影塑造了我们
（身为战士和平民）想象和思考战争的方式。艺术可以为我们展示战争的
方方面面：从英勇和光荣，到残酷和恐怖。它们既能传达出战争的刺激和
激情，又能传达出战争的疯狂、乏味和无意义。它们让我们注意到战争的
威力和复杂性，注意到我们对待战争那模棱两可的感觉。艺术可以像第
一次世界大战前那样怂恿我们走向战争，也可以像第一次世界大战后那
样帮助我们对抗战争。艺术帮助我们开展战争，记住战争，纪念战争。

艺术和战争之间的动态是双向的：创造了战争形象与故事的人，也
被战争所改变。作家们努力寻找新的语言，画家对各种风格进行尝试。
戈雅在《战争的灾难》中放弃了对色彩的运用，也放弃了表现战争中胜
利或英勇的一面，而是展示了战争中卑鄙的时刻、无谓的残忍以及支离
破碎的残缺躯体。1916年的一份文化评论说，是不可能用绘画呈现第
一次世界大战的，"没有哪个艺术家能呈现给我们一种完整的印象，关
于发生在夜里和雾中、地下和云上的事……那些老派画布上描绘的，走
过敌人身边、向敌人扑去而不畏死神的人们已经不见了踪影；交通壕[1]将

---

1. 在阵地内构筑的供人员隐蔽和连接工事的壕沟。——编者注

他们吞没了"。瑞士画家费利克斯·瓦洛顿[1]，他说过这样的话："从现在起，我不再相信血淋淋的描述，不再相信现实主义的绘画，不再相信看到甚至经历的一切。只有冥想才能勾勒出此种召唤的复杂本质。"他著名的作品《凡尔登》描绘了德国和法国之间那场可怕的消耗战：火焰、气体和烟雾组成的黑色和白色云朵、光束、破碎的景观和落下的雨——在其中看不到任何人类。或许这仅仅是一个巧合，但在1914年之前，在欧洲和新世界的各个不同城市，艺术家们就已经开始尝试适合描绘未来战场的方式。在当时，立体派艺术家开发了一种新风格，用来描绘他们周围的世界是多么支离破碎，未来派艺术家则试图找到方法来描绘这种风潮自身。在英格兰，旋涡派[2]艺术家想将现有秩序击成碎片，这对他们来说就意味着一种新的几何风格，反映了现代世界的参差本质。保罗·纳什[3]，这位深受旋涡派影响的英国艺术家很快就发现，自己正在勾勒和绘制被碾成齑粉的战场。他们是否都感到了即将席卷欧洲社会的灾难？令人悲伤的是，他们的实验都非常适合描绘战场那支离破碎的景观，以及光、火箭爆炸与气体波在战场上的相互作用。

　　然而，当我们试图自己想象或是通过他人来想象战争时，会遇到一个存在已久的问题：有关战争的现实是可以被确定下来的吗？有关战争的经历能否局限于一本书、一幅画或一段影片中？保宁曾在越战争中为北越南军队作战，在他的作品《战争哀歌》中，身为一位老兵的主人公

---

1. 费利克斯·瓦洛顿（Félix Vallotton，1865—1925），生于瑞士洛桑，逝于法国巴黎，图形艺术家和画家，以其裸体绘画、室内绘画、独特的木刻而闻名。
2. 1914年创立的英国先锋艺术流派。旋涡派艺术家强调运动感，他们所创造的抽象艺术作品便如旋涡一般。——编者注
3. 保罗·纳什（Paul Nash，1889—1946），英国超现实主义画家和战争艺术家、摄影师、作家。

执着而固执地试图写下他有关爱情和战争的故事："这些薄薄的书页代表了阿坚的过去；讲述的故事有时是清晰的，但大多时候只能说是模糊不清的，如黄昏一般衰败和模糊。他们在划分生死的微妙边界上讲故事，模糊了边界，最终抹去了它。年龄与时间在混乱中交织，和平与战争也是如此。"当时在美方作战的美国作家蒂姆·奥布莱恩在《士兵的重负》中说道："对战争概括总结就像对和平概括总结一样。几乎一切都是真的，又几乎没有什么是真的。"他问道，我们有可能理解战争的意义吗？"在一个真实的战争故事中，如果道德尚存的话，它就像织布的细线一样，你无法将它梳理清楚。如果你不理解更深层次的意义，你无法将意义提炼出来。而到头来，对于一个真实的战争故事，除了一句'噢'，或许你再也没什么别的可说了。"然而他一直在努力尝试找出战争的意义，就像在他之前和之后的许多人一样。威尔弗雷德·欧文曾写信给他的母亲，讲述了1917年他在法国埃塔普勒的英国基地见到士兵们脸上那"非常奇怪的表情"："是一种非常难懂的表情，在英格兰永远不会见到这种表情……不是绝望或恐怖，它比恐怖更加可怕，因为那是一种被蒙住眼睛的表情，看起来没有情绪，就像一只死兔子。永远不会有人能画出它，也没有演员能演出来它。如果想描述来它，我想我必须回去，身临其境地和他们在一起才行。"在朝鲜战争中，美国摄影师大卫·道格拉斯·邓肯谈到他曾试图捕捉士兵们的表情，他称之为"千码凝视"。

尽管战争创造的、与战争有关的许多艺术作品都仅仅将注意力聚焦在艺术家们所属的那一边，但战争也往往会引发艺术家跨越国界的反应。德国作家埃里希·玛丽亚·雷马克的《西线无战事》也谈到了同样的事情：战壕战的徒劳、士兵间的同志情谊，以及他们与国内后方的鸿沟——就如同弗雷德里克·曼宁的《财富的中部》和罗伯特·格雷夫斯

《向一切告别》等反战英语小说中描写的一样。在越南战争中，奥布莱恩和保宁身处不同的两方，但"丛林""炎热""恐惧""闹鬼"却都出现了两人的作品里。保宁与他笔下的主人公有着相似的生活，他对这个人物的评价也与奥布莱恩对其笔下的叙述者相似："故事中还加入了黑暗丛林的氛围，其中散发着毒气，还有普通士兵生活中的奇人奇事，他们的死亡为他的写作定下了基调。"

相比于其他战争，某些战争促进了更多更好的艺术的诞生。第一次世界大战为人们带来了多个语种的伟大的小说和诗歌，同时带来了伟大的绘画和音乐。很难想到第二次世界大战还能带来类似的艺术的井喷。瓦西里·格罗斯曼的《生活与命运》是一部伟大的小说，但其他作品呢？而且，为何是越南战争而非两次世界大战或朝鲜战争，对美国的艺术产生了如此强烈的影响呢？在流行音乐界，这是一个黄金时代，克里登斯清水复兴乐队、布鲁斯·斯普林斯汀、乡村乔与鱼乐队、鲍勃·迪伦、大门乐队都在创作和录制与战争有关的歌曲。除了奥布莱恩及其作品，还有菲利普·卡普托的《最残酷的夏天》、迈克尔·海尔的《派遣》、卡尔·马兰提斯的《美国人眼中最真实的越南战争》或诸如《野战排》《生于七月四日》《现代启示录》等一系列卓越的影片。这些作品就同第一次世界大战时期涌现的伟大艺术杰作一样，几乎都对战争持批判态度，这一点显然并非巧合。对美国人来说，越南战争就像第一次世界大战之于欧洲人一样，动摇了他们对自己及其文明的信心。我们如何卷入战争，又做出如此恐怖的事情，或许对我们这些有道德的好人来说，了解这些可怕的谜团有助于理解两次战争对艺术家造成的影响。

然而，人们很容易说，只有战争的恐怖和徒劳才能产生伟大的艺术。本杰明·布里顿的《战争安魂曲》、托尔斯泰的《战争与和平》或雷马克的《西线无战事》，可以与《萨莫色雷斯的胜利女神》、《伊利

亚特》或恩斯特·云格尔的《钢铁风暴》相提并论。约翰·拉斯金是
维多利亚时代英国最有影响力的艺术评论家、杰出的知识分子。1865
年，他在一场关于战争的演讲中对伍利奇[1]的年轻军校学员们说："地
球上还没有伟大的艺术出现在一个由士兵组成的国家之外。"他认为，
和平带来了繁荣与满足，但同样带来了艺术的凋落，因为人们不能被提
升到他们最高的境界，而只有战争才能做到这一点。"因为这是一个被
认定的事实，每当人们能充分发挥他们的能力时，他们一定会用艺术来
表现自己。"他总结道："当我告诉你们战争是所有艺术的基础时，我
的意思是，它是人类最高能力和美德的基础。"

　　一些参战者发现，战争中本来就存在着美。加拿大画家A.Y.杰克逊
在第一次世界大战即将结束时写道："有一天晚上，我和奥古斯都·约
翰去观看我们对德军发动的毒气攻击。那就像一场精彩的焰火表演，能
看到我们的毒云、德国的照明弹和五颜六色的火箭弹。"不久之后，他
画出了《毒气攻击：利文》，这是当时加拿大最著名的画作之一，也同
样是一件美丽的作品。画中，被炸毁的土地形成了昏暗的前景，上面盘
旋着蓝灰色的云朵，闪烁着绿色、粉色的光带。《现代启示录》的开场
也是如此，优雅的棕榈树在原始的绿色丛林中轻轻摇曳，直升机的轰鸣
声飘过。几缕轻烟袅袅升起，而后又升起更多轻烟，随后，突然间，整
个场景被火焰吞没（这部影片的制作太过疯狂，为此还烧毁了一片真正
的丛林）。这场面着实壮观，或许是有史以来最伟大的电影开场之一。
导演弗朗西斯·福特·科波拉在当时着手制作一部反战电影，影片是根
据约瑟夫·康拉德对西方帝国主义进行控诉的作品《黑暗的心》改编而
成的，但他将有关战争的部分内容制作成了振奋人心的美丽形态。

---

1. 即伍利奇皇家军事学院，在1940前与桑德赫斯特皇家军事学院合并以前，它向英国输送了
大量炮兵、工兵和通信兵。——编者注

　　艺术家们可以故意美化战争，不论是因为获得了报酬，还是相信自己做得很对，又或者两者兼而有之。用艺术描绘和庆祝战争的做法可以追溯到人类遥远的历史中。从古代世界幸存下来的许多东西都与战争有关，如雕塑、凯旋门和圆柱、罗马式镶嵌画、有装饰图案的花瓶、坟墓等。埃尔金大理石雕塑（帕特农神庙的建筑）展示了人与半人马争斗的场景。德国帕加马博物馆收藏的珍宝中有一个大祭坛，它来自与其同名的城市，展示了奥林匹斯山上巨人与众神之间的传奇之战。《贝叶挂毯》记录了诺曼人征服英国的过程。文艺复兴时期，欧洲的官殿和政府大楼上都是描画过去在陆地和海洋上取得胜利的巨型风格画。统治者们的管弦乐队演奏着亨德尔的《皇家焰火音乐》等欢庆音乐，该乐曲创作于1749年，为的是纪念英国的胜利；而在此之前的1748年，《艾克斯拉沙佩勒条约》[1]的签订结束了奥地利的王位继承战争。1571年，神圣联盟的天主教国家击败奥斯曼帝国，这场至关重要的勒班陀战役为委罗内塞、丁托列托、提香以及一众名气稍小的艺术家提供了灵感源泉，也启发了许多诗歌和音乐的创作。在15世纪爆发于佛罗伦萨和锡耶纳之间的圣罗马诺之战如今被人们所铭记，这主要归功于保罗·乌切洛的三联画作。画里马匹前蹄腾空，人们互相攻击，长矛折断，头盔丢弃在地上，尸体散落在地面上；不过画中没有对血迹、被砸碎的头颅和断肢的描绘。

　　这类描绘可以消除战争的恐怖、混乱，抹去人们为战争所付出的代价。由阿克巴等统治者委托创作的莫卧儿绘画作品展示了围困、战斗、枪支、士兵和骑兵的画面，所有这一切都色彩艳丽、装饰精美，甚至连尸体也不例外。摄影师乔·罗森塔尔在1945年拍摄的著名作品《美国

---

1. 即《亚琛和约》，1748年10月英、荷、法等国在亚琛签订，和约承认了玛丽娅·特利莎继承奥地利王位的合法性，并划分了签署国的势力范围。——编者注

国旗插上硫黄岛》捕捉到了胜利的时刻（这张照片是在一面小国旗升起后的某个时刻摆拍的），但这场胜利造成了2.6万名美国人伤亡，这个事实却在画中无迹可寻。在为身处"理性的时代"而自豪的18世纪的欧洲，除了极少数的例外，艺术家们都将战争表现为有序的游戏，或许棋子就是人类自己。1745年，在奥地利继承权的长期战争中，英国军队及其荷兰和汉诺威盟军在丰特努瓦（位于如今的比利时）袭击了法国。最终，法国在这场战争中取胜，战斗造成了约5000人死亡，另有1万人受伤。路易十五委托皮埃尔·朗方（未来，他的儿子会对华盛顿特区进行设计规划）为那一天绘制了一幅画。画中，士兵们已准备就绪，正排成整齐的队列发起进攻。枪械中冒出阵阵烟雾，人们骑马飞奔，几具尸体装饰性地躺在地上。还有描绘战争中个体英雄之死的画作——他的代表作《魁北克的沃尔夫》、《纳尔逊》，也展现了死亡以庄重的姿态到来的场景，画中的垂死者摆出优雅的姿势，被哀悼他的人簇拥着。艺术甚至可以使战争中的工具都看起来很漂亮。盔甲、剑、弯刀、长矛、早期的枪支和大炮通常都是漂亮的物件，用珍贵的金属和珠宝加以装饰，以展示出设计和制造它们的工匠的技术和眼光。这是一种我们已经丢掉的时尚，至少是在军事武器方面丢掉的时尚；很难想象镶嵌着装饰物的机枪可以演奏出音乐曲调。

　　战争就同其他社会资源（不论是人力资源、物质资源还是精神资源）一样，会根据自身需求对艺术进行选择，艺术家自己也会做出选择。雅克-路易·大卫是一位具有强烈求生本能的伟大画家，他在法国古代政权制度下开启了绘画生涯，并由此登堂入室，迅速适应了法国大革命的需要，成为拿破仑最喜爱的画家。在他著名的作品《拿破仑穿越阿尔卑斯山》中，大卫展示了一位英雄形象骑马爬上斜坡的场景，他即将在意大利赢取胜利。在马脚旁的石头上可以依稀认出汉尼拔和查理大帝的名字，但只有拿破仑·波拿巴的名字拼写得清清楚楚。在第一次世界大战中，艺术家和知识分子们都争先恐后地对敌方同行表示谴责。法国著名哲学家亨利·柏格森在1914年8月8日的演讲中说，这场战争是"法国的文明"与"德国的野蛮"之间的较量。德国作家托马斯·曼同样把这场战争看作不同价值体系之间发生的冲突，但在他看来，"德国的文化"充满活力、深蕴人性，与之相对立的"文明"则是温和、有礼，基于理性而非情感基础之上的。"整个德国的美德与美丽，"他宣称，"只有在战争中才能显现。和平并不总是适合它的——在和平的时候，人们有时候会忘了德国有多么美丽。"在第二次世界大战中，诺埃尔·科沃德创作、导演并主演了电影《与祖国同在》，影片赞扬了英国皇家海军不张扬的英雄主义。英国政府为劳伦斯·奥利弗那部激动人心的电影《亨利五世》提供了资金支持，劳伦斯·奥利弗同样出演了影片，影片在1944年上映，就在诺曼底登陆之后。他所饰演的亨利五世勇敢而高贵，为正义的事业而战。（亨利对阿夫勒尔的市民发表具有威胁性的演讲等原著中的场景没有出现在剧本中。）好莱坞影星约翰·韦恩自费制作了《绿色贝雷帽》，以此支持越南战争。在电影最后一幕，一个身为战争遗孤的越南小男孩在发现朋友被杀害时流泪了，此前他一直受到"绿色贝雷帽"特种部队的照顾。"现在我要怎么办？"男孩问韦恩所扮演的上校，韦恩把死去士兵的贝雷帽给了他。"让我来烦恼这件事吧，绿色贝雷帽，"他说，"你就是这个东西的一切意义所在。"伴随着《绿色贝雷帽》民谣的背景音乐，两人走入了夕阳中。

　　韦恩的电影之所以会受到瞩目，是因为它以赞许的态度展示了一场日渐不受欢迎的战争，这在当时的电影业中颇为罕见。在第一次世界大战中，相比之下，参战各方的艺术家都不遗余力地支持各自国家为战争付出的努力，至少在战事的头几年是这样。爱德华·埃尔加[1]写下了爱国主义音乐，其中包括为鲁德亚德·吉卜林的《舰队边缘》写的一首乐谱，《舰队边缘》是吉卜林在1915年写的一本小册子，其中包括诗歌和散文，讲述了英国海军鲜为人知的英雄时刻，尽管他很讨厌自己在战前创作的《威风堂堂进行曲》被夸大其词。交战各方创作的绝大多数小说和诗歌是充满爱国主义的；有的作品是由成名诗人创作的，比如托马斯·哈代的《行军出发的人们》（它做出了"胜利为正义加冕"的承诺），其他作品则是由热情的无名人士创作的。仅在1914年8月，柏林的一家主流报纸每天都会收到500首爱国诗的投稿。"我们爱如一人/我们恨如一人/我们有且只有一个敌人/英格兰！"大受欢迎的恩斯特·利绍尔[2]在《憎恨英国》中写道。

　　随着现代战争的规模和需求不断扩大，各国政府开始意识到，它们可以像利用科学与工业一样，利用艺术来动员全社会。第一次世界大战期间，英国政府委托许多知名艺术家来对货船进行伪装。这些"炫目船舰"都被设计得十足疯狂，为的是让德国潜艇难以估计它们的速度和方向。新的信息部开发了一系列项目，雇用艺术家们记录战争并进行创作，以此对国内后方民众进行宣传。在新的电影制作行业，英国和法国公司制作的电影从"维持家庭"到"德国人的邪恶"，覆盖了广泛的主题；后者被传播到中立国家，试图以此赢得人们对协约国事业的支持，结果往往十分成功。受到政府严密控制的德国的电影产业，迟迟未能意识到新媒体的力量，出口电影的影响力也很小。德国电影展示的前线场

---

1. 爱德华·埃尔加（Edward Elgar，1857—1934），英国作曲家、指挥家，代表作有《爱的赞礼》《威风堂堂进行曲》《加冕颂》等。
2. 恩斯特·利绍尔（Ernst Lissauer，1882—1937），德国犹太诗人和戏剧家，因创作了一战中德国军队著名的口号"Gott strafe England"（"愿上帝惩罚英格兰"）而出名。

景是：心满意足的士兵们读着报纸、吃着东西，一些受了轻伤的士兵在医院休养，德国的军队正在重建被敌人摧毁的教堂。影片中没有出现战斗的场景（这本来就很难拍摄），也没有死者。当镜头展现前线的德国军队时，他们都是哈哈大笑的样子（第二次世界大战中，德国的宣传要有效果得多，宣传部部长约瑟夫·戈培尔说他从英国身上学到很多东西）。但当敌人创作的艺术如同那些特洛伊木马般受到攻击时，另一条斗争战线便被打开了。在法国，同样是在第一次世界大战中，卡米尔·圣桑和其他一些人成立了法国国家音乐联盟，为的是尽力禁止人们演奏当代德国音乐。"在对妇女和儿童的大屠杀发生之后，"圣桑问道，"法国人怎么还能听瓦格纳[1]呢？不读或不听瓦格纳的作品，做出这种牺牲是有必要的，因为他认为德国人可以用他的作品去征服灵魂。"在英国，媒体对演奏贝多芬、勃拉姆斯或巴赫作品的管弦乐队大加抨击。

正如洛瓦特勋爵理解的那样，音乐在战场上扮演着某种特殊角色。《前前后后鼓声》是吉卜林最出色的作品之一，讲述了英国士兵在帝国边境上的故事，他的创作可能借鉴了第二次阿富汗战争中的一起事件，当时一支英国军队面对阿富汗的袭击开始撤退。在他的故事中，两个爱酗酒、行为不检点的14岁男鼓手在大撤退中被落下了。他们分享了偷来的朗姆酒，拿起鼓和长笛，一边演奏《英国掷弹兵进行曲》，一边朝着阿富汗的军队走去。被男孩羞辱的军队重新加入战斗，用冷酷而高效的战斗夺取了胜利。两个男孩与其他英国死者被埋在了一起。

根据修昔底德的说法，斯巴达人会唱着战歌进入战场。据他描述，在公元前418年的曼丁尼亚战役中，斯巴达人会随着长笛手演奏的乐曲

---

1. 19世纪德国著名作曲家、指挥家，一生中创作了许多歌剧作品，开启了后浪漫主义歌剧作曲潮流。——编者注

而缓慢地朝阿吉甫人及其盟友进军："他们的这种习俗与宗教无关，这种做法的设计目的是让他们步调一致、平稳前行，不会打乱他们的行列，大型部队在准备参加战斗时往往都会这样做。"

就像音乐对舞蹈的作用一样，战争中的音乐也对训练士兵有着辅助作用，可以让他们自动做出动作，即使在打仗时也能团结一致。18世纪伟大的士兵赫尔曼·德萨克斯以善于操练士兵而闻名，他曾说："让他们有节奏地前进。那就是全部秘密，这是罗马人的军事步骤……每个人都看到了，人们整夜地跳舞。但是你可以带一个人来，让他在没有音乐的情况下跳15分钟舞，看看他能否忍受……随着音乐做动作是自然和自动的事。我经常注意到，所有士兵都会在鼓声震天的时候无意识、无目的地按节奏行军。是自然和天性让他们这样做的。"孙子建议指挥官在行军、部署、冲锋时使用锣鼓和旗帜，从而使部队团结一致并将注意力集中在焦点上。在现代以前的战场上，在野战电话、无线电或电子通信出现之前，音乐是指挥官发号施令的少数几种方式之一。正如欧洲军队在后来所发现的那样，高音的木管乐器和铜管乐器可以将很多战场噪声进行延伸传播。在拿破仑战争中，英国军队的步兵条例中列出了可以通过音乐传达的各种信息：前进、后退，甚至关于敌人的骑兵或步兵接近的警告。音乐对进攻者和防守者都造成了心理影响。一位参加过惠灵顿半岛对法战争的英国老兵说，当法国鼓手在滑铁卢战役中击败帕斯德冲锋队，力争在进攻开始加快步伐时，对于这种声音，"很少有人能在听到这些声音时不带一丝不愉悦的情绪，不论他们有多勇敢"。

在和平时期，艺术可以让公众为战争做好心理准备，就像第一次世界大战前的几十年里欧洲经历的那样。军乐队在欧洲各地公园的舞台上演奏，海军在夏季举行阅兵式，皇家骑兵队身穿军礼服在大街上"叮叮当当"地行进，这些都是为群众组织的娱乐活动，但也是对战争的有力宣传。在诗歌中，英勇的年轻人们去往遥远的地方，集合军队对抗野蛮的敌人，带着对家乡的美好回忆走向死亡。巴巴罗萨[1]睡在山上，德雷克睡在吊床上，等待着听从召唤去唤醒和拯救他们的国家。上层阶级和中产阶级的男孩，特别是在英国的男孩，都梦想着光荣的战斗，就像他们在荷马、李维或尤利乌斯·恺撒的著作中读到的那样。在当时的整个欧洲，人们重新发现了中世纪，或者说尤其是中世纪的一个特殊的部分——骑士精神、身穿盔甲的骑士以及十字军东征。写给男孩们看的通俗小说与杂志大多与过去的英雄故事有关。在德国，最受欢迎的题材便是国家取得了伟大胜利，不论是1世纪日耳曼部落击败罗马军队的条顿堡森林战役，还是1870年德国在色当击败法国的胜利。英国著名小说家G.A.亨蒂写了80多本书，他笔下的主人公几乎都是正派的英国男孩，他们全都克服困境，在战争中一举成名。他曾言："将爱国主义灌注到书中一直是我的主要目标之一，据我所知，目前为止我在这方面并未失败。"在1914年前去参战的欧洲年轻人们都满怀希望，期待获得一个让他们自己与心目中的英雄做比较的机会。

　　基于教育背景以及对文学、历史和神话的熟知，这一代人中的许多成员，例如英国的罗伯特·格雷夫斯、西格弗里德·萨松、威尔弗雷德·欧文，澳大利亚的弗雷德里克·曼宁或法国的亨利·巴比塞等小说家、诗人和回忆录作家，他们特别擅长表达自己的震惊与幻想破灭之感（他们同样憎恨平民作家试图对前线所做的描述，一位法国作家曾说那都是"一派胡言"）。然而我们永远需要记住的是，反战作家的受欢迎程度远远低于那些谈论战争英勇一面的作家，比如云格尔等人，至少在战后不久时是这样。20世纪20年代末，《西线无战事》在被纳粹禁止之前

---

1. 巴巴罗萨·海雷丁（1478—1546），15世纪奥斯曼帝国著名海盗。

就已经卖出了120万册。然而王牌飞行员"红色男爵"曼弗雷德·冯·里希特霍芬的回忆录的销量也达到了同等规模。据一位学者估计，两次世界大战期间出版的有关战争的图书中，只有5%是和平主义的。

在战争期间，当政者理解并试图利用艺术的力量，同时他们还致力于管控针对前线的描述，使得工业化战争的真正性质不会令公众感到恐惧。英国的战争艺术家被告知，他们的作品中不能出现死者的尸体。当克里斯托弗·内文森在1917年的作品《光荣之路》中展现了一对面孔朝下躺在地上的尸体时，审查员没有通过他的作品。内文森在作品上贴了一个大大的"已删改"的标记，在画面中只留下了靴子的鞋底和头盔供观众想象。德国艺术家乔治·格罗兹在一个防毒面具上雕刻了凶狠的基督形象，并在上面写道："闭上你的嘴，尽你的职责。"他的德国同胞奥托·迪克斯在战后创作了一系列描绘死者和残疾者的令人毛骨悚然的版画，另有一幅《战壕》展现的是被炮击后炸成碎片的尸体。新纳粹党先是对他大加谴责，上台后又在1937年举办于慕尼黑的"堕落艺术展"上，将他的这幅作品和其他作品摆在了显眼的位置。

洗白战争的人、想要展示战争残酷性的人，这两种人之间的斗争由来已久，艺术则有其一套逃避或摆脱控制的方法。英国画家保罗·纳什是第一次世界大战期间的一位官方战争艺术家，他在前线创作的《梅宁路》和《我们正在创造一个新世界》都是对失去和被毁灭的事物的难忘见证。画中没有他在战前描绘的美丽英国风景，恰恰相反，都是些破碎的树木、泥泞的土地和腐臭的水池；没有快乐的野餐者或农民，只有士兵孤独前进的身影。"我不再是一个兴趣盎然、充满好奇的艺术家，"他在1917年11月写给妻子的信中说，"我是一个信使，将会从一些人那里传回信息，他们正与那些希望战争永远延续下去的人作战。虽然我的信息是微弱且不清晰的，但它将会道出一个苦涩的事实，愿它燃烧他们肮脏的灵魂。"

　　弗朗西斯科·戈雅在1810年至1820年间创作了名为"战争的灾难"的一系列伟大作品，当时，西班牙正遭受着政府疲软、法国侵略、革命、内战和法英战争的折磨。他一边继续在西班牙宫廷中担任画家，为法国和英国军官画肖像，一边悄悄地进行自己的创作。这一系列画作在他去世很久以后才出版，画作对战争各方做出了有力控诉，也展示了人类有多么残忍。《她们像野兽》描画了多个西班牙女人，其中一个用胳膊抱着婴儿的女人正在刺杀法国士兵，而《野蛮人！》则展示了这样的场景：当法国士兵射击一个被绑在树上的教士时，其他士兵都冷漠地旁观着。戈雅的说明文字简洁却有说服力。"不忍直视""这很糟糕""这更糟糕""这是最糟糕的"。而且他断言："我看到了这个。""事情就是这样发生的。"戈雅的作品与18世纪充满秩序的战争画面有很大不同，他对奥托·迪克斯和萨尔瓦多·达利等后来的艺术家产生了相当大的影响。战争摄影师唐·麦库宁说："我在战争中拍照时，忍不住会想起戈雅。"

　　毕加索同样想到了他尊敬的戈雅，并在1937年创作出20世纪最伟大的反战画作之一。为了生存，西班牙共和国政府与佛朗哥的民族主义叛乱分子抗争，委托毕加索在巴黎世界博览会上为西班牙馆提供一幅壁画。当德国飞机在4月轰炸格尔尼卡时，他找到了创作的对象。毕加索对这一事件的描绘标志着一种重大转变，即战争绘画的关注点从军事受害者转向了平民。他高速地工作，将混乱和恐惧的景象画满一张大画布。尖叫的人和一匹马在飞驰中分散。一个女人抱着她死去的孩子。他在作画期间发表了一份声明："在我称为《格尔尼卡》的画作中，在我最近所有的艺术作品中，我清楚地表达了我对军人阶级的憎恶，这种阶级使西班牙陷入痛苦和死亡的海洋。"有一个故事，也许是真事。第二次世界大战期间，盖世太保的一位官员在德国占领的巴黎拜访了毕加索，他看到一张《格尔尼卡》的照片。"那是你的杰作吗？"他问道。"不，"毕加索回答，"那是你的杰作。"在西班牙的民主得到重建之前，毕加索是不会让这幅画回去的。它从1981年起便一直被存放在马德里，在那里被视为国宝。

并非所有人都对这幅画作赞誉有加。纳粹为世界博览会制作的指南称它是"任何一个4岁小孩都可以画的身体部位大杂烩"。当这幅画于二战前在美国巡回展出时，一位美国保守派人士说，这是"莫斯科控制下的布尔什维克艺术"。如果我们强烈反对一件艺术品作者所持的观点和意图，那我们还能欣赏该作品吗？理查德·瓦格纳是一个反犹太主义者，但他创作了极好的音乐；莱妮·里芬斯塔尔是一个坚定的纳粹分子，但她制作了具有创新性的强大电影。这些问题很难回答，特别是在以色列。我们对艺术作品的反应取决于我们是谁，我们站在哪里，什么时候遇到它们。《向一切告别》被人们当成了反战宣言，这让罗伯特·格雷夫斯大为惊讶，因为他本来只打算描述这场战争而已（他还为自己的战争服役感到颇为自豪），以此赚些急需的现金。但他的书是在20世纪20年代末出版的，当时人们对第一次世界大战的幻想已然破灭，对随后的和平秉持怀疑的态度，未来看起来越发黯淡。如果我们对创作者本人缺乏了解，那么这些问题就没那么重要了，时间在流逝中自有办法，它可以消除艺术作品最初问世时蕴含的情感和思想。荷马（如果他的确曾存在的话）或许是可敬或可怕的，或许是战争的爱好者或和平的爱好者。我们永远不会知道真相，所以我们可以自由地阅读《伊利亚特》和《奥德赛》，而不必站在它们的创作者的立场上。如今在西班牙，《格尔尼卡》已是一件国宝，但如果当初毕加索同意佛朗哥的要求，将它在第二次世界大战后寄回，或许会产生完全不同的结果。

　　从19世纪中叶开始，摄影和电影开始更多地同绘画一起描绘战争。而新兴媒体所展示的东西是否真实，这又是另外一个问题。相机是会自主选择还是曲解，就同艺术家的双眼一样，重要的还是你是谁、从什么角度看待事情。虽然最早的照相机不能展示战争的行动过程，但它们可以展示战争的面貌和后果。成功的摄影师马修·布雷迪决定尽可能完整地记录美国内战。1862年，亚历山大·加德纳在安蒂特姆战场上（那天是南北战争最血腥的一天）拍摄了最为著名的一系列作品。他拍摄的一张照片中，士兵们瘫倒的尸体在普通的乡间道路上铺展开来，蜿蜒伸向远方。如果我们知道他常常为自己搭建场景、把尸体挪来挪去的事实，他的照片是否就没那么动人了？1916年，英国政府打破了用电影制作平庸、乏味的宣传片的做法，而是拍摄了一部描绘索姆河战役初始战况的影片。因为军事当局原本期待突然发动的攻击会突破德军的防线，所以前所未有地允许摄影师们进入现场。摄像机捕捉到了士兵们在战壕里做准备，在步枪上安装刺刀，然后从战壕顶端消失在无人区的场景。拍摄到此为止——因为早期的胶片相机太过沉重，既不方便携带，对摄影师来说又太危险，毕竟他们需要站起来拍摄现场。制片人把拍摄训练时的影片拼接起来，用来描绘实际的进攻场面，然后又使用了伤者归来时的真实影像。即便如此，这部影片仍令英国观众在深受感动的同时感到了忧虑，他们第一次大致了解到西方前线目前的状况。到1916年夏天，在这部电影上映6周时，已有将近1/4的英国人看过它，而在法国的战争还在继续。人们哭了，有的还晕了过去。

　　在记录战争方面，另一个重大创新是廉价静态相机的问世，这使得每个士兵都有可能成为艺术家。到第一次世界大战中期，一台小型柯达相机需要花费1美元，它可以装在制服口袋里。各国当权者试图像审查士兵的信件一样审查他们的照片，加拿大人则试图禁止士兵携带相机，但两者都没能成功。随着技术的不断进步，相机设备也越来越轻，摄影师们能在战场上到处走动，捕捉那些稍纵即逝的瞬间，就像罗伯特·卡帕[1]拍下他著名的照片《阵亡的一瞬间》那样，他捕捉到了西班牙内战中那位无上忠诚的士兵被枪杀的一刻。如今，阿富汗和伊拉克等冲突地区的士兵也会用他们的手机拍摄周遭所见。

越南战争之后，美军得出结论，他们认为当时公众已经减弱了对美军的支持，因为记者、摄影家和作家得到允许，可以自由地穿越战区，他们的文字和视觉报道大大影响了公众对越战的印象。一些照片的内容，诸如被凝固弹烧伤的孩子在路上奔跑，在西贡的"春节攻势"[2]中，敌军士兵占领了美国大使馆周边的地区，西贡警察局长在战争结束后向一名被俘的北越士兵头部开枪，这些画面让大量美国群众接受了一个事实：战争是错误的，战争中没有胜利者。军方的结论有一定道理，但报道是否成为扭转公众舆论，使其反对战争的主要因素，这一点仍值得商榷。冲突和征兵都已经不受欢迎，许多美国人从来都不明白，为何那时他们的国家要在世界另一头的一个小国进行一场旷日持久的斗争。

或许蒂姆·奥布莱恩是对的，我们永远不可能了解战争的真相，但艺术可以帮助我们应对战争并尝试去理解可能最终都无法解释的事情。无论是否参加过战斗，事情都是这样。希腊人视荷马为"灵魂医生"。菲利普·卡普托曾收到越南老兵的来信，他们发现，阅读他的《最残酷的夏天》帮助他们打开了隐藏的记忆和感情。有一项法国的最近研究，它关注的问题是一战中的普通法国士兵在战壕里都阅读什么，许多士兵

---

1. 罗伯特·卡帕（Robert Capa，1913—1954），匈牙利裔美籍摄影记者，20世纪著名的战地摄影记者之一。
2. 1968年1月底，北越发动了规模空前的"春节攻势"，超过8万北越军队和越南共产党游击队对南越几乎所有大小城市发起了进攻。

只接受过基础教育，但他们把托尔斯泰的《战争与和平》等书籍寄给了家人和书商。某些美丽或重要的东西可能比现在的苦难更加长久，也许他们不仅了解到了这样的事实，更从中得到了一些安慰。1937年，在塞尔维亚的一家餐馆，英国作家丽贝卡·韦斯特与一位狂热的德国民族主义者发生了不愉快的争吵，这时有人打开了收音机，一首莫扎特的交响乐曲飘扬而出。"这浩瀚而难以驾驭的结构、宇宙中逆风飞舞的帆，我们怎么能指望它（艺术）给这两者带来秩序和美丽呢？"她问道。"可是，"她接着说，"音乐从我们头顶墙上的魔盒传出来，它向我们保证，与我们相伴的一切都会好起来，有时我们的生活也如它一样可爱。"

创作和消费艺术作品既可以是一种抵抗行动，也可以是一种希望行动。在两次世界大战中，战俘都曾出演戏剧和音乐会。法国作曲家奥利维埃·梅西安在1940年成为德国战俘，他在自己的集中营里发现了三位专业音乐家——一位单簧管手、一位小提琴家和一位大提琴家。他设法从一位富有同情心的警卫那里弄到了一些纸、一支小铅笔还有一些破旧的旧乐器，其中包括给自己的一架钢琴。1941年1月15日，在室外的雨声中，"四重奏"奏响了他的《末日四重奏》。后来他回忆说："从未有人如此全神贯注地聆听我的音乐，如此心领神会。"他的作品分为8个部分，以《新约·启示录》作为基础，探究了时间的终结和末日的天使的到来。它以"赞美耶稣不朽"作为终结。"这都是爱，"梅西安说，"缓慢地上升到极端，那是人向着他的上帝上升，那是上帝之子向着他的父亲上升，存在被赋予了天堂的神圣。"这一承诺和对现世的反抗也出现在关于第二次世界大战最令人难忘的照片之一中——圣保罗大教堂在火焰和闪电战造成的破坏中巍然耸立。

有些时候，艺术会将几个世纪之前的个体声音带给我们。世界上最早的诗歌中有一首来自生活在公元前3000年以前的苏美尔人，诗歌哀悼了战败的后果：

> 敌人的靴子踩进了我的卧室！
> 敌人向我伸出他肮脏的手！
> ……敌人剥去我的袍子，给他的妻子穿上，
> 敌人砍下我的珠串，给他的孩子挂上。
> 我大踏步朝他的住所走去。

在《伊利亚特》中，伟大的特洛伊战士赫克托耳之妻安德洛玛刻在得知丈夫被阿喀琉斯杀死时大哭道：

> 如今你去了地府，
> 去了黑暗的深处，地球的死亡之屋，
> 把我留在悲痛中煎熬。
> 一个在皇室中迷失的寡妇，
> 还有一个男婴，
> 我们一起生的儿子，你我命中注定如此。

凯特·珂勒惠支是一位左翼艺术家，第一次世界大战前，她和身为医生的丈夫在柏林的一个贫困区开了一家诊所。1914年8月，他们18岁的儿子彼得志愿加入德国军队，她并未试图阻拦他。彼得在10月12日前往前线，10天后阵亡。她无时无刻不在哀悼他，并将他的卧室保持着他离开时的样子。她说："彼得是被播种的种子，本不该被磨碎。"后来，她在比利时的罗格维尔德德国公墓立了一座花岗岩纪念碑——彼

得就安葬在那里。就像最初设立时展示的一样，雕塑《悲痛的父母》展示了父母相距甚远、被悲痛隔绝的情形：母亲低垂着头，用双臂环住自己；父亲垂直而立，也用手臂环住自己。1955年，这片墓地被挪到了附近一处更大的墓地上，现在，珂勒惠支塑造的雕像站得离彼此更近了。

第一次世界大战中的哀悼活动借鉴了更古老的仪式——希腊圆柱或形似古代武士的雕像，身穿黑衣或为死者祈祷的行为，但它似乎也需要一些新的东西，因为这场战争的规模和方式对太多人造成了影响。费边·韦尔是一位勤奋而有远见的人，他为英国人创建了帝国战争墓地委员会，有三项关键原则是他所坚持的：人们在哪个国家倒下，就应该被葬在哪里；与以往的战争不同，等级之别是不该存在的；每个人都应得到同样简单的墓碑。尽管在私下，公民总是用他们自己的方式祭奠死者，但现在他们主动创建了当地的仪式和纪念馆，也同样塑造了官方的仪式和纪念馆。欧洲和大英帝国部分地区的城镇与村庄为当地各式各样的纪念物募集了捐款：从纪念碑到公园、图书馆、喷泉、村礼堂和医院。纽芬兰的圣约翰建造了一所纪念大学。在剑桥，靠近火车站的地方竖起了一尊步兵的青铜雕像，他正在大步流星地前进，因为募集的资金不够充足，所以雕像的规模必须缩减，相比长长的腿，他那短小的身躯显得颇为奇怪。作为纪念物，方尖碑的形状很受欢迎，因为它既便宜又容易制作。后来仅在英国和法国两地，纪念物就达到6万件。

1919年，英国当局要求著名建筑师埃德温·勒琴斯爵士为当年7月在伦敦市中心白厅[1]举行的胜利游行修建一座临时的阵亡将士纪念碑，此前勒琴斯曾协助设计过英国阵亡将士的墓地。一座空墓，这个象征符

---

1. 英国伦敦市内的街道名称，这条街连接议会大厦和唐宁街，在其附近有国防部、外交部、内政部、海军部等一些英国政府机关。

号格外适合第一次世界大战，因为众多死于炮火的人的遗体永远无法被找到和辨认出来。勒琴斯的纪念碑是用木头和灰泥建成的，引发了公众的巨大关注，政府不得不让它在那儿矗立的时间比原来规划得更久，因为前来参观的人数有几十万，他们纷纷在纪念碑前留下了鲜花和花圈。两分钟的默哀仪式同样受到公众的欢迎，最初是在1919年11月11日的休战纪念日进行的，后来在20世纪20年代和30年代期间，每年都会举办。在这个日子里，人们在全国各地的公共场所齐聚一堂，交通自动停止运营，电话接线员会从他们的总机上拔下插头。

　　为了满足民众的需求，政府请勒琴斯爵士设计了一座永久的纪念碑。1920年11月，这座石碑落成揭幕[1]，同一天，从西线运来的"无名战士"抵达目的地，按照仪式要求隆重地经过街道，被送往威斯敏斯特大教堂。同纪念碑一样，在没有尸体可供吊唁的情况下，这是一种既巧妙又简单的处理方式。现在，每一个躺在无名坟墓里的死者都有了寄托哀思的场所。当局不得不再次修改他们的计划并允许更多公众参与哀悼。威斯敏斯特大教堂的墓地向公众开放了两个星期，125万民众排队走过墓地，尖叫声和哭声不时打破一片寂静。20世纪20年代，巴黎、罗马、华盛顿特区、布鲁塞尔、布拉格、贝尔格莱德、布加勒斯特和维也纳也纷纷效仿这种做法，但柏林和莫斯科没有。第二次世界大战催生了自己的纪念物，但很多只是在上次战争的纪念物的基础上进行了简单改装，加入下一代死者的姓名罢了。如今，在大多数参加过世界大战的国家，对死者的纪念活动针对的是所有在20世纪和21世纪死于战争的人。公众仍继续用自己的方式改变着官方的纪念活动。退伍军人和他们的家人来到华盛顿的越南战争纪念碑，在墙脚留下吊唁品——有时是几

---

1. "无名战士纪念碑"被安放在伦敦威斯敏斯特大教堂，用来纪念一战中英国阵亡的无数战士。

瓶啤酒、鲜花、泰迪熊。在2014年举办的展览上有80多万朵罂粟花[1]，每一朵都代表着一个在一战中阵亡的英国人，伦敦塔的栏杆上也挂满了小纸条和照片。

我们用怎样的方式铭记并纪念战争，这既反映了战争本身的性质，也反映了战争所涉及的社会，以及谁在回忆；不论是退伍老兵缅怀死去的战友，还是妇女缅怀挚爱的人。如果参战者的子女尚拥有记忆，那么他们的记忆一定与参战者的孙辈不同。虽然并非所有老兵都想铭记过去，但他们中仍有许多人加入协会、参加重聚活动，或是前往诺曼底海滩或越南等曾经的战场朝圣。一方面，他们并不一定会美化战争或支持未来的战争。第一次世界大战后，法国的退伍老兵带头抨击他们眼中的军国主义学校课程；曾经的敌人——包括法国、德国、英国的老兵齐聚在"残疾人与退伍老兵协会国际会议"上，为提高福利与促进和平做出努力。另一方面，法国和德国两国的右翼退伍老兵协会也都尽全力保持着战时的仇恨，将矛头指向被他们视为叛徒的人，包括各种左翼人士、自由主义者和犹太人。

对于过去的战争，我们的态度也同样受到后来发生的事情的影响。第二次世界大战通常被轻率地描绘成一场分明的正邪之战，它塑造了如今的人们对第一次世界大战的看法：即这场战争在道德上模棱两可，且是愚蠢而徒劳的。如今，人们对在1914年到1918年之间作战和牺牲的人抱有的是惋惜而非钦佩之情。英国政治家艾伦·克拉克曾错误地宣称，一位德国将军将英国士兵形容为"被驴子领导的狮子"。在今天流行的观点是（并不仅局限在英国人范围内），那些在第一次世界大战中战斗的人都遭受了欺骗，他们高喊着"为文明而战、为国王和国家而

---

1. 罂粟花是纪念一战阵亡将士的象征物。2014年，英国为纪念一战百年，用超过80万朵陶瓷罂粟花装饰伦敦塔并展出。——编者注

战、为家庭而战"的口号，被不负责任的精英们引诱到了战场上。我们应该警惕，不要以居高临下的态度来对待那些生活在过去的人，因为逝者同我们一样拥有想法和信仰。或许我们不赞同他们，但我们应该尊重他们。那些参加第一次世界大战的人确实认为他们在为一些有价值的人和事物，通常是他们的亲人而非民主或帝国等抽象的概念而战斗。

　　20世纪20年代，那些把第一次世界大战铭记在心的人（当然是协约国一方）往往倾向于将它看作一种牺牲，同时认为这种牺牲是必要的。德国人并没有过多质疑战争本身的正确性，而是更多质疑他们见到的和平的不公正性。"英雄们是怎样死去的？"图宾根一座墓地上的牌匾这样问道。回答是："无畏而忠诚。"德国各地的社区都种植了"英雄林"。在英国，纪念碑上的铭文（包括伦敦的阵亡将士纪念碑）提到了"光荣的逝者"，而在一年一度举行的纪念仪式上，教区的全体教徒都会被提醒"他们没有白白死去"。位于维米岭的加拿大战争纪念碑悼念的是加拿大的逝者，但它也同样展示了他们牺牲的原因：石像代表着信仰、正义、和平、荣誉、仁慈、真理、知识和希望。当纪念碑揭幕时，演讲者将此处称为"圣地"。如今人们普遍认为，陆军元帅道格拉斯·黑格爵士是一个冷酷无情的屠夫，但在20世纪20年代时他却被当作英雄，大量的退伍老兵在1928年参加了他的葬礼。

　　直到20世纪30年代，随着另一场战争爆发的可能性越来越大，英国人和法国人才开始怀疑第一次世界大战是否值得，西格弗里德·萨松、罗伯特·格雷夫斯和其他反战人士的作品开始引发公众的共鸣。如今，威尔弗雷德·欧文被视为战争中最杰出的诗人，但在1945年之前，只有一小部分人知道他的诗歌。在两次世界大战期间，绝大多数出版作品将战争的性质看作正义的，即便在第二次世界大战之后，人们在看待这场战争的意义时仍然存在分歧。到了20世纪70年代，相当多的退伍军人对战争发表了各自的看法，有的认为战争是徒劳的，有的则认为是正当的。当他们退场后，英国的观点发生了转变，英国人坚定地将第一次世界大战视作一个骇人听闻的错误，提出继续对它进行纪念似乎毫无意义。一些流行的电视剧，诸如1989年的《黑爵士四世》，也强化了人们将战争视为一种愚蠢无比的行为的倾向。

在许多参加过那场战争的国家，人们谈论着是否应取消纪念仪式。在澳大利亚，左翼批评澳新军团纪念日[1]美化了战争和帝国，并且成了人们醉酒的一个借口。仅有2000人参加了在堪培拉的战争纪念馆举行的晨祷仪式。在加拿大，人们很少会去关注维米岭被占领的纪念日。在法国，建于20世纪30年代的纪念碑已经摇摇欲坠、黯然失色。在英国，曾有人在20世纪80年代提出要取消在教堂举办的阵亡将士纪念日，并且终止在11月11日举办的纪念仪式。然而在2014年至2018年间，随着一系列战争纪念日的到来，英国公众的兴趣与参与度仍然很高。成千上万的人来到伦敦塔观看陶瓷罂粟花，更多的人则在它们进行全国巡展时见到了它们。2015年，加里波利纪念活动在土耳其举办，公众对于获得现场位置的呼声非常之高，以至于澳大利亚和新西兰政府不得不组织抽签。2019年，前往堪培拉的战争纪念馆参加一年一度晨祷仪式的人超过3.5万。从20世纪70年代到今天究竟发生了什么？

或许有一部分原因是，一直以来，运作良好的游说团体都在推动政府为纪念活动提供支持并促使人们做出一些象征性的行为，比如让电视节目主持人在每年的11月时必须佩戴罂粟花。1997年，辣妹合唱团代表英国退伍军人协会呼吁筹集资金，也同样试图推动重新实行在11月

---

1. 1915年，英国将澳大利亚和新西兰军调至巴尔干一带攻打奥斯曼土耳其，1916年4月25日，澳新军团进军达达尼尔海峡，试图在加里波利登陆，但伤亡惨重，最后被迫撤离。为了纪念加里波利阵亡的战士，4月25日被定为"澳新军团纪念日"。——编者注

11日的两分钟默哀仪式，并鼓励年轻人佩戴罂粟花。"数百万人曾为了我们的自由而牺牲。"辣妹合唱团说。而当辣妹合唱团在接下来的一星期里推出一张新专辑和一系列卖给粉丝的商品时，她们也遭到了一定程度的批评。

在如今这个迅速变化的世界中（就像1914年以前的欧洲），全球化既催生了赢家也带来了输家，国际局势似乎越发动荡和不稳定，第一次世界大战也引发了身处其中的我们的共鸣。或许欧洲领导人是偶然发动了第一次世界大战，他们不清楚这场战争会导致什么样的后果和代价。如果今天发生了同样的事情，我们会有危险吗？正如历史学家丹尼尔·托德曼所说的那样，如今我们正面临着那场战争引发的一系列问题："个人与其所属的庞大而平庸的组织之间有着怎样的关系？个人能控制自己的命运吗？抑或他们只是机器上的齿轮？随着更完善的民主政体的到来，公民与政府之间有着怎样的关系？"

我们在描绘过去时倾向于选用更宽广的笔触，我们也会选择特定的片段去描绘全局。在最近的第一次世界大战纪念活动中，英国人主要聚焦在索姆河战役的第一天，这一天标志着战争给英国带来了巨大代价，也标志着大英帝国作为世界主要强国的地位走向终结的开端。澳大利亚人铭记的是加里波利之战，许多澳大利亚人在规划不当的进攻中丢掉了性命；而加拿大人铭记的是维米岭战役，当时加拿大军队成功占领了一个德军据点，该据点曾抵抗住了之前所有的袭击。法国对第一次世界大战的纪念活动聚焦于凡尔登，那里曾经历过一场漫长的消耗战，损耗了大量的法国军队。这种记忆往往具有高度的选择性。正如他们指出的那样，澳新军团湾[1]的新西兰人也是澳新军团的一部分，新西兰人和加拿

---

1. 澳新联军于1916年4月25日在加里波利登陆的小海湾。——编者注

大人也曾在维米岭和英国军队并肩作战。

并非所有曾经的交战国都认为有必要举行大规模的纪念活动。美国的纪念活动开展得较为缓慢，一直保持着低调的作风，主要是由志愿者推动的。对美国来说，第二次世界大战才是至关重要的战争；那时的美国在全球范围内展开了一场巨大的斗争，由此崛起成为一个世界强国。俄国人对第一次世界大战的关注相对较少，因为在他们看来，一战遗留下来的问题非常复杂。旧政权在战争期间的垮塌促使布尔什维克党人掌权，而如今他们也消失了，所以怎样去铭记历史、铭记什么都成了问题。俄国人将伟大的卫国战争称为第二次世界大战，毕竟在俄国人看来，其中的斯大林格勒战役重要得多，是值得举办纪念活动的大事件。德国人和日本人在第二次世界大战中背负了沉重的罪责，似乎没什么兴趣纪念之前的战争。印度在这两次战争中都派出了数百万人，但在公众和官方的记忆中，印度自己争取独立的斗争要占据更大分量。另外，对波兰来说，第一次世界大战是它得以重生的时期，它的三个敌人——德国、奥匈帝国和俄国都战败了。

在英国人、美国人和俄罗斯人怀着骄傲之情回想起第二次世界大战的同时，法国人的反应则更为复杂。数十年来，法国的学者和作家们始终对法国在1940年溃败的原因以及后来许多法国人与纳粹的合作（特别是维希政府）避而不谈。这方面的关键著作都是由英国或美国的历史学家书写的。然而，抵抗运动确实受到了法国人的关注。1944年，自由法国的领导人查尔斯·戴高乐将军在解放运动之后抵达巴黎并在市政厅发表了讲话。他说，巴黎是"被自己解放的，被人民解放的……还获得了整个法国的支持和帮助"。虽然这是对事实的极大歪曲，但实际上他在试图掩盖法国社会中出现的分歧，以此建立一种共同的说辞，为法国的统一事业服务。1969年，马塞尔·奥菲尔斯拍摄了一部震撼人心的纪录片《悲哀和怜悯》，它对法德合作与抵抗、法国人参与迫害法国的犹太人并将其转移到死亡集中营的问题进行了探讨，但被法国电视台禁播。当电视方主管向戴高乐反映时，戴高乐不出意外地回答道："法国不需要真相，她需要希望。"戴高乐去世后，这部影片最终于1981年上映。

　　对过去战争的纪念常常与当下的社会辩论与政治辩论交织在一起。很多左翼人士倾向于完全不教授任何与战争有关的东西，除非它们展示了过去的荒唐和邪恶。保守派人士倾向于公开谴责历史教学，在他们看来，历史教学过度关注国家过去犯下的错误，却对其伟大的胜利不够关注。迈克尔·戈夫在掌管英国教育时曾说，英国学校在教授有关第一次世界大战的内容时给出了太多"黑爵士"式的观点，而没有指出这其实是一场必要的优质斗争。博物馆格外引人注目，虽然它们或许是被建立起来当作教育和研究中心的，但公众往往倾向于将它们视作纪念馆。澳大利亚解决了这个问题，它建造了一个既是纪念馆也是博物馆的地方。20世纪90年代，史密森学会在华盛顿举办了一个展览，特别展出了在广岛投下原子弹的"艾诺拉·盖伊"号轰炸机，馆长原本试图以此唤起人们对地面上的人员伤亡和使用原子弹涉及的道德问题的关注，但该展览却为史密森学会带来了麻烦。在随后的骚动中，保守派、退伍军人和武装部队协会都参与了进来，史密森学会只得取消了展览。

　　当英国国内持续讨论着应该留在欧盟还是脱离欧盟的问题时，主张脱离的一派刻意引用了敦刻尔克的例子。事实上，著名的"脱欧派"人士奈杰尔·法拉奇说，每个人都应该看看最近的同名电影（2017年克里斯托弗·诺兰导演的《敦刻尔克》）。他和其他人声称，在当时，英国人孤军奋战、忍辱负重，最终赢取了胜利。这种看待过去的言论显而易见地忽略了一个事实：英国获得了来自其帝国的支持，许多海外军队在法国和中东作战，英国皇家空军中满是外国飞行员（包括波兰人）。此外，这种观点还忽视了苏联和美国在打败德国人上所发挥的关键作用。俄国人同样把斯大林格勒看作"不屈的俄罗斯国家"的象征。在2019年7月4日的庆祝活动[1]上，美国前总统特朗普试图通过论述独立战争来表明他与共和党人对美国军队做出的承诺，尽管他搞错了关键的细节，破坏了整体效果。

运用过去的战争来争取政治支持并发展人们对国家的某种看法，提出这种呼吁的领导人可以列出一长串名单，而特朗普只是上面最新的一位而已。第一次世界大战之前的10年，在民族主义高涨的时期，欧洲出现了一系列由国家资助的针对过去战胜事迹的大型纪念活动，包括英国人在1905年纪念特拉法尔加海战、俄国人在1912年纪念波罗季诺战役、德国人在1913年纪念莱比锡会战，一系列纪念活动中包括一个由大约27.5万名体操运动员组成的表演。如今莫斯科城外修建了一座新的大教堂，教堂使用第二次世界大战中被红军缴获的德国军用装备来修建主要的台阶。俄罗斯国防部部长谢尔盖·绍伊古说，大教堂是为上帝和国家服务的，他希望它的"每一平方米"都具有象征意义。

然而，战争也可以成为调解的工具。在斯洛文尼亚的科巴里德（这里曾被称为"卡波雷托"，第一次世界大战中，意大利在此遭受了最具毁灭性的失败），有一个博物馆纪念的是所有死在这里的人。在法国佩罗讷的一战博物馆距离西线很近，它将索姆河战役作为英国人、法国人和德国人的共同经历来纪念。美国人杰伊·温特是参与其中设计的三位资深历史学家之一，他评价说："它从一开始就是跨国项目。"对展览的设计是为了展示参战各方的士兵与平民之间的共同点而非差异，同时

---

1. 该日美国前总统唐纳德·特朗普主办的独日立阅兵活动如期在华盛顿举行，特朗普发表了主题为"向美国致敬"的演讲。——编者注

展示出不论身处哪个战壕，你们遭受的苦难都大同小异的事实。

　　战争在21世纪正经历着另一场革命，我们仍将继续探索战争的奥秘。我们的艺术家将不懈努力，力图展现战争的恐怖与美丽、卑鄙与高贵、无聊与兴奋、毁灭性与创造力。我们所有人都很想知道，怎样纪念和铭记战争才是最好的方式。

结 语

那些知道
这里发生了什么的人，
必须让路给
那些知之甚少的人，
以及知道得更少的人，
以及最终一无所知的人。
在那过度生长着因果的草地上，
一定有人用嘴衔着草叶，
凝望着云朵。

——维斯瓦娃·辛波丝卡[1]，《结束与开始》

　　几年前，我曾去过法国南部靠近西班牙边境的一个小镇。教堂的墓地里有很多倾斜、崩坏的墓碑，墓碑后面是杂草丛生的小丘；这些都是

---

1. 维斯瓦娃·辛波丝卡（Wislawa Szymborska, 1923—2012），波兰女作家、翻译家，一生创作了20本诗集，公开发表的诗歌约400首，代表作《呼唤雪人》《巨大的数目》等，于1996年获诺贝尔文学奖。

英国士兵的坟墓，他们在惠灵顿指挥的一次战役中阵亡，当时惠灵顿正北上追赶拿破仑的军队。那是一个非常宁静的地方，你可以想象到，过不了几年，这些石碑就会和大地融为一体，这些坟墓再也不会留下什么痕迹。对于过去的战争，或许我们就应该这样，让它们被淡忘，让所有死难者的灵魂最终安息。为战争的周年纪念日举行纪念活动、建造战争博物馆、让战斗重演或小心地照料战争墓地和战争纪念物……当我们做着这些事情时，或许我们正在犯下一个错误。我们是否在冒着危险，让战争成为一种寻常的景象、成为人类的一部分、成为我们的历史与社会中的一股永恒存在的力量？我们是否正冒着危险，让战争成为各个国家可以正当使用的必要工具？我们是否甚至将它看作引以为傲的东西？还有最重要的是，通过研究战争并对其进行思考，我们是否会让它变得更有可能发生呢？

如今西方社会在对待战争时有着奇怪的复杂态度。我们纪念战争，对与战争有关的故事、电影和游戏有着巨大的兴趣，但在很大程度上我们并不想打仗。两次世界大战的高昂代价使我们不愿再联想起这样的伤亡惨重的情况。我们为死于阿富汗或伊拉克冲突的士兵哀悼，即便是几百人的伤亡也显得似乎太多了；虽然在同样的地方，几千人的伤亡都被我们接受了。军方及其高层深谙此理，他们在武器和其他防御措施上投入巨资，这些将尽可能减少我们的战士会遭遇的危险。在德国和日本，军队曾经占据主宰地位，其价值观也渗透到社会之中，而如今，德国和日本已是一派和平的景象，人们也同样爱好和平。参军不再被视为理想的职业规划，当然，少数军人家庭除外。一流大学的学生大都梦想在华尔街、伦敦金融城或媒体工作，而非在陆军、海军、空军里工作。或许我们不必担心过去的力量，或许我们已经超越了战争。如果得知我们不会参战或是支持战争，兴许我们的领导人就会退缩，从而不敢发动敌对的行动。

　　然而仍需注意的是，西方仅是世界的一部分罢了，且仅是分量日渐减轻的一部分，它的观点与价值观并不一定具有普遍性。当美国或阿亚图拉·霍梅尼在两伊战争中开展长久斗争并派遣他们的军队穿越伊拉克雷区时，可能将要遭受的损失并未令他们感到困扰。诸如基地组织或Isis（"伊斯兰国"）等组织，它们拥有由狂热的志愿者组成的国际网络，并不在意自己人和无辜平民的伤亡。尽管西方在国内享受着和平，但自1945年以来，全世界已经爆发了150～300场武装冲突（取决于你如何计算）。有一些战争，诸如朝鲜战争或两伊战争等，同许多之前的战争一样发生在国家与国家之间；但迄今为止，不论是为了反对帝国统治者、争取独立的战争（就像在阿尔及利亚或印度尼西亚的战争）还是内战，数量最多的战争都发生在国家内部。外部力量也频繁地参与进来，它们在表达最高原则的同时一直在采取行动进一步增进自身利益。各种政治结构往往在一开始十分脆弱，随着它们分崩离析，战争成为一场时时变化的游戏，赌注是生与死，一方是相对复杂的机构如国家或宗教运动，另一方是犯罪团伙和雇佣军。就像17世纪欧洲的三十年战争和如今在阿富汗、索马里的冲突，结束这样的战争是一项艰巨而漫长的任务。而引发战争的因素——贪婪、恐惧、意识形态，它们将继续一如既往地在我们的世界中产生影响。政治气候的改变影响了诸如为争夺资源而发起的斗争、人民的大规模运动、社会内部与不同社会之间日益严重的两极分化、狭隘的民粹主义的兴起以及狂热而有号召力的领导人对其的利用，这些都将同往日一样为冲突的爆发提供燃料。

　　预测未来战争的形态就像赌马或猜测新技术的方向一样。你可以权衡所有明显的因素，但那些突然出现的障碍或方向的改变、赛马骑师或首席执行官的错误、公众和市场那不可预料的小问题或始料未及的反应，这些都可能导致令人惊讶的结果。人们对战争做出错误的预测，这种情况有着丰富的历史，过去的经历正好说明了这一点。军事规划者认为第一次世界大战将是一场运动战，充满了进攻性，而第二次世界大战则是一场防御战。当伟大的海军低估了潜艇、鱼雷和不起眼的水雷时，两场战争中的海军专家都试图找到一场决定性的战斗。最近，美国陆军战争学院的前司令官鲍勃·斯凯尔斯少将评价了试图对未来战争的性质和特点下定论的做法，他说："这是华盛顿特区最不成功的事业。"但那不能阻止我们的努力，我们也不应该停下。

最不济，我们还可以确定战争的趋势。就像如今一样，未来的战争将分为两个层次：一个是动用专业军队和高科技，发达经济体和有组织社会的所有力量都是其后盾；另一个是使用低成本的武器，动用组织松散的军队。同时可以确定的是，这两种类型的战争将会互相重叠。作为世界上至今最大的军事强国，美国的总统可以威胁称要轰炸阿富汗直到无人战斗，或是威胁说对"伊斯兰国"成员穷追猛打，但即使这样，他仍然无法使美国公民免遭威胁。正如在20世纪，战场的范围扩大到后方那样，如今后方与前线之间的区别、战争与和平之间的界限正在逐渐消失。美国人，实际上还有我们中的许多人，都无法确定出国旅行是否安全。恐怖分子或"流氓"国家可以击落飞机、炸毁平静海滩上的夜总会或是用机枪扫射旅游巴士。在通常情况下，他们的武器装备都很简单——一个穿爆炸背心的人体炸弹袭击者或一辆装满汽油的卡车就够了。我们没法确定待在家中是否更安全。在过去的战争中，威胁可能来自轰炸机、火箭弹或封锁；但在今天和未来，它们同样来自那些自称"战士"的人，他们组成了形态不定且变化无穷的国际网络。他们是没有制服甚至没有基地的敌人，经常通过互联网招募同伙，也不会被昂贵的喷气式战斗机、坦克或航空母舰打败。

　　第二个对军队能力造成挑战且日渐庞大的安全威胁是城市战争。以前，军队会努力攻占敌人的城镇，因其具备战略、政治和经济上的重要性；如今，敌人往往来自内部，在形式上，他们是土生土长的城市武装帮派，控制着整个地区。越来越多的人在城市中生活，据估计，到2050年，2/3的世界人口将居住在城市中；到那时，国家的管理方式、基本的法律和秩序都会面临巨大的挑战。在里约热内卢、危地马拉城、达卡和金沙萨等城市，政府已经不得不动用武装力量去重建其权威，尽管结果不总是成功的。许多国家的军队都在反叛乱行动和城市战争上投入了时间和金钱。

　　然而我们不能凭借这些做出假设，认为从此不会再出现国家之间的大规模战争。20世纪90年代涌现出了许多错误的预测，其中的一个观点是：单一民族国家的时代正在消亡，民族国家的身份和强大的中央政府正在消失，取而代之的是一个日益国际化的世界，边界在这个世界中变得毫无意义。一些国家正继续做计划并投入大量资金以提高作战能力，来应对同样准备充足、武装齐备的敌人。因而，它们的国防预算持续攀升。美国将接近2/3的可自由支配预算用于国防（那些资金未被授权用于支付国债利息和社会保障等福利津贴）。美国的支出相当于以下8个支出者的总和：沙特阿拉伯、法国、英国、德国、印度和日本（这六国是友好国家或说是盟国），外加中国和俄罗斯。

　　我们正身处一个技术发展日新月异的时代，这可能导致国际秩序变得更加不稳定。纵观历史，区分什么是真正的新事物总是非常困难的，战争却的确在获得新工具并进入新的维度，就像它曾畅游空中和海底那样。过去，大国引进了金属武器、马匹或火药，而今它们同样不得不对其组织、战略和战术做出调整，否则就有被甩在后头的危险。当各方势力考虑对彼此的通信卫星使用空间武器或对抗措施时，"太空不应被军事化"的国际协议正在逐渐失效。

战争的另一个维度以令人眩晕的速度在网络空间中开启了。随着这个世界、世界上的人民和世界上的东西（从冰箱到洲际弹道导弹）被互联网连接在一起，发生混乱的可能性也越来越大。2007年，爱沙尼亚包括议会、银行和政府部门在内的各个网站被大量假信息攻占，而一个新名词——"拒绝服务"，则添入了我们的语料库。2010年，不明来源的"震网"计算机病毒[1]使伊朗的大部分核计划瘫痪。2017年，朝鲜在试射火箭时遭遇了一系列失败，没人声称对此事负责，但就同"震网"病毒一样，人们怀疑可能是美国在其中做了些什么。如果战争的目的是破坏敌人的人民对其组织机构与领导人的信仰，或是干涉敌人的内政，那么网络空间也同样是一个活跃的战场。

与此同时，老式战场正在获得新的经过改进的武器，人们必须掌握这些武器的用法并能对它们予以反击。一个极端的例子是滑翔导弹，它以洲际弹道导弹的速度飞行，但精准度则高得多。另一个极端的例子则是微型自动推进装置。美国陆军已经订购了仅有32克重的"黑色大黄蜂"无人机，其重量与普通信件差不多，可供士兵监视周围环境。而美国、中国、以色列、韩国、俄罗斯和英国都在研发机器人战士——军方更愿意将其称为全自动武器。这些武器可以像自动驾驶汽车那样由自身驱动，还能在被编程后学习并随着行动做出调整。就像看待所有被编程的新计算机系统那样，我们应该保持理智，预测到可能发生的程序错误。自动驾驶汽车会撞车，甚至会将人撞倒；想象一下，如果换作洲际弹道导弹或战斗机会出现什么状况？我们知道，系统是可以被入侵的。

---

1. "震网"病毒是一种蠕虫病毒，它会利用Windows系统的漏洞，通过移动存储介质和网络进行传播。2010年9月，伊朗核设施遭受"震网"病毒的袭击，导致纳坦兹离心浓缩厂的上千台离心机报废。——编者注

参考文献

关于战争的文献资料数不胜数，在此我只列出了自己觉得格外有用的书籍和文章，如果读者们希望对该话题做更多的探究，或许大家会喜欢这个部分。我还将每个章节专门借鉴的那些作品罗列了出来。

一、非虚构类

Armitage, David, *Civil Wars: A History in Ideas*, New Haven: Yale University Press, 2017

—— "Civil Wars, from Beginning ··· to End?", *American Historical Review*, 120, 5, December 2015, pp. 1829—1837

Beard, Mary, *S.P.Q.R.: A History of Ancient Rome*, London: Profile Books, 2015

Beevor, Antony, *Berlin: The Downfall, 1945*, London: Penguin, 2003

Bell, David A., *The First Total War: Napoleon's Europe and the Birth of Modern Warfare*, London: Bloomsbury, 2007

Bessel, Richard, *On Violence: A Modern Obsession*, London: Simon and Schuster, 2015

Best, Geoffrey, *War and Law since 1945*, Oxford: Clarendon Press, 1994

Blanning, T. C. W., *The Pursuit of Glory: Europe, 1648—1815*, London: Allen Lane, 2007

Bond, Brian, *The Victorian Army and the Staff College, 1854—1914*, London: Eyre Methuen, 1972

— *War and Society in Europe 1870—1970*, London: Fontana, 1984

— *Britain's Two World Wars against Germany: Myth, Memory and the Distortions of Hindsight*, Cambridge: Cambridge University Press, 2014

Bourke, Joanna, *An Intimate History of Killing: Face-to-face Killing in Twentieth Century Warfare*, London: Granta Books, 2000

Braybon, Gail, and Summerfield, Penny, *Out of the Cage: Women's Experiences in Two World Wars*, London: Routledge, 2013

Brewer, John, *The Sinews of Power: War, Money and the English State, 1688—1783*, New York: Alfred A. Knopf, 1989

Brodie, Bernard and Fawn M., *From Crossbow to H-Bomb*, Bloomington: Indiana University Press, 1973

Browning, Peter, *The Changing Nature of War: The Development of Land Warfare from 1792 to 1945*, Cambridge: Cambridge University Press, 2002

Caputo, Philip, "Putting the Sword to Pen", *South Central*

Review, 34, 2, Summer 2017, pp. 15—25

Catton, Bruce, and McPherson, James M., *American Heritage History of the Civil War*, Rockville, MD: American Heritage Publishing, 2016

Chickering, Roger, Showalter, Dennis, and van de Ven, Hans（eds.）, *The Cambridge History of War: War and the Modern World, 1850—2005*, Cambridge: Cambridge University Press, 2012

Coates, A. J., *The Ethics of War*, Manchester and New York: Manchester University Press, 2007

Collingham, Lizzie, *The Taste of War: World War Two and the Battle for Food,* London: Penguin, 2011

Costello, John, *Love, Sex and War: Changing Values, 1939—1945*, London: Collins, 1985（US edition, *Virtue Under Fire: How World War II Changed Our Social and Sexual Attitudes*, Boston: Little Brown, 1985）

Cox, Mary Elisabeth, *Hunger in War and Peace: Women and Children in Germany, 1914—1924*, Oxford: Oxford University Press, 2019

Danchev, Alex, *On Art and War and Terror*, Edinburgh: Edinburgh University Press, 2011

Dash, Mike, "Dahomey's Women Warriors", Smithsonianmag.com, 23 September 2011

Diamond, Jared, *Guns, Germs, and Steel: The Fates of Human Societies*, New York: W. W. Norton & Company, 1977

Echevarria II, Antulio J., *Imagining Future War: The West's Technological Revolution and Visions of Wars to Come, 1880—1914,* Westport: Praeger Security International, 2007

Edgerton, David, *Britain's War Machine: Weapons, Resources and Experts in the Second World War*, London: Penguin, 2012

Elshtain, Jean Bethke, *Women and War*, Chicago: University of Chicago Press, 1995

Emerging Technology from the arXiv, "Data Mining Adds Evidence That War is Baked into the Structure of Society", *MIT Technology Review*, 4 January 2019

English, Richard, *Modern War: A Very Short Introduction*, Oxford: Oxford University Press, 2013

Fall, Bernard, *Hell in a Very Small Place: The Siege of Dien Bien Phu,* London: Pall Mall Press, 1967

Ferguson, Niall, *The Cash Nexus: Money and Power in the Modern World, 1700—2000*, New York: Basic Books, 2001

Finkelman, Paul, "Francis Lieber and the Law of War", *New York Times*, 2 March 2013

Freedman, Lawrence, *The Future of War: A History*, New York: Public Affairs, 2017

— (ed.) *War*, Oxford: Oxford University Press, 1994

Frevert, Ute, *Emotions in History: Lost and Found*, New York: Central European University Press, 2011

Gabriel, Richard, *Between Flesh and Steel: A History of*

Military Medicine from the Middle Ages to the War in Afghanistan, Washington, DC: Potomac Books, 2016

Gat, Azar, *War in Human Civilization*, Oxford: Oxford University Press, 2006

Goldstein, Andrea N., ' "Why are you trying to destroy the last good thing men have?" Understanding Resistance to Women in Combat Jobs', *International Feminist Journal of Politics*, 20, 3, April 2018, pp. 385—404

Goldstein, Joshua S., *War and Gender: How Gender Shapes the War System and Vice Versa*, Cambridge: Cambridge University Press, 2001

Goldsworthy, Adrian, *Pax Romana: War, Peace and Conquest in the Roman World*, New Haven and London: Yale University Press, 2016

Hale, J. R., *War and Society in Renaissance Europe, 1450— 1620*, London: Fontana Press, 1985

— *Artists and Warfare in the Renaissance*, New Haven: Yale University Press, 1990

Hastings, Max, *Overlord: D-Day and the Battle for Normandy, 1944*, London: Pan, 1999

— *Warriors: Extraordinary Tales from the Battlefield*, London: HarperCollins, 2005

— "Wrath of the Centurions", *New York Review of Books*, 40, 2, 25 January 2018

Herwig, Holger, et al., *Cassell's World History of Warfare*,

London: Cassell Military, 2003

Herzog, Dagmar （ed.）, *Brutality and Desire: War and Sexuality in Europe's Twentieth Century*, Basingstoke: Palgrave Macmillan, 2009

Heuser, Beatrice, *The Evolution of Strategy: Thinking War from Antiquity to the Present*, Cambridge: Cambridge University Press, 2010

Hobbes, Thomas, *Leviathan*, Oxford: Oxford University Press, 2012

Horne, John, and Kramer, Alan, *German Atrocities 1914: A History of Denial*, New Haven: Yale University Press, 2001

Howard, Michael, *The Franco-Prussian War: The German Invasion of France, 1870—1871*, London: Methuen, 1981

— *The Causes of War and Other Essays*, London: Unwin Paperbacks, 1984

— *The Invention of Peace and the Reinvention of War*, London: Profile Books, 2002

— *Captain Professor: The Memoirs of Sir Michael Howard*, London and New York: Continuum, 2006

— *War in European History*, Oxford: Oxford University Press, 2009

— （ed.） *Theory and Practice of War: Essays Presented to Captain B.H.Liddell Hart*, London: Cassell, 1965

— （ed.） *Restraints on War*, Oxford: Oxford University Press, 1979

Hull, Isabel V., A *Scrap of Paper: Breaking and Making International Law during the Great War*, Ithaca: Cornell University Press, 2014

Hynes, Samuel, *The Soldiers' Tale: Bearing Witness to Modern War*, London: Allen Lane, 1997

Jackson, Julian, *France: The Dark Years, 1940—1944*, Oxford: Oxford University Press, 2001

Jordan, David, et al., *Understanding Modern Warfare*, Cambridge: Cambridge University Press, 2016

Kagan, Donald, *On the Origins of War and the Preservation of Peace*, New York: Doubleday, 1995

—— *The Peloponnesian War*, New York: Viking, 2003

Keegan, John, *The Face of Battle*, New York: Viking, 1976

Kello, Lucas, *The Virtual Weapon and International Order*, New Haven and London: Yale University Press, 2017

Kennedy, David, *Of War and Law*, Princeton: Princeton University Press, 2006

Kierman Jr, Frank A., and Fairbank, John K. (eds.), *Chinese Ways in Warfare*, Cambridge, MA: Harvard University Press, 1974

Knox, MacGregor, and Murray, Williamson (eds.), *The Dynamics of Military Revolution, 1300—2050*, Cambridge: Cambridge University Press, 2001

Kramer, Alan, *Dynamics of Destruction: Culture and Mass Killing in the First World War*, Oxford: Oxford University Press,

2007

LeBlanc, Stephen, *Constant Battles: The Myth of the Peaceful Noble Savage*, New York: St Martin's Press, 2003

Lee, Steven P., *Ethics and War: An Introduction*, Cambridge and New York: Cambridge University Press, 2012

Lee, Wayne, *Waging War: Conflict, Culture, and Innovation in World History*, Oxford: Oxford University Press, 2016

Leonhard, Jörg, *Pandora's Box: A History of the First World War*, trans. Patrick Camiller, Cambridge, MA: The Belknap Press of Harvard University Press, 2018

Levy, Jack S., and Thompson, William R., *The Arc of War: Origins, Escalation, and Transformation*, Chicago: University of Chicago Press, 2011

Lowe, Keith, *The Fear and the Freedom: How the Second World War Changed Us*, London: Viking, 2017

Lynn, John A., *Battle: A History of Combat and Culture*, New York: Basic Books, 2008

Maalouf, Amin, *The Crusades Through Arab Eyes*, New York: Schocken Books, 1984

McNeill, William, *Keeping Together in Time: Dance and Drill in Human History*, Cambridge, MA: Harvard University Press, 1995

McPherson, James M., *Crossroads of Freedom: Antietam*, Oxford: Oxford University Press, 2002

Malešević, Siniša, *The Sociology of War and Violence*,

Cambridge: Cambridge University Press, 2010

Matthews, Jessica T., 'America's Indefensible Defense Budget', *New York Review of Books*, 66, 12, 18 July 2019

Mayor, Adrienne, *The Amazons: Lives & Legends of Warrior Women across the Ancient World*, Princeton: Princeton University Press, 2014

Mazower, Mark, *Governing the World: The History of an Idea*, London: Penguin, 2013

Moore, Aaron William, *Writing War: Soldiers Record the Japanese Empire*, Cambridge, MA: Harvard University Press, 2013

Morris, Ian, *War! What is It Good For? Conflict and the Progress of Civilisation from Primates to Robots*, London: Profile Books, 2014

Murray, Williamson, Knox, MacGregor, and Bernstein, Alvin (eds.), *The Making of Strategy: Rulers, States, and War*, Cambridge: Cambridge University Press, 1994

Nolan, Cathal, *The Allure of Battle: A History of How Wars Have Been Won and Lost*, Oxford: Oxford University Press, 2017

Paret, Peter (ed.), *Makers of Modern Strategy: From Machiavelli to the Nuclear Age*, Princeton: Princeton University Press, 1986

Parker, Geoffrey (ed.), *The Cambridge History of Warfare*, Cambridge: Cambridge University Press, 2005

Piketty, Thomas, *Capital in the Twenty-first Century*, trans. Arthur Goldhammer, Cambridge, MA: The Belknap Press of Harvard University Press, 2014

Pinker, Steven, *The Better Angels of Our Nature: The Decline of Violence in History and Its Causes*, London: Allen Lane, 2010

Rabb, Theodore, *The Artist and the Warrior: Military History through the Eyes of the Masters*, New Haven: Yale University Press, 2011

Rhea, Harry M., 'The Commission on the Responsibility of the Authors of the War and on Enforcement of Penalties and Its Contribution to International Criminal Justice after World War II', *Criminal Law Forum*, 25, 1—2, June 2014, pp. 147—169

Ricks, Thomas E., *Fiasco: The American Military Adventure in Iraq*, New York: Penguin, 2006

Ring, J., *How the Navy Won the War: The Real Instrument of Victory, 1914—1918*, Barnsley: Seaforth Publishing, 2018

Roland, Alex, *War and Technology: A Very Short Introduction*, Oxford: Oxford University Press, 2016

Roshwald, Aviel, and Stites, Richard （eds.）, *European Culture in the Great War: The Arts, Entertainment, and Propaganda, 1914—1918*, Cambridge and New York: Cambridge University Press, 2002

Rothenburg, Gunther, *The Art of Warfare in the Age of Napoleon*, Bloomington: Indiana University Press, 1980

Rousseau, Jean-Jacques, *The Major Political Writings of Jean-Jacques Rousseau: The Two Discourses and The Social Contract*, translated and edited by John T. Scott, Chicago and London: University of Chicago Press, 2012

Scheidel, Walter, *The Great Leveller: Violence and the History of Inequality from the Stone Age to the Twenty-first Century*, Princeton: Princeton University Press, 2017

Sheffield, G. D. (ed.), *War Studies Reader: From the Seventeenth Century to the Present Day and Beyond*, London: Bloomsbury, 2010

Sheehan, James J., *Where Have All the Soldiers Gone? The Transformation of Modern Europe*, Boston: Houghton Mifflin, 2008

Sidebottom, Harry, *Ancient Warfare: A Very Short Introduction*, Oxford: Oxford University Press, 2004

Sorabji, Richard (ed.), *The Ethics of War: Shared Problems in Different Traditions*, Aldershot: Ashgate, 2006

Spiers, Edward M., *The Army and Society, 1815—1914*, London: Longman, 1980

Stargardt, Nicholas, *The German War: A Nation Under Arms*, London: The Bodley Head, 2015

Stevenson, David, *With Our Backs to the Wall: Victory and Defeat in 1918*, Cambridge, MA: The Belknap Press of Harvard University Press, 2011

Strachan, Hew, *European Armies and the Conduct of War*,

London: George Allen and Unwin, 1983

Strachan, Hew, and Scheipers, Sibylle（eds.）, *The Changing Character of War*, Oxford: Oxford University Press, 2011

Summers, Harry, *On Strategy: The Vietnam War in Context*, Carlisle Barracks, PA: Strategic Studies Institute, US Army War College, 1981

Thucydides, *History of the Peloponnesian War*, trans. Rex Warner, London: Penguin, 1972

Tierney, Dominic, 'Mastering the Endgame of War', *Survival*, 56, 5, October—November 2014, pp. 69—94

Tilly, Charles（ed.）, *The Formation of National States in Western Europe*, Princeton: Princeton University Press, 1975

Todman, Dan, *The Great War: Myth and Memory*, London: Continuum, 2007

Townshend, Charles（ed.）, *The Oxford History of Modern War*, Oxford and New York: Oxford University Press, 2005

Tyerman, Christopher, *The Crusades: A Very Short Introduction*, Oxford: Oxford University Press, 2006

Van Creveld, Martin, *Supplying War: Logistics from Wallenstein to Patton*, 2nd edn, Cambridge: Cambridge University Press, 2004

Verhey, Jeffrey, *The Spirit of 1914*, Cambridge: Cambridge University Press, 2000

Walzer, Michael, *Just and Unjust Wars: A Moral Argument*

with Historical Illustrations, New York: Basic Books, 2015

Weinberg, Gerhard, *A World at Arms: A Global History of World War II*, New York: Cambridge University Press, 2005

Wilson, Peter, *Europe's Tragedy: A History of the Thirty Years War*, London: Allen Lane, 2009

Winter, Jay （ed.）, *The Cambridge History of the First World War*, 3 volumes, Cambridge: Cambridge University Press, 2016

—— *War Beyond Words: Languages of Remembrance from the Great War to the Present*, Cambridge: Cambridge University Press, 2017

Wintringham, Tom, and Blashford-Snell, John, *Weapons and Tactics*, London: Penguin Books, 1973

Wrangham, Richard, *The Goodness Paradox: The Strange Relationship Between Virtue and Violence in Human Evolution*, New York: Pantheon Books, 2019

二、回忆录和日记

Alexievich, Svetlana, *The Unwomanly Face of War: An Oral History of Women in World War II*, trans. Richard Pevear and Larissa Volokhonsky, New York: Random House, 2017

[Anonymous], *A Woman in Berlin: Diary 20 April 1945 to 22 June 1945*, trans. Philip Boehm, London: Virago, 2011

Brittain, Vera, *Testament of Youth: An Autobiographical Study of the Years 1900—1925*, London: Virago, 2014

Caputo, Philip, *A Rumor of War*, New York: Ballantine Books, 1978

Douglas, Keith, *Alamein to Zem Zem*, London: Faber and Faber, 1966

Fraser, George MacDonald, *Quartered Safe Out Here: A Recollection of the War in Burma*, London: Harvill, 1992

Goodall, Jane, *Reason for Hope: A Spiritual Journey*, New York: Warner Books, 1999

Gordon, Huntly, *The Unreturning Army: A Field Gunner in Flanders*, 1917—1918, London: Bantam, 2015

Graves, Robert, *Goodbye to All That*, Harmondsworth: Penguin, 1960

Grenfell, Julian, *Soldier & Poet: Letters and Diaries, 1910—1915*, Hertford: Hertfordshire Record Society, 2004

Herr, Michael, *Dispatches*, New York: Avon, 1978

Jünger, Ernst, *Storm of Steel*, trans. Michael Hofmann, London:Penguin, 2004

Klemperer, Victor, *I Will Bear Witness: A Diary of the Nazi Years, 1933—1941*, trans. Martin Chalmers, New York: Modern Library, 1999

— *I Will Bear Witness, 1942—1945: A Diary of the Nazi Years,* trans. Martin Chalmers, New York: Modern Library, 2001

Last, Nella, *Nella Last's War: The Second World War Diaries of Housewife, 49*, London: Profile Books, 2006

Lussu, Emilio, *A Soldier on the Southern Front*, trans.

Gregory Conti, New York: Rizzoli Ex Libris 2014

Makdisi, Jean Said, *Beirut Fragments: A War Memoir*, New York: Persea Books, 1990

Parry, Chris, *Down South: A Falklands War Diary*, London: Viking, 2012

Reith, J., *Wearing Spurs*, London: Hutchinson, 1966

Richards, Frank, *Old Soldiers Never Die*, London: Faber and Faber, 1964

Ritchie, Charles, *Siren Years: Undiplomatic Diaries, 1937—1945*, London: Macmillan, 1947

Sassoon, Siegfried, *Memoirs of an Infantry Officer*, London: Faber and Faber, 1965

Twain, Mark, 'The Private History of a Campaign That Failed', in David Rachels（ed.）, *Mark Twain's Civil War*, Lexington: University Press of Kentucky, 2007

Von Krockow, Christian, *Hour of the Women*, trans. Krishna Winston,Boston: Faber and Faber, 1993

Yeates, V. M., *Winged Victory*, London: Buchan and Enright, 1985

三、虚构类

Gilloux, Louis, *Blood Dark*, trans. Laura Morris, New York: New York Review of Books, 2017

Grossman, Vasily, *Life and Fate*, trans. Robert Chandler, London: Vintage Books, 2006

Heller, Joseph, *Catch-22,* New York: Simon and Schuster Paperbacks, 2011

Kipling, Rudyard, *Soldier Stories*, New York: The Macmillan Company, 1896

Manning, Frederic, *The Middle Parts of Fortune: Somme and Ancre, 1916*, London: Penguin Classics, 2014

March, William, *Company K*, London: Apollo, 2017

Ninh, Bao, *The Sorrow of War: A Novel*, trans. Phan Thanh Hao, London: Minerva, 1994

O'Brien, Tim, *The Things They Carried*, New York: Mariner Books, 2009

Remarque, Erich Maria, *All Quiet on the Western Front*, trans. A.W.Wheen, Boston: Atlantic Books, 1995

Tolstoy, Leo, *War and Peace*, trans. Constance Garrett, London: Penguin Classics, 2016

四、其他

Homer, *The Iliad*, trans. Robert Fagles, New York: Penguin Books, 1991

Stallworthy, Jon （ed.）, *The New Oxford Book of War Poetry*, Oxford: Oxford University Press, 2015

Szymborska, Wisława, *View with a Grain of Sand: Selected Poems*, trans.Stanisław Barańczak and Clare Cavanagh, New York: Harcourt, Brace and Company, 1995

五、网站

Uppsala Conflict Data Program https://www.pcr.uu.se/research/ucdp/

War on the Rocks https://warontherocks.com/

第1章　人类、社会与战争

Beard, *S.P.Q.R.*

Bell, *The First Total War*

Brewer, *The Sinews of Power*

Emerging Technology from the arXiv

Ferguson, *The Cash Nexus*

Gabriel, *Between Flesh and Steel*

Goldstein, Joshua, *War and Gender*

Goldsworthy, *Pax Romana*

Goodall, *Reason for Hope*

Hobbes, Thomas, *Leviathan*, Chapter 13

Kagan, *On the Origins of War and the Preservation of Peace*

Kierman and Fairbank（eds.）, *Chinese Ways in Warfare*

LeBlanc, *Constant Battles*

Morris, *War!*

Nolan, *The Allure of Battle*

Parker（ed.）, *The Cambridge History of Warfare*

Piketty, *Capital in the Twenty-first Century*

Pinker, *The Better Angels of Our Nature*

Rousseau, *The Social Contract*

Scheidel, *The Great Leveller*

Sidebottom, *Ancient Warfare*

Thucydides, *History of the Peloponnesian War*

Uppsala Conflict Date Program

Wrangham, *The Goodness Paradox*

第2章　战争的起因

Armitage, *Civil Wars*

—— 'Civil Wars, From Beginning … to End?'

Bell, *The First Total War*

Bernstein, Alvin, 'The Strategy of a Warrior-state: Rome and the Wars against Carthage, 264—201 BC', in Murray, Knox and Bernstein, *The Making of Strategy*

Costello, *Virtue Under Fire*

Frevert, *Emotions in History*

Goldstein, Joshua, *War and Gender*

Kagan, Donald, *On the Origins of War and the Preservation of Peace*

—— 'Athenian Strategy in the Peloponnesian War', in Murray, Knox and Bernstein, *The Making of Strategy*

Lee, Wayne, *Waging War*

Lynn, John, 'A Quest for Glory: The Formation of Strategy under Louis XIV, 1661—1715', in Murray, Knox and Bernstein, *The Making of Strategy*

Parker（ed.）, *The Cambridge History of Warfare*

Ricks, *Fiasco*

Roland, *War and Technology*

Tierney, 'Mastering the Endgame of War'

Tyerman, *The Crusades*

Wintringham and Blashford-Snell, *Weapons and Tactics*

第3章　方法与手段

Brodie, *From Crossbow to H-Bomb*

Diamond, *Guns, Germs, and Steel*

Heuser, *The Evolution of Strategy*

Howard, *War in European History*

Kagan, *On the Origins of War and the Preservation of Peace*

Lee, *Waging War*

Lynn, *Battle*

Lynn, John, 'Forging the Western Army in Seventeenth-century France', in Knox and Murray（eds.）, *The Dynamics of Military Revolution*

Morris, *War!*

Murray, Williamson, "On Strategy", in Murray, Knox and Bernstein（eds.）, *The Making of Strategy*

Parker（ed.）, *The Cambridge History of Warfare*

Ranft, Bryan, 'Restraints on War at Sea before 1945', in Howard（ed.）, *Restraints at War*

Roland, War and Technology

Sidebottom, *Ancient Warfare*

Wintringham and Blashford-Snell, *Weapons and Tactics*

第4章　现代战争

Bell, *The First Total War*

Bessel, *On Violence*

Bond, *The Victorian Army and the Staff College*

Browning, *The Changing Nature of War*

Collingham, *The Taste of War*

Elshtain, *Women and War*

Goldstein, Joshua, *War and Gender*

Howard, *The Franco-Prussian War*

— *War in European History*

—（ed.）*Theory and Practice of War*

Lynn, John, 'Forging the Western Army in Seventeenth-century France', in Knox and Murray（eds.）, *The Dynamics of Military Revolution*

Knox and Murray（eds.）, *The Dynamics of Military Revolution*

Pinker, *The Better Angels of Our Nature*

Scheidel, *The Great Leveller*

Sheehan, *Where Have All the Soldiers Gone?*

Spiers, *The Army and Society*

Summers, *On Strategy*

Townshend（ed.）, *The Oxford History of Modern War*

Van Creveld, *Supplying War*

Verhey, *The Spirit of 1914*

第5章 打造战士

Alexievich, *The Unwomanly Face of War*

Dash, 'Dahomey's Women Warriors'

Elshtain, *Women and War*

Goldstein, Andrea, '"Why are you trying to destroy the last good thing men have?"'

Goldstein, Joshua, *War and Gender*

Gordon, *The Unreturning Army*

Hale, *War and Society in Renaissance Europe*

Hastings, 'Wrath of the Centurions'

Hynes, *The Soldiers' Tale*

Jackson, *France*

McNeill, *Keeping Together in Time*

McPherson, *Crossroads of Freedom*

Mayor, *The Amazons*

Moore, *Writing War*

Sidebottom, *Ancient Warfare*

第6章 战斗

Alexievich, *The Unwomanly Face of War*

Beaupré, Nicholas, 'Soldier-writers and Poets', in Winter (ed.), *The Cambridge History of the First World War*, Vol. III, *Civil Society*

Bourke, *An Intimate History of Killing*

Costello, *Love, Sex and War*

Fall, *Hell in a Very Small Place*

Fraser, *Quartered Safe Out Here*

Grenfell, *Soldier & Poet*

Homer, *The Iliad*

Jünger, *Storm of Steel*

Lowe, *The Fear and the Freedom*

Lussu, *A Soldier on the Southern Front*

Manning, *The Middle Parts of Fortune*

Moore, *Writing War*

O'Brien, *The Things They Carried*

Parry, *Down South*

Reith, *Wearing Spurs*

Richards, *Old Soldiers Never Die*

Ritchie, *Siren Years*

Yeates, *Winged Victory*

第7章 平民

[Boehm, Philip], *A Woman in Berlin*

Beevor, *Berlin*

Bessel, *On Violence*

Bond, *Britain's Two World Wars against Germany*

Brayon and Summerfield, *Out of the Cage*

Cox, *Hunger in War and Peace*

Downs, Laura Lee, 'War Work', in Winter（ed.）, *The Cambridge History of the First World War*, Vol. III, *Civil Society*

Horne and Kramer, *German Atrocities 1914*

Iacobelli, Teresa, 'The "Sum of Such Actions": Investigating Mass Rape in Bosnia-Herzogovina through a Case Study of Foca', in Herzog（ed.）, *Brutality and Desire*

Klemperer, *I Will Bear Witness*

Last, *Nella Last's War*

Makdisi, *Beirut Fragments*

Stargardt, *The German War*

Von Krockow, *Hour of the Women*

Walters, John Bennett, 'General William T. Sherman and Total War', in Sheffield（ed.）, *War Studies Reader*

第8章　控制不可控之事

Best, *War and Law Since 1945*

Best, Geoffrey, 'Restraints on War by Land before 1945', in Howard（ed.）, *Restraints on War*

Coates, *The Ethics of War*

Finkelman, 'Francis Lieber and the Law of War'

Howard（ed.）, *Restraints on War*

Kennedy, *Of War and Law*

Lee, Steven, *Ethics and War*

Mazower, *Governing the World*

Quataert, Jean H., 'War-Making and the Restraint of Law:

The Formative Years, 1864—1914', in Chickering, Showalter and van de Ven （eds.）, *The Cambridge History of War*

　　Ranft, Bryan, 'Restraints on War at Sea before 1945', in Howard （ed.）, *Restraints at War*

　　Rhea, 'The Commission on the Responsibility of the Authors of the War …'

　　Roberts, Adam, 'Against War', in Townshend （ed.）, *The Oxford History of Modern War*

　　Sorabji （ed.）, *The Ethics of War*

　　Tyerman, *The Crusades*

　　Walzer, *Just and Unjust Wars*

第9章　在我们的想象与记忆中的战争

　　Beaupré, Nicholas, 'Soldier-writers and Poets', in Winter （ed.）, *The Cambridge History of the First World War*, Vol. III, *Civil Society*

　　Becker, Annette, 'Art', ibid.

　　Caputo, 'Putting the Sword to Pen'

　　Danchev, *On Art and War and Terror*

　　Jelavich, Peter, 'German Culture in the Great War', in Roshwald and Stites （eds.）, *European Culture in the Great War*

　　Leonhard, *Pandora's Box*

　　McNeill, *Keeping Together in Time*

　　Ninh, *The Sorrow of War*

O' Brien, *The Things They Carried*

Scates, Bruce, and Wheatley, Rebecca, 'War memorials', in Winter（ed.）, *The Cambridge History of the First World War*, Vol. III, *Civil Society*

Winter, *War Beyond Words*

结语

Echevarria, *Imagining Future War*

Freedman, *The Future of War*

Jordan et al., *Understanding Modern Warfare*

Kello, *The Virtual Weapon and International Order*

Matthews, 'America's Indefensible Defense Budget'

致 谢

———————————

　　我在脑海里考虑写下这本书已经有很多年了。如果你自己也像我一样教授或书写与现代历史、国际关系有关的内容，那么战争对人类事务的深刻影响便是你躲不开的话题了，反之亦然。2017年7月，我与时任英国广播公司第四台台长的格威妮丝·威廉姆斯会面，这次会面激励了我着手去做这件事。当时她问我，是否介意顺便到广播公司小聊一番，让我大吃一惊的是，我竟然收到了2018年里斯讲座的邀请。这实在是一种荣幸，虽然令人畏惧。在这些讲座中和建立在此基础之上的本书中，我开始提出一个问题：战争和人性是密不可分的吗？在尝试回答这个问题并理解人类为何作战、如何作战的过程中，我欠下了许多人情。

　　我很荣幸能成为牛津大学和多伦多大学这两所著名大学中的一员，我从两所学校的师生身上学到了很多，同他们的交流令我获益匪浅，我还使用了他们出色的图书馆。有很多比我更了解战争和人类社会的专家，我永远也没法报答他们，我也没法报答那些提出这么多好问题与好建议的听众和朋友。一直以来，战争史学家们都非常大方地欢迎我进入他们的领域。马克斯·黑斯廷斯、彼得·威尔逊、阿德里安·格雷戈里、休·斯特罗恩和罗杰·萨尔蒂为我提供了历史写作的典范，给了我许多宝贵的建议。我还要感谢牛津大学的同事们，特别是他们中的保罗·贝茨和艾弗·罗伯茨。在我觉得进展不顺利的时候，赫米奥娜·李帮我勾勒出这本书的轮廓。安东尼·比克内尔非常友好地让我看了他有关"妇女与战争"的论文；而克里斯·帕里则为我对海战的理解提供了帮助。曾任英国广播公司国防记者的彼得·斯诺，以及我和蔼可亲的姐夫丹·斯诺，他们都为我提供了想法并推荐了一些读物。斯蒂芬·塞德利将他收藏的一战士兵歌曲分享给我，他的收藏品真是棒极了。玛格丽特·布鲁斯、玛格丽特·本特、凯瑟琳·洛希南帮我理解了战争与艺术之间的关系。戴维·汤姆森在现代冲突档案馆中收藏了丰富的战争照片，他慷慨地向我开放了这些收藏品，埃德·琼斯、蒂莫西·普鲁斯和莉齐·鲍威尔也给予了我许多帮助。我要特别感谢伟大的战争史学家迈克尔·霍华德。早在见到他之前，我就对他的工作有所了解并感到十分钦佩。后来我亦非常珍视他的智慧、善良和友谊。他在2019年年底去世了，对学术界而言这真是一个巨大的损失。

在英国广播公司，我很幸运地得到了格威妮丝·威廉姆斯、吉姆·弗兰克、休·莱文森和他们同事的出色建议和帮助。同样幸运的是，我结识了Profile Books旗下安德鲁·富兰克林这样的出版商及其优秀的同事们，包括彭妮·丹尼尔、莱斯莉·莱文和瓦伦丁娜·赞卡；而在北美，我也拥有兰登书屋的凯特·梅迪纳和企鹅出版社的黛安娜·杜尔比及其同样令人印象深刻的同事们。卡罗琳·道内仍是那个绝佳的代理人和朋友，与她的同事索菲·斯卡尔达、凯瑟琳·艾特肯一起工作也是十分愉快的事。我真的很荣幸，拥有这样一个慷慨而友善的大家庭。他们总会确保能有一些人前去出席每次的里斯讲座，在我着手为这本书进行研究和写作时鼓励我，正如他们一如既往所做的那样。另外，特别感谢我的姐姐安·麦克米伦、我的兄弟汤姆和戴维、我的嫂子玛丽·乔斯·拉罗克，还有我的外甥女马戈·芬利，他们阅读了我的部分手稿，也提供了许多具有建设性的意见。

我想感谢他们所有人，感谢他们帮我开展讲座并写下这本书。当然，其中的任何错误和缺点都由我独自承担责任。